ESPACIO PÚBLICO Y DISPUTAS SIMBÓLICAS POR LA MEMORIA EN ARGENTINA

ESPACIO PÚBLICO Y DISPUTAS SIMBÓLICAS POR LA MEMORIA EN ARGENTINA

Los monumentos al gral. Julio A. Roca en la Ciudad Autónoma de Buenos Aires y en San Carlos de Bariloche

Luciana Romão

ISBN: 9788592396206

Las opiniones y los contenidos incluidos en esta publicación son responsabilidad exclusiva del/los autor/es.

Compaginado desde TeseoPress (www.teseopress.com)

Índice

Agradecimientos 11
Introducción 13
1. Memorias de bronce. Contribuciones de la estatuaria en la formación de la memoria oficial sobre Julio A. Roca 43
2. Hendiduras en la memoria oficial sobre el gral. Roca. Antecedentes y marcos de los cuestionamientos contra-monumentales (1979-1997) 115
3. El conflicto simbólico alrededor de los monumentos al Gral. Roca en Buenos Aires y San Carlos de Bariloche (1997-2012) 159
Conclusión 243
Bibliografía 253
Anexo 279

A mi papá, Álvaro, y a mi mamá, Ebe, por el apoyo, el amor y la paciencia infinita

Agradecimientos

A Mara, que aceptó la invitación de dirigir esta tesis: por la paciencia, la atención y todos los valiosos comentarios críticos siempre que necesité.

A la Secretaría de Estudios Avanzados de la Facultad de Ciencias Sociales y a la Subsecretaría de Maestrías y Carreras de Especialización, principalmente a Laura Moon: por contestar todas mis innumerables inquietudes de estudiante extranjera.

A las profesoras y los profesores de MESLA, en especial a Waldo Ansaldi, Lorena Soler, Patricia Funes, Emilio Taddei, Emilio Crenzel y Ricardo Cicerchia: por la base teórica de sus clases, sin la que esta investigación no sería posible.

A Luisa, Claudio, Erbert, Lucinda, Lina, Juan y Lucineide, estimadxs compañerxs de estudios: por la buena onda y todo el valioso conocimiento compartido durante los dos años de cursada y convivencia.

A Claudio: por todas las charlas esclarecedoras sobre el fútbol argentino y por presentarme a mi queridísimo equipo porteño, el Huracán.

A Luisa: por la revisión del texto, por siempre compartir su visión tan lúcida del mundo y de las estructuras de poder, por haberme acompañado en tantas experiencias porteñas, salidas, recitales, por las risas, las discusiones y pintadas callejeras por la madrugada, por los viajes de mochila y todas las grandes enseñanzas compartidas!

A Noemí, Mora, Claudia, Rut, Sonia, Amandine, Doriane, Cristian y Hef: porque me adoptaron como hermana por algunos meses de sus vidas y acompañaron, aunque indirectamente, toda la etapa de escritura de esta tesis.

A Mora: por todas las conversaciones esclarecedoras sobre historia, política, arte y militancia que, aunque indirectamente, me ayudaron a formular esta investigación.

A Noemí: por los comentarios siempre muy pertinentes sobre metodología y escritura, por la escucha sensible y la presencia siempre atenta durante la etapa de escritura de esta tesis.

A Franca Tosato, eterna artista de la vida, Victoria de la Luz: por recibirme en su casa por los dos años de cursada de corazón abierto y, allá, haberme enseñado a amar incondicionalmente el tango, la ciudad de Buenos Aires y cada pequeño detalle de la vida porteña.

A Huana, Olivia, Dedi, Hannah y Julia: amigas de Brasil que me acompañan siempre, escuchando pacientemente mis inquietudes y frustraciones sobre la vida profesional, y que enseñan a cada día que las fronteras geográficas son una ilusión.

A Lara: por la paciencia en leer tantos fragmentos aleatorios de texto y compartir innumerables veces la misma desesperación y locura de la escritura académica.

Finalmente, y sobre todo, a mi familia querida: Ebe, Álvaro, Daniel y Nina, por el apoyo incondicional y la presencia cariñosa en los momentos más difíciles de mi formación profesional. Sin ellos esta tesis seguramente no existiría.

Introducción[1]

El presente estudio analiza los conflictos entre las diversas memorias colectivas sobre el general Julio Argentino Roca enfrentadas públicamente en la actualidad en diversas ciudades argentinas. Para ello, toma como objeto de análisis las polémicas alrededor del mantenimiento o remoción de los dos principales monumentos construidos en su homenaje, uno de ellos ubicado en la Ciudad Autónoma de Buenos Aires y el otro, en San Carlos de Bariloche (provincia de Río Negro), los cuales se convirtieron desde mediados de la década del 1990 en el epicentro de los cuestionamientos sobre ese personaje.

El gral. Roca fue una figura clave de la política nacional en la segunda mitad del siglo XIX. Estratega habilidoso, ganó gran notoriedad tras comandar la llamada "Conquista del Desierto" (1878-1885), un conjunto de campañas militares sobre el territorio norpatagónico que selló la incorporación de esas tierras y resolvió definitivamente el problema de las fronteras interiores disputadas con los pueblos indígenas que las habitaban; una hazaña tan significativa en el cuadro geopolítico decimonónico que le rindió el prestigio necesario para disputar y ganar la presidencia en 1880.

---

[1] La monografía que aquí se presenta es una versión revisada y modificada por la autora de la tesis homónima desarrollada para la Maestría en Estudios Sociales Latinoamericanos de la Facultad de Ciencias Sociales de la Universidad de Buenos Aires, la cual fue presentada públicamente en esta Facultad el 5 de julio de 2017. En la presente versión se corrigieron algunos errores e imprecisiones apuntados por los jurados durante la defensa y, también, se adaptó el contenido a las exigencias de publicación de la editorial Teseo, sobre todo en lo que se refiere a las imágenes que habían sido utilizadas originalmente.

Fue presidente de la Argentina por dos períodos (1880-1886 y 1898-1904), durante los cuales realizó acuerdos de paz con las naciones vecinas, Brasil y Chile, dando continuidad también externamente a la consolidación del territorio y sus fronteras. En la esfera económica, aseguró los intereses la oligarquía agroexportadora en el momento justo en que el país se afirmaba en el mercado internacional como el "granero del mundo", mientras que en la esfera política supo hacer una serie de alianzas estratégicas que mantuvieron a su partido, el PAN, en el poder por más de tres décadas.

Según las memorias hegemónicas corrientes sobre ese personaje, bien representadas en los monumentos construidos en su homenaje en Buenos Aires y San Carlos de Bariloche entre las décadas del 1930 y 1940, el gral. Roca simboliza, por tanto, la construcción definitiva del Estado-nación, la prosperidad agraria y la estabilidad política, es decir, sintetiza el proceso de modernización oligárquica que llevó la Argentina a vivir una especie de *belle époque* al inicio del siglo XX.

Por otro lado, se sabe que la "Conquista del Desierto" se fundamentó en el exterminio físico y en la sumisión de los pueblos indígenas pampeanos y patagónicos a través de un proceso forzado de ciudadanización y homogeneización cultural; los prisioneros indígenas —gran parte de ellos mujeres, niñas y niños— fueron repartidos entre familias de la Capital y estancias del interior para trabajar y vivir en condiciones análogas a la esclavitud. Pero, además del inestimable costo humano que supuso, a través de la "Conquista" más de 40 millones de hectáreas de tierra se han vendido por el Estado a precios bajísimos a unos pocos estancieros, originando con ello los latifundios que hasta el día de hoy caracterizan las llanuras patagónicas.

A partir de 1997, los homenajes dedicados a Roca esparcidos en diversas ciudades bajo la forma de monumentos y placas conmemorativas pasaron a ser el objeto de duras críticas de parte de ciertos sectores de clase media urbana y agrupaciones indígenas. Esto se debe en buena medida a una relectura de la "Conquista del Desierto", la cual pasó a ser concebida como la más emblemática masacre sufrida por las poblaciones indígenas en el país, y por lo tanto Roca, en tanto su principal artificie, no merecería seguir siendo homenajeado públicamente. Según esta visión, el mantenimiento de esas referencias en los espacios públicos denotaría la tolerancia o mismo el enaltecimiento actual por parte del Estado de una figura racista y genocida.

Dos aspectos de esa polémica llaman particularmente la atención. En primer lugar, si bien Roca fue un personaje polémico en su tiempo y la propia "Conquista del Desierto", un elemento de intensa discusión[2], hasta fines del siglo XX no hubo oposición a los homenajes que se le realizaron en los espacios públicos, menos aún de acusar a Roca de genocida y a la "campaña" de masacre.

Un segundo punto es que en el núcleo de la polémica están, como mencionado inicialmente, dos monumentos en especial, el que está ubicado en la Capital Federal y aquel que se encuentra en la ciudad de Bariloche: dos ciudades distantes entre sí, distintas en sus formaciones social, urbana e histórica, que desde 1997 son centro de cuestionamientos similares en contra de Roca, los cuales se realizan concomitantemente y sin que sus principales actores mantengan vínculos directos entre sí.

---

[2] Cuando Julio A. Roca, en la condición de ministro de Guerra y Marina, presentó en agosto de 1878 el proyecto de ley tendiente a resolver "la cuestión indígena" (Delrio, 2005) y el problema de las fronteras internas al Congreso de la Nación, uno de los interrogantes levantados en esa casa ha sido justamente si dicho proyecto no invalidaba la posibilidad de someter los indígenas por medios pacíficos, tal como señalaba el principio de equidad redactado en la Constitución nacional (Mases, 2002). Luego, una vez finalizada la primera etapa de la campaña militar en 1879, sus costos humanos y el tratamiento dado a los prisioneros sometidos se tornó objeto de atención también de la prensa escrita e impulsaría en el interior del Congreso nuevos debates sobre qué hacer y cómo incorporar ese contingente indígena desplazado a la "civilización". Para informaciones más detalladas sobre esos debates, indicamos las lecturas de Lenton (1997, 2005) y Mases (2002).

A partir de estos hechos, surgen las siguientes preguntas que organizan la investigación que esta tesis presenta:

a) ¿cuáles son las memorias construidas en torno a Roca que actualmente se cuestionan públicamente?, ¿cuáles fueron sus usos políticos en el pasado y en el presente? y ¿cuál es el rol de los monumentos en la construcción y manutención de esas memorias?

b) ¿qué factores impulsaron la revisión del imaginario social sobre el gral. Roca plasmado en los monumentos de Buenos Aires y Bariloche a partir de mediados de la década del 1990?

c) ¿qué hay en común entre esas dos ciudades tan distantes una de la otra que pudo impulsar reclamos tan parecidos?, ¿se trata de un proceso más amplio de revisión y rechazo de aquella figura de la historia nacional? En ese caso, ¿cuáles son las motivaciones políticas generales que están por detrás de la remoción de esas estatuas? y ¿cuáles son sus especificidades locales?

d) por último, ¿por qué los monumentos se han convertido en el elemento articulador de esa discusión?

Hipótesis

Si consideramos las obras monumentales como una forma de consagración en el espacio público urbano de hechos y personalidades consensuados política y socialmente —y, en ese sentido, como representación de las ideas hegemónicas en boga en un determinado tiempo y para una determinada sociedad—, entonces la polémica en torno de los monumentos a Roca sugiere que la disputa aquí mencionada implica necesariamente el debilitamiento de los relatos históricamente hegemónicos sobre ese personaje, con la concomitante emergencia de un conjunto de memorias

contra-hegemónicas que les hacen frente. En esta dirección, los monumentos articulan una disputa de carácter simbólico que se fundamenta en la relación conflictiva entre:
   a) los sentidos políticos de la estatuaria oficial sobre el gral. Roca;
   b) las memorias allí evocadas y otras memorias, alternativas, antes acalladas;
   c) los espacios públicos todas esas memorias concurren y buscan afirmarse socialmente.

Siendo así, se parte aquí de la hipótesis que este conflicto forma parte de un proceso más amplio y polifacético de reconfiguración de las memorias hegemónicas sobre el pasado histórico nacional. Una revisión que se impulsó en el período final de la más violenta dictadura militar del país (1976-1983), se fortaleció con las luchas devenidas del proceso de justicia transicional y emergió, finalmente, a mediados de la década del 1990, en los reclamos sistemáticos en contra de los monumentos y otros homenajes públicos a Roca. En términos más específicos, la derrota argentina en la guerra de Malvinas y la subsiguiente transición democrática produjo un sentimiento de frustración hacia las fuerzas armadas en importantes sectores de la sociedad argentina que, entre otras consecuencias, provocó la revisión profunda de su papel ante la sociedad y, principalmente, cuestionó su participación a cargo del Poder Ejecutivo en ese y en otros momentos del pasado nacional. Creemos que la impugnación de la imagen históricamente consolidada de Roca se inserta en ese marco. Además, se conjuga con otros tres factores relevantes que se vinculan al restablecimiento de la democracia:
   a) la emergencia de los derechos humanos como parámetro de interpretación jurídica y social de la violencia perpetrada por el Estado, llevando a que la figura de la víctima y sus memorias ocupasen un lugar importante en las reivindicaciones sociales consideradas políticamente e, incluso, moralmente legítimas;

b) la recuperación del espacio público como lugar legítimo de los enfrentamientos políticos y de la praxis socio-cultural, con una novedosa vinculación entre espacios públicos y la construcción social de memorias contrahegemónicas, con consecuencias directas en la forma de actuación de los colectivos sociales, artísticos y culturales hasta el presente en el país;

c) la organización política de los pueblos indígenas nacionales hacia las décadas del 1980 y 90, enmarcando el inicio de un largo proceso, todavía en desarrollo, de reivindicaciones centradas en la cuestión agraria y en la problemática étnico-cultural, en las demandas por el reconocimiento estatal de las diferentes identidades y naciones indígenas, bien como de la responsabilidad que ese mismo Estado tiene ante prácticas genocidas del pasado y del presente.

Recorte espacial y temporal

Las manifestaciones de rechazo a Roca abarcan diversas localidades del país e involucran desde estatuas, bustos y placas conmemorativas hasta la toponimia urbana (denominaciones de calle, escuelas públicas, plazas, etc.)[3]. Sin embargo, decidimos centrar nuestro estudio en los monumentos de Buenos Aires y de Bariloche porque fueron los disparadores de la polémica y son, ciertamente, los casos más relevantes en términos analíticos: involucran un número importante de actores e influencian directamente las

---

[3] Hay más de 50 pedidos (ya sancionados o en debate) de alteración de la toponimia urbana en localidades de todo el país (véase Valko, 2013). También se realizaron pedidos de remoción de placas conmemorativas del Centenario de la "Conquista del Desierto" en Posadas (Misiones), Villa La Angostura y San Martín de Los Andes (ambas en Neuquén), además de las intervenciones callejeras en bustos y estatuas del gral. Roca ubicados en ciudades tan distantes unas de las otras como Santiago del Estero (capital), Río Gallegos (Santa Cruz) y Santa Rosa (La Pampa).

acciones llevadas a cabo en otras ciudades. Esa elección busca asimismo resaltar las particularidades asumidas por el debate en dos centros urbanos bastante distintos a modo de evitar generalizaciones poco esclarecedoras y caracterizar los matices socio-espaciales.

Cuanto al recorte temporal, optamos por abarcar el período que se extiende desde 1997, cuando se hicieron públicas las primeras manifestaciones contrarias a la presencia de esas estatuas en los espacios públicos de las dos ciudades, hasta 2012, momento en que tales propuestas ya mostraban un grado de maduración que nos permitió comprenderlas como un conjunto sistemático. Asimismo, por tratarse de un caso contemporáneo que sigue todavía abierto, a pensar de que ninguna de las estatuas se removió de sus emplazamientos originales, decidimos señalar al final del texto algunos otros hechos relevantes que ocurrieron concomitantemente al proceso de escritura de la tesis, entre los años 2013 y 2015, los cuales nos sirvieron para fundamentar factualmente las conclusiones a que hemos llegado a lo largo de ese estudio.

Objetivos

Analizar la articulación entre espacio público y memorias colectivas en la constitución del conflicto simbólico sobre los monumentos en homenaje al gral. Roca en la Capital Federal y en Bariloche, destacando sus particularidades locales y las contribuciones específicas de las espacialidades urbanas en la divulgación y estructuración de demandas de carácter político.

A ese objetivo general sumamos, también, los siguientes objetivos específicos:

a) reconstruir y analizar la "memoria oficial" y hegemónica sobre Roca a través del proceso histórico de monumentalización de su figura, en especial, en las ciudades de Buenos Aires y Bariloche;

b) identificar y analizar el proceso de surgimiento de una nueva sensibilidad social vinculada a las disputas por memorias contra-hegemónicas en el espacio público urbano del país;

c) identificar y analizar las memorias colectivas en disputa alrededor del gral. Roca y la "Conquista del Desierto", atendiendo a su complejidad constitutiva y determinando los grupos, las identidades y los intereses a ellas vinculados;

d) distinguir las estrategias de producción de memorias empleadas tanto por los agentes de la memoria hegemónica vinculada al gral. Roca como por aquellos vinculados a las memorias contra-hegemónicas;

e) examinar cómo y si la polémica en torno a los monumentos contribuyó a la construcción y la reafirmación de demandas de carácter político y de modo más general, de identidades sociales.

Premisas teóricas

El enfoque epistemológico de esta tesis parte de entender a la cultura —y, como parte de ella, a la memoria— como una producción social material y simbólica que se enmarca en relaciones de poder y puede, por tanto, ser interpretada como un ámbito conflictivo. Por consiguiente, es relevante identificar los actores sociales involucrados en esa producción, sus demandas, intereses y motivaciones, bien como los usos políticos que se hicieron de las memorias sociales construidas y de los dispositivos monumentales en espacios y tiempos bien determinados.

El hecho de que los monumentos al gral. Roca están ubicados en el núcleo problemático de la investigación condicionó el abordaje hacia el cruce de las memorias difundidas sobre ese personaje histórico y los espacios urbanos en donde ellas se materializan. Esa perspectiva permitió centrar la atención sobre los procesos históricos de construcción y difusión de esas memorias en el espacio urbano y, consecuentemente, sobre las disputas y negociaciones implicadas en su "fijación" en espacios de uso público donde a priori todos los ciudadanos argentinos, incluyendo a los indígenas sometidos en la "Conquista del Desierto", deberían sentirse representados.

Considerando que la decisión sobre qué puede o no construirse en los espacios públicos urbanos es un atributo exclusivo de quienes retienen el poder normativo sobre los mismos, los monumentos suelen originarse de ideas más o menos consensuadas, o que se imponen a la población como si así fuesen (circunstancia común, por ejemplo, en regímenes dictatoriales). Es decir, en la medida en que el espacio urbano es producto de las dinámicas devenidas de relaciones de (re)producción económica y de dominación social, la ordenación territorial y la decisión a cargo del Estado sobre qué puede o no recibir homenajes públicos hace de los monumentos una herramienta privilegiada de difusión de memorias socialmente hegemónicas al interior de las ciudades, al menos en las sociedades occidentales.

Por eso, esa investigación partió de dos categorías nucleares —las memorias y el espacio urbano—, que se articulan y dialogan mayormente a través de otras categorías, provenientes del los estudios culturales como son hegemonía y contra-hegemonía, culturas alternativas y culturas opositoras, formas residuales y formas alternativas. A continuación recuperamos brevemente cada una de estas nociones, enfatizando en cada caso su contribución específica al presente estudio.

Respecto de la noción de *memoria*, el énfasis en su construcción/ reproducción social nos llevó al encuentro de la tradición sociológica derivada del pensamiento de Maurice Halbwachs y sus conceptos de *marcos sociales* de las memorias (Halbwachs, [1925] 2004) y *memorias colectivas* (Halbwachs, [1950] 2004). Según ese autor, las memorias, mismo las más particulares, se enmarcan socialmente, o sea, se construyen a través de los valores, inquietudes y necesidades siempre cambiantes de los individuos y las diferentes colectividades humanas. Es decir, en la medida en que no existen individuos aislados, cualesquier memorias incluyen siempre visiones de mundo que son compartidas en diferentes grados con la sociedad en general y los múltiples grupos a que nos asociamos a lo largo de la vida. Como consecuencia, el pasado es seleccionado, depurado y evocado según cómo los integrantes de una dada sociedad interpretan socialmente sus experiencias particulares y colectivas; dicho de otro modo, las exigencias del presente condicionan las formas de cómo el pasado es reproducido y/o revisado por los actores sociales.

Las memorias colectivas serían, así, según esta visión, la única posibilidad de recuerdo que tenemos realmente. Aunque algunos autores, como Lavabre (1998) y Jelin (2002), alertaron para el riesgo de que esa interpretación acarree la reificación de la noción como si esta fuese una entidad autónoma existente de por sí y a pesar de los individuos[4], la tomamos aquí más bien como un sistema simbólico capaz de expresar, en la esfera de la cultura, demandas sociales e

---

[4] Jelin (2002) señala que la "colectividad" referida por Halbwachs indica más bien un "entretejido de tradiciones y memorias individuales, en diálogo con otros, en estado de flujo constante, con alguna organización social [...] y con alguna estructura, dada por códigos culturales compartidos" (Jelin, 2002: 22). A que podemos acrecentar, con Lavabre (1998: 53): "no es memoria del grupo, es decir, memoria colectiva calcada del modelo de la memoria individual, y tampoco es suma de memorias individuales y solitarias. Pero es la condición misma de posibilidad de los recuerdos atesorados por los individuos. Y, como tal, cumple una función social de integración".

intensiones políticas precisas a través de las cuales se pueden comprender las contradicciones sociales que enmarcan el tiempo presente.

En ese sentido, la lectura de Halbwachs nos permitió evaluar en qué medida las memorias disputadas en torno al gral. Roca avalan o se oponen a ideas todavía hegemónicas en la Argentina sobre la población indígena nacional; también nos ayudó a aclarar, en cada una de las ciudades estudiadas, las particularidades que allí asumieron las contradicciones sociales actuales que involucran esos pueblos.

Eso nos lleva a la segunda categoría nuclear que hemos mencionado, a saber, los *espacios urbanos*. El mismo Halbwachs ([1950] 2004) fue de los primeros a problematizar la relación entre memoria y espacio ya que, para él, la noción de marcos sociales implica necesariamente la presencia de marcos espaciales en donde la vida humana se desarrolla. Pero la vinculación propuesta por el autor entre los marcos espaciales (objetos, edificios, paisajes, etc.) y las memorias va más lejos: las memorias dependerían de los marcos espaciales para activarse y mantener su sentido social. Esa perspectiva nos indujo a extrapolar el debate sobre la producción de memorias justamente para los espacios urbanos en donde se dan las contradicciones y los conflictos en que están inmersos los actores sociales.

Halbwachs no ha avanzado más en esa dirección, en parte porque para él los espacios cumplirían esencialmente una función de mantenimiento del orden, ofreciéndonos día a día una imagen de permanencia y estabilidad ante los cambios acelerados sufridos por la sociedad. Un supuesto cuestionable pues toma el espacio como un mero soporte pasivo de la vida humana, ignorando su rol en las relaciones de (re)producción económica y de dominación social y que dificulta, por ende, su comprensión como elemento dinámico —sobre todo si pensamos los espacios de las ciudades industriales y, más recientemente, de las grandes metrópolis post industriales del capitalismo globalizado, en donde las transformaciones sufridas por los paisajes de la vida cotidiana se dan a una velocidad sorprendente—.

Complementa parcialmente la noción de marcos espaciales el concepto de *lugares de memoria* formulado por Pierre Nora (1984-1992; 1989). Preocupado con la "obsesión memorialista" de las sociedades occidentales en desarrollo al menos desde los años 1980, el autor tomó la profusión contemporánea de museos, archivos, anticuarios, entre numerosas otras formas de "fijar" en el paisaje urbano las marcas dejadas por el pasado, como una manifestación sintomática de la pérdida de nuestra capacidad social de rememorar. Según su interpretación, el temor al olvido habría transformado las memorias en dispositivos peculiares cuyo sentido es el de compensar los ritmos acelerados de nuestros cotidianos y la sensación general de que nada puede mantenerse estable por mucho tiempo. Ante la pérdida de las formas tradicionales, orgánicas y espontáneas de rememoración, los lugares de memoria ofrecerían la posibilidad de guardar ciertos acontecimientos que, según cree, de otro modo desaparecerían por siempre.

Aunque el concepto sea bastante amplio, abarcando desde edificios y estatuas hasta archivos digitales, la prensa, el sector audiovisual, etc., lo recuperamos aquí porque sin dudas ha reabierto en los años 1980 el debate señalado por Halbwachs acerca de los vínculos entre espacios y memoria. Además, a través de los lugares de memoria el autor problematizó el fenómeno de reificación de las memorias en el marco de la acumulación flexible en el capitalismo globalizado, invitándonos a pensar la explosión de museos, monumentos y memoriales ocurrida durante las últimas décadas también en cuanto estrategias de valoración simbólica, turística e inmobiliaria de los espacios urbanos; una perspectiva que invita a analizar críticamente los usos culturales y políticos por detrás de las propuestas actuales hechas sea por el Estado, sea por la sociedad civil, para la construcción de espacios de esa naturaleza.

Sin minimizar tal contribución, autores como Huyssen (2002), Schindel (2009) y Crenzel (2010) alertaron, sin embargo, sobre sus límites respecto a una serie de reivindicaciones por memoria en todo el mundo, ya que las proposiciones de Nora se apoyaron esencialmente en las memorias estables de larga duración de la Europa occidental, siendo poco funcionales en otros contextos. En el Cono Sur, por ejemplo, donde el impulso por la creación de memoriales y archivos diversos remite a las dictaduras violentas de los años 1970 y 1980, el acto de rememorar tiene más bien la finalidad de llevar a cabo denuncias de carácter político sobre pasados cuyas heridas siguen abiertas. Otro aspecto que se critica al análisis de Nora es que los lugares de memoria, los espacios, sobre todo los urbanos, tienen un papel pasivo, de mero soporte material, sin que se indague en el rol que desempeñan las contiendas políticas y sociales en ellos ocurridas cotidianamente.

Buscamos complementar ese vacío analítico a partir de la noción de *producción del espacio*, de Henri Lefèbvre ([1974] 2013), la cual, dentro de la vasta producción teórica de ese autor, es probablemente la que mejor sintetiza sus inquietudes respecto de lo urbano y de la complejidad constitutiva de las sociedades occidentales post industriales.

Para Lefèbvre, el espacio es un producto social, o sea, una realidad que no se da per se sino que más bien se vincula a los modos de producción y a la reproducción de las relaciones sociales. Por tanto, una realidad que se construye, se modifica y se destruye en franca correspondencia con las fuerzas productivas que rigen la sociedad, que sirve de apoyo a las prácticas sociales de dominación y que, al mismo tiempo, dialécticamente, ofrece las bases necesarias a las reacciones organizadas en contra de esas formas de dominación. En sus palabras:

> El espacio ya no puede concebirse como pasivo, vacío, como no teniendo más sentido que —al igual que sucede con los otros "productos"— ser intercambiado, consumido o supri-

> mido. En tanto que producto, mediante interacción o retroacción, el espacio interviene en la producción misma: organización del trabajo productivo, transportes, flujo de materias primas y de energías, redes de distribución de los productos, etc. A su manera productiva y productora, el espacio entra en las relaciones de producción y en las fuerzas productivas (mejor o peor organizadas). Su concepto no puede, pues, aislarse y quedar estático. Se dialectiza: producto-productor, soporte de relaciones económicas y sociales. (Lefèbvre, [1974] 2013: 55-56).

El autor nos recuerda, por tanto, que la configuración de los espacios en una ciudad no se da por casualidad: espacios de uso público y privado se crean y se distribuyen en el territorio geográfico según la lógica de la producción y reproducción material, bien como bajo las reglas de manutención del orden social. Las zonas de trabajo y de vivienda, los lugares de decisión política y de ocio, o sea, todas las espacialidades que definen el mundo urbano son el resultado de procesos sociales en que las relaciones de poder se hacen presentes. Los espacios de conmemoración y los monumentos públicos no son una excepción. La ventaja de esta perspectiva es que, a través de ella, los espacios urbanos en donde desarrollamos nuestras vidas cotidianas se tornan menos "inocentes" desde el punto de vista analítico, ofreciendo un importante andamiaje crítico a los estudios de caso como los propuestos en esta tesis. En ese sentido, la noción de producción del espacio nos animó a observar la disputa alrededor de las memorias sobre Roca como parte de una lucha por la (re)significación política de los espacios en donde los monumentos fueron construidos.

Ahora bien, si la lectura espacial propuesta por Lefèbvre nos impulsó a entender las tensiones alrededor de los monumentos en sus vínculos contradictorios con la propia (re)producción del medio urbano en donde ellos se insertan, esa noción en sí misma no abarca todo el conjunto de tensiones sociales existentes alrededor de las memorias sobre Roca, que acá nos interesa entender. Una vez que las memorias y los espacios son, cada uno a su modo, procesos que se constituyen socialmente, entonces en ambos se pueden detectar las estructuras de dominación existentes en una determinada sociedad, bien como sus posibles fisuras y las zonas de choque desde donde nuevas estructuras pueden, entonces, ser propuestas. Quien nos facilitó el entendimiento de esa dinámica fue Raymond Williams (2000; 2011), cuya redefinición del concepto gramsciano de *hegemonía*, realizada a partir del campo de los estudios culturales, puede aplicarse tanto a una crítica de las prácticas de rememoración como al análisis de los proyectos de ordenación y de apropiación espacial relacionados a esas prácticas que se dan en el medio urbano.

Williams trabajó la idea de hegemonía diferenciándola de otras nociones a ella vinculadas, y que son fácilmente confundidas entre sí: la *dominación*, la *ideología* y la propia idea de *cultura*. Si la dominación, según el esquema propuesto por Antonio Gramsci, remite a las prácticas coercitivas bajo formas directamente políticas, la hegemonía ofrece, a su vez, un entramado bastante complejo de fuerzas políticas, sociales y culturales donde las formas de coerción no son evidentes. Se diferencia asimismo de la ideología en la medida en que esta se limita más bien a significados y valores socialmente aceptados, pero que no abarcan toda la conciencia social, mientras que la hegemonía sí lo hace; aún así, no puede ser confundida con la cultura, puesto que la totalidad hegemónica se diferencia de la totalidad cultural por un sentido claro de intencionalidad, es decir, de las intenciones de poder y de clases sociales bien definidas.

Conformando, así, una totalidad de prácticas y expectativas en relación a la vida que asume para gran parte del cuerpo social el carácter de realidad, la hegemonía fue comprendida por el autor en sus operaciones sociales efectivas, es decir, en los procesos por medio de que ella se alimenta y se renueva continuamente. Para Williams, entre los principales factores que determinan la "supervivencia" de la hegemonía a largo plazo es la incorporación a su interior de numerosas formaciones culturales residuales y emergentes[5], lo que se da a través de una dinámica de tradición selectiva que absorbe significados y valores inicialmente ubicados fuera del sistema hegemónico, pero que son continuamente adaptados y tolerados al interior de la formación social vigente: un mecanismo que opera de modo a legitimar la hegemonía a todo el conjunto social.

Esta dinámica se complejiza aún más cuando pensada según las posibilidades señaladas por el autor que las formaciones culturales residuales y emergentes poseen, potencialmente, para la formulación de nuevas prácticas, valores y significados considerados alternativos o hasta mismo opositores a la hegemonía puesta. Es decir, hay prácticas o valores que son tolerados al interior de un sistema hegemónico como formas particulares de vivir y percibir el mundo; sin embargo, dependiendo de cuáles son esas prácticas y qué valores las fundamentan, ellas pasan no sólo a despreciar la cultura dominante, señalando opciones alternativas, sino que pueden llegar a cuestionarla en su estructura misma, conformando, en ese caso, prácticas y pensamientos de oposición (contra-hegemónicos).

La comprensión de esos mecanismos, es decir, de la operatividad propia de la hegemonía tal cual propuesto por Williams nos sirvió para pensar los monumentos a Roca como expresión de un pensamiento hegemónico sobre la idea de Nación y de "argentinidad" en que la figura del indígena es continuamente negada. En ese sentido, nos esforzamos en comprender las críticas actuales a los monumentos a Roca identificando los matices que se presentan en contraste con esa visión y evaluándolos en sus posibilidades tanto de formación de pensamientos alternativos o efectivamente contra-hegemónicos.

---

5   Las culturas residuales son, para el autor, las experiencias, significados y valores de formaciones sociales anteriores, mientras que las emergentes son las prácticas, significados y valores creados continuamente en el presente.

Antecedentes de investigación

La polémica actual alrededor de los monumentos al gral. Roca involucra dos grandes conjuntos de memorias diferentes y en franca oposición uno al otro, que se disputan en espacios bien determinados de las ciudades de Buenos Aires y Bariloche, y que tienen como principal elemento de desacuerdo los graves costos humanos de la "Conquista del Desierto" y las actuales condiciones de vida experimentadas por las poblaciones indígenas nacionales. Teniendo en cuenta nuestros problemas de investigación, podemos agrupar los antecedentes sobre el tema en cuatro grandes grupos:

1) los trabajos sobre memoria social desarrollados en la Argentina después de finalizada la dictadura cívico-militar en 1983 que se impulsaron por los intensos debates alrededor de la violación sistemática de los derechos humanos durante ese período;

2) los estudios sobre la cuestión monumental en la Argentina y la conformación, a partir de 1983, de edificios, memoriales, homenajes y prácticas urbanas dedicadas al ejercicio público de la memoria de las víctimas de la violencia del Estado;

3) los escritos previos centrados específicamente en las polémicas actuales alrededor de la "Conquista del Desierto" y de los monumentos a Roca;

4) los trabajos que analizan el activismo indígena argentino contemporáneo.

Respecto del primer campo señalado, nuestro principal referente es *Los trabajos de la memoria* (2002), de Elizabeth Jelin. A partir de la revisión de diversas investigaciones que se venían haciendo internacionalmente[6], la autora crea

---

6   Entre los muchos trabajos revisados por Jelin, están los estudios precursores de Maurice Halbwachs, *Los marcos sociales de la memoria* (1925) y el póstumo *La memoria colectiva* (1950); *La memoria, la historia, el olvido* (2004), de Paul Ricoeur; *Les lieux de mémoire* (1984-1992) de Pierre Nora (dir.).; el artículo

un marco conceptual propio que le permite interpretar las luchas sociales que se han visibilizado en la Argentina y en otros países del Cono Sur tras los procesos de transición post dictatorial, entendiendo sus especificidades derivadas de la violencia política y la fuerte represión estatal de los años 1970. Más que indagar qué es la memoria, la autora se propone, por tanto, "pensar en los procesos de construcción de memorias, de memorias en plural, y de disputas sociales acerca de las memorias, su legitimidad social y su pretensión de 'verdad'" (Jelin, 2002: 17).

Jelin (2002) toma las memorias en su proceso de construcción, o sea, enfatiza los procesos sociales y los actores que participan de la afirmación o negación de determinados relatos, sus disputas y las negociaciones de sentido que ocurren en escenarios diversos, incluso en el espacio urbano. Eso nos ofrece una perspectiva analítica clave, pues entiende las memorias a través de las relaciones problemáticas entre individuos y subjetividad, y entre sociedad y los sentimientos de pertenencia a colectivos (culturales, políticos, institucionales, etc.), acentuando ciertos elementos que están en la base de esta investigación: la pluralidad de relatos y las discordancias entre ellos, las relaciones de poder y las luchas por la hegemonía.

También fueron relevantes para profundizarnos en el debate sobre memoria y los derechos humanos en Argentina: Hugo Vezzetti (2009a; 2009b), con el panorama que traza de las categorías y debates que enmarcaron la construcción del campo de la memoria social en la Argentina post dictatorial; Pilar Calveiro (1998), con el profundo análisis de las dinámicas de poder por detrás de las variadas

---

"En busca del tiempo futuro" (2000), de Andreas Huyssen; *Los abusos de la memoria* (2000), de Tzvetan Todorov; *Commemorations: the politics of national identity* (1994), de John Gillis (comp.), y el ensayo "Reflexiones sobre el olvido" (1989), de Yosef Yerushalmi.

prácticas de tortura y degradación humana en los campos de concentración argentinos; y Emilio Crenzel (2008), con su reconstrucción histórica del informe *Nunca Más*.

En ese campo, otra referencia a que debemos nombrar es *El genocidio como práctica social: entre el nazismo y la experiencia argentina* (2007), de Daniel Feierstein, que analiza el genocidio moderno en Alemania (1933-1945) y Argentina (1974-1983) en cuanto práctica social tendiente a la destrucción y, sobre todo, a la reestructuración de las relaciones sociales hegemónicas mediante distintos mecanismos, entre los cuales el autor destaca: a) la construcción de un "otro negativo"; b) el aislamiento social de ese "otro" mediante, principalmente, el dispositivo del campo de concentración; c) su negación hasta el punto límite de la desaparición física y simbólica. Además de su indiscutible relevancia para las discusiones sobre derechos humanos entabladas en la última década, ese estudio nos ayudó a entender la apropiación actual del término "genocidio" ya sea por los movimientos indígenas, los activistas contrarios a los monumentos al gral. Roca o por estudiosos de la "Conquista del Desierto".

También los trabajos de Estela Schindel son insoslayables a nuestra discusión, particularmente sus artículos "Inscribir el pasado en el presente: memoria y espacio urbano" (2009a) y "Lugares de memoria en Buenos Aires" (2009b). Tomando al filósofo polaco Bronislaw Baczko como referencia, Schindel propone interpretar las ciudades como espacios de proyección de imaginarios sociales en que los esfuerzos por producir y activar memorias son entendidos en cuanto "textos privilegiados" a partir de los cuales se pueden "leer" los conflictos simbólicos ocurridos en los espacios urbanos. Es decir, para la autora estos espacios son experimentados subjetivamente por la población según las interpretaciones colectivas que allí se dan a las memorias y según el grado de consenso o de conflicto que las atraviesan.

Una mirada que nos sirve para indagar en cuáles son las formas por medio de que espacio y memorias se imbrican creando disputas simbólicas al interior de las ciudades.

Este mismo supuesto atraviesa el ensayo "Los riesgos de la memoria. Lugares y conflictos de memoria en el espacio público" (2012), de Anne Huffschmid. A partir de cuatro casos bastante distintos entre sí de violencia perpetrada por el Estado en contra de la población civil —el antiguo edificio del Palacio de la República en Berlín; la ex-ESMA en Buenos Aires; la Plaza de las Tres Culturas y el Campo Militar Número Uno, ambos en la Ciudad de México (DF)— la autora analiza las dinámicas sociales por medio de que tales edificios dispararon en esas ciudades una serie de marchas civiles, intervenciones y performances callejeras que confirieron paulatinamente a los espacios públicos nuevas potencialidades políticas. Según la visión propuesta por la autora, el espacio y las memorias constituyen territorios en construcción, inestables y en constante transformación en donde subyacen diversos niveles de tensión, entre los cuales ella destacó una "tensión fundadora": el señalamiento territorial de "memorias incómodas", es decir, memorias que inscriben, normalizan y naturalizan en la vida cotidiana las marcas traumáticas de la violencia, el estado de excepción y el terror.

Esta interpretación nos interesa pues supone necesariamente la existencia de conflictividades sin las cuales los espacios, como las memorias, perderían su sentido político. En las palabras de la autora: "los sitios y lugares generan, de algún modo complejo, espacio y esfera pública. Pero no lo hacen, y esto es esencial, a través de razonamiento y consenso discursivo (al estilo del pensamiento habermasiano: la arena pública) sino más bien a través de disputa y negociación de poder y de sentido" (Huffschmid, 2012: 374).

Sobre el segundo grupo referencial (la problemática de la forma monumental), recuperamos tres aportes que consideramos significativos para ubicarnos en el debate sobre sus usos políticos post 1983.

En primer lugar, el ensayo de Hugo Achugar (2003), "El lugar de la memoria, a propósito de monumentos (motivos y paréntesis)" que reflexiona sobre los sentidos históricos de la práctica monumental desde la Antigüedad a la Era Moderna. Achugar identificó monumentos y objetos conmemorativos con la consagración pública de discursos consensuados que, en su opinión, son potencialmente autoritarios en la medida en que enmascaran en sus formas rígidas las tensiones entre memoria y olvido. Tomando como punto de partida el Memorial en Recordación de los Detenidos Desaparecidos en el Cerro Montevideo (Uruguay), inaugurado en 2001, cuestionó la pertinencia de la instalación de homenajes oficiales de esa naturaleza a las víctimas de la violencia represiva en los países del Cono Sur. Esa preocupación también orientó el segundo artículo que nos interesa nombrar: "Políticas de la memoria y formas de clasificación social. ¿Quiénes son las "Víctimas del Terrorismo de Estado" en la Argentina?" (2001), de Virginia Vecchioli, sobre la instalación del Monumento a las Víctimas del Terrorismo de Estado en el Parque de la Memoria (Buenos Aires). Partiendo de una desconfianza similar a la de Achugar, la autora se preguntó si la consolidación de la categoría unísona de las "víctimas del terrorismo de Estado" mediante la inauguración de dicho monumento no acallaría los prolíficos debates políticos que le habían precedido. Es más, una vez plasmados los nombres de las víctimas en el espacio del Parque, existiendo autónomamente por afuera de las luchas sociales que sostuvieron su construcción, ¿no se tornaría la categoría de las víctimas del Terrorismo de Estado vacía y sin sentido?

Por último, teniendo en cuenta ese debate previo sobre los olvidos, silenciamientos y discriminaciones de la memoria, el Instituto Memoria Abierta organizó la Jornada Arquitectura y Memoria (2009), que propuso discutir estrategias y direccionamientos posibles a las políticas de memoria aplicadas a los espacios públicos urbanos en la ciudad de Buenos Aires. Nos llamó la atención allí especialmente las opiniones divergentes de los arquitectos Adrián Gorelik y Pablo Sztulwark a partir de un mismo diagnóstico problemático sobre la fragilidad de las políticas públicas de construcción de monumentos y memoriales a la hora de representar demandas plurales. Mientras que Sztulwark defendió una nueva concepción de espacios de memoria, a que él denominó "ciudades-memoria", en que las memorias se reivindicarían en el espacio urbano de forma espontánea, desde su organicidad, en cualquier lugar y sin plasmarse en objetos o edificios determinados; para Gorelik, por el contrario, las políticas de memoria deberían fortalecer una idea de espacio público que fuese capaz de instalar, aún provisoriamente, valores de memoria común deliberados colectivamente —una propuesta a que él denominó "memoria justa"—.

Entre la dilución y fragmentación de voces contemplada en la "ciudad-memoria" y la percepción contraria, de que es imposible representar todas las memorias reivindicadas socialmente en el espacio público sobre el riesgo de que, al final, no se represente nada, que sostiene la "memoria justa", se evidencian las contradicciones estructurales internas de dos categorías —memoria y espacio— que se construyen necesariamente mediante procesos de exclusión. Aunque esta investigación no se ocupe de políticas de memoria alternativas en los espacios urbanos, esa contradicción elemental es significativa para debatir los monumentos al gral. Roca, principalmente en lo que se refiere a algunas propuestas actuales de remplazo de esas estatuas por otras de diferentes personalidades políticas o en homenaje a grupos sociales.

De los trabajos que tocan este último tema se destaca "Próceres genocidas. Una indagación en el debate público sobre la figura de Julio A. Roca y la Campaña del Desierto" (2012) de la antropóloga Diana Lenton, en donde la autora presenta un panorama general de las iniciativas contrarias a los monumentos a Roca ocurridas en Buenos Aires, Bariloche y otras ciudades menores del interior del país, y se pregunta sobre los límites y potencialidades de estas iniciativas dentro del marco general de los cambios políticos vividos en el país durante las últimas décadas.

En su opinión, tales manifestaciones se enmarcan en un proceso más profundo de crítica a la narrativa de la historia oficial y demuestran cierta potencia contra-hegemónica al abarcar sectores de la ciudadanía mucho más amplios de los que se involucran directamente en las protestas. Sin embargo, la autora cuestiona que las propuestas sugeridas para su reemplazo poseen potencia crítica. Lenton analiza el Monumento a la Mujer Originaria (MMO), aún en construcción, para sugerir que los prolíficos debates sobre el genocidio indígena articulados alrededor de los monumentos a Roca tienden a consolidar, a través del MMO, una metáfora "blanda" de la integración racial, es decir, una representación pacífica de la mujer indígena que amenizaría, en sus formas, la discusión antecedente sobre la violencia de las guerras de conquista territorial y la sumisión forzosa de los pueblos indígenas.

Ya sea por sus críticas o por el panorama general que delinea, Lenton (2012) es fundamental a esta investigación; sin embargo, deja algunos vacíos importantes vinculados a otras propuestas y estrategias empleadas por los grupos contra-monumento, las cuales buscamos explorar aquí en más detalle. Al enfatizar el problema de los significados de las estatuas —sean las de Roca, o la todavía virtual Mujer Originaria— el ensayo oculta otras cuestiones que tienen que ver más específicamente con condiciones urbanas específicas de Buenos Aires y de Bariloche, y que nos ayudan a comprender el problema de la estatuaria no sólo en los términos de una disputa entre memorias sino también de una disputa por espacios de acción política ubicados físicamente en esas ciudades y, de forma intangible, en la esfera pública en general (medios de comunicación, consejos deliberantes, asambleas ciudadanas, etc.).

Otro artículo que merece consideraciones de nuestra parte es "Imágenes recientes de la "Conquista del Desierto". Problemas de la memoria en la impugnación de un mito de origen" (2006), del también antropólogo Carlos Masotta. Las polémicas alrededor de Roca son interpretadas, en ese caso, más bien como manifestación en la esfera simbólica del sentimiento de repulsa y desprestigio a las fuerzas armadas que se difundió entre la población civil en los años finales de la dictadura instalada en 1976. Un proceso que, conjugándose al protagonismo de los organismos de derechos humanos durante la transición democrática, terminó por expandir esa revisión crítica de la violencia estatal —y militar, especialmente— en contra de la población civil también para otros momentos del pasado nacional.

En ese sentido, el autor sostiene que la popularización de la categoría "genocidio" para clasificar la violencia despegada por el Estado durante la dictadura desempeñó un rol importante a la hora de evaluar la "Conquista del Desierto" como una especie de episodio histórico inaugural de las prácticas de violación de los derechos humanos en la Argentina moderna.

Si bien esa hipótesis —que esta tesis sigue— explica la simpatía de muchos sectores medios urbanos, sobre todo de jóvenes militantes de izquierda, a las propuestas de revisión del imaginario social hegemónico sobre Roca, ella no logra explicar por qué, en un determinado momento entre fines de los años 1990 y el 2000, se volvió tan importante que se rediscutiera a Roca en los términos de genocida. Creemos que la respuesta a eso no está simplemente en los cambios operados en la interpretación social de la violencia después de 1983, sino más bien en el surgimiento de una militancia indígena sólida que empezó a organizarse políticamente en diversas regiones del país hacia los años 1990 en torno a las demandas por tierra, mejores condiciones de vida y el derecho a la diferencia cultural, ampliando la visibilidad de estas cuestiones ante la población argentina en general. Aunque no hallamos escritos previos que trabajen directamente esta relación entre los movimientos indígenas contemporáneos y las disputas simbólicas en torno a Roca, algunos autores ligados a los estudios sobre etnografía y antropología indígena nos ofrecen las bases necesarias para pensar esa articulación.

En primer lugar podemos mencionar el artículo "Formaciones de alteridad: contextos globales, procesos nacionales y provinciales" (2005), de la antropóloga Claudia Briones, que invita a pensar la problemática indígena a través de una mirada totalizadora del proceso de juridización del derecho indígena a partir de la diferencia cultural que se viene desarrollándose en el país desde fines de los años 1980. El artículo indaga la relación entre el Estado y la constitución de los derechos indígenas ubicando el problema de la alteridad indígena contemporánea al interior de tres marcos que se imbrican: la construcción de la moderna identidad nacional a través del "crisol de razas" y de criterios de "argentinización y extranjerización selectiva de alteridades" (Briones, 2005: 23)[7]; la consolidación de los derechos humanos a partir de la refundación del Estado Democrático en 1983; y la transnacionalización del neoliberalismo en los 1990 con una retórica multiculturalista "pro diversidad". Eso nos permite ubicarnos críticamente en relación al proceso de invisibilización-visibilización de los pueblos indígenas en la Argentina, articulándolo directamente con las polémicas alrededor de los monumentos a Roca. Y, en la medida en que problematiza esas alteridades y las contradicciones que ellas enfrentan en el presente, el artículo también contribuye a pensar las potencialidades y

---

7 Según la autora, "la formación maestra de alteridad en Argentina fue resultado de una peculiar imbricación de maquinarias diferenciadoras, estratificadoras y territorializadoras, habilitantes de un conjunto de operaciones y desplazamientos que, para sintetizar el argumento, agruparía en torno a tres lógicas principales. Una de incorporación de progreso por el puerto y de expulsión de los 'estorbos' por las puertas de servicio, primera lógica que se liga a una segunda de argentinización y extranjerización selectiva de alteridades, estando a su vez ambas lógicas en coexistencia con una tercera de negación e interiorización de las líneas de color" (Briones, 2005: 23).

los límites políticos de la disputa simbólica que nos atañe cuando la contrastamos con otras luchas y manifestaciones llevadas a cabo por los pueblos indígenas en diversas provincias del país en la actualidad.

En esta dirección, también fueron referencias importantes los artículos "El movimiento indígena posterior a la reforma constitucional y su organización en el Programa de Participación de Pueblos Indígenas" (2002), de Morita Carrasco, y "Pueblos Originarios y democracia. Conformación de nuevos sujetos políticos. Argentina, 1983-2013" (2013), de Miguel Leone Jouanny, en que se discute el proceso de consolidación de los movimientos indígenas y su consecuente fortalecimiento en cuanto sujetos políticos durante el período democrático. Mientras que Carrasco toma el Programa de Participación de Pueblos Indígenas (una iniciativa conjunta de la sociedad civil y del Estado[8] puesta en marcha en 1996 con el objetivo de asegurar la representación indígena al interior del Poder Legislativo) para deslindar la participación efectiva de los referentes comunitarios en el sistema de decisiones políticas nacional, Leone Jouanny, desde una perspectiva más panorámica acerca de las leyes y normativas que reconocen derechos a los indígenas, examina las tensiones entre la lógica jurídica que fundamenta tales derechos y las movilizaciones políticas sostenidas por las comunidades. En ambos, por tanto, la conformación de los movimientos indígenas contemporáneos es interpretada como un proceso simultáneo de visibilización jurídica y visibilización política, que se caracteriza por diferentes grados de negociación y conflicto entre el

---

[8] El programa fue diseñado por la asesoría jurídica del Equipo Nacional de Pastoral Aborigen (ENDEPA), se suscribió por la Asociación Indígena de la República Argentina (AIRA) y fue financiado por la Secretaría de Desarrollo Social de la Nación, con el objetivo de garantizar la operatividad de los cambios constitucionales determinados por el artículo 75 inciso 17 de la Constitución Nacional en 1994. Ese tema será tratado con más detalle en el segundo capítulo de la tesis. Para más informaciones, se sugiere la lectura de los artículos mencionados arriba, además de Altabe, Braunstein & González (1996) y Carrasco (2000).

Estado y los pueblos indígenas. Es precisamente la elucidación de esos grados de negociación y conflicto el factor que nos ayuda a comprender las distintas demandas políticas que, entre 1997 y 2012, se han sumado a las iniciativas contra monumento a Roca en Buenos Aires y Bariloche.

Por último, queremos mencionar los trabajos de Laura Kropff sobre el impacto directo de la dinámica conflictiva entre juridización-politización en la vida cotidiana y en la militancia política de los indígenas mapuche que habitan los centros urbanos de la región norpatagónica, sobre todo en la ciudad de Bariloche. En "'Mapurbe': jóvenes mapuche urbanos" (2004), "Activismo mapuche en Argentina: trayectoria histórica y nuevas propuestas" (2005) y "El *waj*, el bombo y la palabra. Acerca de la conciencia generacional entre los jóvenes mapuche" (2008), la autora analiza la formación a partir del 2001 de importantes redes de militancia y autoreconocimiento como mapuche que se han encabezado en su mayoría por jóvenes habitantes de las periferias urbanas en la provincia de Río Negro. A través de la Campaña de Autoafirmación Mapuche, esos jóvenes vienen proponiendo el "rescate" de sus historias familiares, del idioma mapuche, de rituales ceremoniales, etc., al mismo tiempo en que reivindican para sí la identidad "mapurbe", es decir, de mapuches urbanos.

Ese fenómeno nos interesa no sólo porque evidencia una cuestión aún muy poco abordada por otros autores, como son las consecuencias del éxodo rural de las poblaciones indígenas, con la subsiguiente conformación de nuevas demandas políticas y culturales, sino también se vincula directamente a las iniciativas a favor de la remoción del monumento a Roca localizado en Bariloche. Aunque la autora no haya tocado ese tema en específico, diversas de las iniciativas contra monumento que hemos estudiado se vincularon a la acción de jóvenes militantes anarquistas mapuche cuya organización al interior de colectivos políticos o artísticos, según el caso, se ha dado en el marco de las actividades promovidas por la citada Campaña de Autoafirmación Mapuche. Asimismo, como veremos en más detalle en el tercer capítulo de esta tesis, muchos de los argumentos contrarios al mantenimiento del monumento en su ubicación original resultaron precisamente de una percepción crítica acerca de la marginalidad social y espacial de la población mapuche en Bariloche que también está en la base del fenómeno estudiado por Kropff.

Estructura de la tesis

La tesis se organiza en tres capítulos. El primero, "Memorias de bronce: contribuciones de la estatuaria en la formación de la memoria oficial sobre Julio A. Roca", se dedica a enmarcar históricamente el proceso de consolidación de las memorias hegemónicas sobre Roca en los espacios públicos, recuperando para ello la etapa de construcción de los monumentos de Buenos Aires y Bariloche durante la década del 1930 y, después, las conmemoraciones propuestas por el Estado para el Centenario de la "Conquista del Desierto" en 1979.

El segundo, "Hendiduras en la memoria oficial sobre el gral. Julio A. Roca: antecedentes y marcos de los cuestionamientos contra monumentales" (1979-1997), analiza los tres elementos que permitieron, en los años 1980 y 1990, que las memorias hegemónicas sobre Roca pasaran a cuestionarse por algunos sectores de la sociedad: 1) el desarrollo paulatino del discurso anti-militar; 2) la consolidación de los derechos humanos y la consigna Memoria, Verdad y Justicia; 3) la consolidación de los pueblos indígenas como sujetos políticos.

El Capítulo 3, "El conflicto simbólico alrededor de los monumentos al gral. Roca en Buenos Aires y San Carlos de Bariloche (1997-2012)", se divide en dos partes. La primera, "Memorias en disputa", expone y analiza los contenidos específicos de los dos conjuntos de relatos contrapuestos:

las memorias hegemónicas sobre Roca, a que llamamos "memorias roquistas", y las que intentan imponerse en su contra, a que denominamos "memorias contra-roquistas". La segunda parte, "Acciones e intervenciones urbanas" se dedica a exponer en orden cronológico los hechos ocurridos en Buenos Aires y Bariloche con vistas a remover o proteger, según el caso, a los monumentos.

Por último, la tesis se cierra con un excurso en que, a modo de conclusión, se reflexiona sobre el estado de la disputa hacia 2014, año en que se cumplió en centenario de muerte de Roca, buscando así entender los logros y límites de la disputa en un momento en que esta ya daba claros señales de agotamiento.

1

Memorias de bronce

Contribuciones de la estatuaria en la formación de la memoria oficial sobre Julio A. Roca

La palabra latina *monumentum* se refiere en su origen a objetos cuya función primordial es activar determinadas memorias. Desde las más sencillas estelas a los grandes mausoleos de la antigüedad clásica, las obras conmemorativas están presentes en todos los continentes y, como observó Choay (2006), son un fenómeno cultural "universal". Sin embargo, a diferencia de otros dispositivos de memoria en que la necesidad básica de recuerdo, evocación o perpetuación se da en la esfera privada (caso de las reliquias familiares, por ejemplo), las obras monumentales se refieren a recuerdos compartidos por toda la comunidad. Los hechos que son por ellos invocados no pertenecen, así, a un pasado cualquiera: "*é* [un pasado] *localizado e selecionado para fins vitais, na medida em que pode, de forma direta, contribuir para manter e preservar a identidade de uma comunidade étnica ou religiosa, nacional, tribal ou familiar*" (Choay, 2006: 18).

Se puede decir, por tanto, que la esencia misma de los monumentos está en una voluntad colectiva de memoria que se construye a partir de una relación específica con el tiempo vivido, vinculando pasado y futuro en una narrativa coherente y cohesiva. Como lo indica la etimología de la palabra recordar ("traer de nuevo al corazón"), la memoria se activa y se produce a través de una apelación de naturaleza afectiva; de modo que para cumplir la función memorial a que han sido proyectados los monumentos deben, ante todo, generar conmoción, haciendo vibrar el pasado invocado en el corazón de los miembros de la comunidad:

> Esa parece haber sido la función central del monumento o de la memoria en piedra; es decir, la monumentalización de la memoria como un modo de documentar, construir o consolidar la identidad del ciudadano y de la *polis* (Achugar, 2003: 199-200).

La especificidad monumental reside, por ende, en su mecanismo singular de objetivación de memorias: en ellas, materialidad (invocación sensorial, casi siempre del orden visual) y localización espacial operan lado a lado en la creación de un conjunto alegórico que se pretende totalizador de los relatos a conservarse. Empero, dado que la localización de los monumentos es atributo exclusivo de quienes retienen el poder normativo sobre los espacios públicos —y, por tanto, de quienes centralizan la decisión sobre qué objetos pueden o no erigirse en esos espacios—, la forma monumental se configuró, a lo largo de siglos, como la forma-base que asumen las memorias hegemónicas en las ciudades.

Aunque la relación tradicional entre pasado, memoria y monumento haya sufrido cambios significativos durante la configuración de la modernidad occidental[9], la monu-

---

[9] Para Choay (2006), el monumento moderno se caracterizó por la extinción de la función memorial y por la autorreferencialidad —acercándose cada vez más al arte y distanciándose de la conmemoración—. Para ella, el perfeccionamiento y difusión de otros dispositivos de memoria artificial, como la prensa y las nuevas tecnologías de grabación del imagen y del sonido han sido decisivos para que la función memorial tradicionalmente cumplida por los monumentos perdiera su razón de ser. Tomando como referencia los estudios sobre la imagen fotográfica de Barthes (2001), Choay concluye, finalmente, que la fotografía, al coincidir ser y afecto en un mismo objeto, operaría según la misma lógica de la obra monumental, pero con la virtud de adaptarse mejor al individualismo de la sociedad burguesa. En ese sentido, para ella los monumentos pasarían a ser, cada vez más, meras cristalizaciones del pasado en el presente, constituyéndose, hoy, en meras reminiscencias de una subjetividad pasada. Aunque nos parezca válida esa hipótesis, la cual encuentra similitudes también en la obra de Pierre Nora (1989), opina-

mentalización como forma de consolidar identidades hegemónicas se ha mantenido como práctica social hasta hoy. Los monumentos instauran presencias que, materializadas en el paisaje, terminan incorporándose progresivamente al cotidiano de la ciudad y cumpliendo, finalmente, la función de naturalizar ante la comunidad los relatos históricos que los han originado.

Partimos del supuesto que entender los mecanismos a través de los cuales las imágenes monumentales narran los relatos dominantes de una sociedad es condición necesaria para el desplazamiento o "desnaturalización" de esas imágenes. Por ello, buscaremos en este capítulo insertar los monumentos a Julio A. Roca en su campo elemental: el pensamiento monumental moderno y las especificidades propias del caso argentino. Por esa razón, dedicamos ese primer capítulo a recuperar las iniciativas y debates que, a lo largo de las primeras décadas del siglo XX, crearon las condiciones sociales y políticas para la construcción de los referidos monumentos en las ciudades de en Buenos Aires y San Carlos de Bariloche, identificando siempre que sea posible a los distintos actores que estuvieron involucrados en tales iniciativas.

No queremos decir que los monumentos hayan creado, por si solos, esa imagen hegemónica; por el contrario, ellos son vistos aquí como parte de la formación de un ideario social y político en torno a Roca que les abarca y supera. Sin embargo, sostenemos que el proyecto llevado adelante por la Comisión Nacional del Monumento al Tte. Gral. Julio A. Roca en los años 1930 incorporó en gran parte los sentidos de una cierta "pedagogía", demostrando una gran preocupación en crear un relato hegemónico en torno al ex presidente y comunicarlo con eficacia a las generaciones posteriores, ya sea en la forma simbólica de los monumentos

---

mos que ella ha sido estructurada desde y para el contexto francés, y debe en todo caso ser relativizada si se quiere realizar un estudio sobre las esculturas y monumentos públicos construidos en otros países durante el siglo XX.

o del prolífico archivo documental que ella ha compilado, contribuyendo a la consolidación de las memorias oficiales sobre Roca y la "Conquista del Desierto".

Por ello, el análisis a seguir fue estructurado en cuatro partes. En la primera, se retoma a la brevedad el período histórico de la "Conquista del Desierto y del roquismo. Enseguida elaboramos los antecedentes que influyeron directamente en esa empresa monumental, centrándonos sobre todo en las discusiones ocurridas hacia el Centenario de la Nación (1910) acerca del rol pedagógico desempeñado por las estatuas y otros marcos memoriales en el espacio urbano. En la tercera parte, presentamos el proceso que llevó a la construcción de los monumentos en Buenos Aires y en San Carlos de Bariloche durante las décadas del 1930 y 40 para, finalmente, indagar en los desdoblamientos de ese proceso monumentalista en las décadas subsiguientes, con énfasis especialmente en las conmemoraciones del Centenario de la "Conquista del Desierto" (1979), que tuvieron lugar durante la más violenta dictadura cívico-militar de la historia del país.

Julio A. Roca y la "Conquista del Desierto"

Nacido en San Miguel de Tucumán en el seno de una familia conocida por su actuación entre las filas unitarias de la Guerra Civil de 1828-1831[10], Roca se involucró aún muy joven en las guerras que se siguieron; a los 15 años ingresó como subteniente al ejército de la Confederación, y al poco tiempo su nombre empezó a sonar, primeramente en la victoria obtenida sobre Cepeda (1859), después en la

---

[10] El Partido Unitario fue un partido político de tendencia liberal de que formaron parte nombres relevantes de la política nacional como Bernardino Rivadavia y Juan Lavalle; defendía un gobierno centralizado en las Provincias Unidas del Río de la Plata, a que se oponía el Partido Federal, favorable a la autonomía provincial.

derrota sufrida en la batalla de Pavón (1861), cuando su resistencia en producir la retirada de las tropas le dio fama de comandante audaz.

Bajo las presidencias de Bartolomé Mitre (1862-1868) y Domingo F. Sarmiento (1868-1874), subió nuevos eslabones al interior del ejército y en la política nacional: se incorporó a las tropas de la Triple Alianza en 1865 y, una vez terminada la guerra, ya Teniente Coronel, reprimió a mando de Sarmiento la sublevación de López Jordán, siendo designado en seguida al comando de fronteras en Córdoba. Después, al finalizar el mandato de Sarmiento, su nombre volvió a destacarse en la cumbre política nacional cuando derrotó en la batalla de Santa Rosa las fuerzas mitristas que se habían negado a reconocer Nicolás Avellaneda (1874-1880) como legítimo sucesor presidencial —hazaña que le valió el ascenso a General a los 31 años—.

Pero en ese período las guerras civiles no fueron el único obstáculo a la construcción del Estado; también las fronteras internas relacionadas a la "cuestión indígena" conformaron una preocupación mayor que seguía irresuelta. Según expuso Mases (2002:11), la relación problemática con los pueblos que habitaban las llanuras más allá del Río Salado formó parte de la cuestión social en Argentina durante todo el siglo XIX, movilizando un intenso debate ideológico y político acerca de la sociedad, el Estado y de los propios indígenas. Históricamente, desde el siglo XVIII los indígenas que habitaban ese inmenso territorio manejaban una red de caminos comerciales que cruzaba de Chile hacia el Río de la Plata, lo cual había conformado de a poco un amplio tejido social controlado por importantes cacicatos conocidos por la organización de malones[11], el control sobre la circulación y el cobro de pagos por derecho de paso a los que transitaban su territorio.

Si antes esa situación era sólo un tema más entre muchos del Virreinato, después de 1810 pasó a confrontarse progresivamente con el avance agrícola-ganadero originado con la apertura de los mercados externos, tornándose un problema relevante tanto para las autoridades nacionales argentinas como para las chilenas. Por los casi 70 años que se extendieron de la Revolución de Mayo hasta la "Conquista del Desierto", la zona fronteriza que empezaba al sur de la provincia de Buenos Aires se caracterizó por la coexistencia de complejas relaciones que involucraban desde intercambios comerciales pacíficos entre indígenas y no indígenas, acuerdos políticos puntuales entre caudillos y caciques, hasta confrontaciones bastante violentas en que los malones y las incursiones militares en su contra se tornaron cada vez más frecuentes —una dinámica que tuvo en las campañas al desierto comandadas por el caudillo Juan Manuel de Rosas entre 1833 y 1834 su mejor síntesis—:

> la política indígena del gobernador bonaerense se componía de varias líneas de acción que implementaba de acuerdo a las características de las distintas comunidades indígenas. Un aspecto significativo de esa política es la que se conoció en la época con el nombre de negocio pacífico con los indios y, que según Silvia Ratto, la misma "incluyó dos modalidades de relación con las parcialidades que aceptaron pactar con el gobierno. Mientras unas tribus, a las que denominamos aliadas permanecieron en sus asentamientos en las pampas,

---

[11] Los malones fueron formaciones ofensivas empleadas por diversos pueblos indígenas de los actuales territorios de Argentina y Chile, que consistían en ataques rápidos y sorpresivos realizados por guerreros a caballo y lanza contra grupos enemigos —fuesen ellos otras parcialidades indígenas, fortines o estancias criollas— con el objetivo principal de robar ganado y provisiones. Se quedaron famosos en el imaginario social dominante también por el secuestro de prisioneros, sobre todo mujeres jóvenes y niños, los cuales eran vendidos o mantenidos como siervos y esclavos sexuales en las reducciones indígenas.

otras, las amigas, se asentaron dentro de la línea de frontera gozando de la protección y vigilancia de los puestos fronterizos. En ambos casos, las tribus percibían auxilios económicos a través de la entrega de raciones mensuales de ganado yeguarizo y vicio". En cambio, para los considerados indios enemigos la estrategia consistía en perseguirlos mediante campañas punitivas (Mases, 2002: 32).

Pero a partir de 1874, cuando Avellaneda asumió la presidencia, había entre las autoridades nacionales una cierta consciencia de que esa dinámica anterior ya no podría más mantenerse, siendo necesario un cambio estratégico que resolviese definitivamente la cuestión indígena. El país estaba sumido en una crisis económica que se interpretaba en función de los límites de la producción agropecuaria, de modo que las fronteras internas y su necesaria expansión eran un tema prioritario del gobierno, que el gral. Julio A. Roca tampoco ignoraba.

Desde el período en que estuvo en Córdoba, Roca había comenzado a tejer al lado de su concuñado Miguel Juárez Celman una importante red de alianzas con grupos de poder en las provincias y también en Buenos Aires con vistas a un lugar en la alta cumbre de la política junto al Partido Autonomista Nacional (PAN) de Alsina y Avellaneda. Al mismo tiempo, acompañaba con atención la cuestión indígena en otros países, como Estados Unidos, habiendo llegado inclusive a encomendar informes sobre el tema a la Embajada Argentina en ese país; también realizó un intercambio epistolar con el entonces Ministro de Guerra de Chile, coronel Saavedra, con quien estudió estrategias conjuntas para expulsar a los indígenas del territorio austral (Mases, 2002). Así, después de la batalla de Santa Rosa, asegurado el gobierno en las manos de Avellaneda, Roca sabía que el suyo era un nombre posible para el Ministerio de Guerra y Marina, lo cual ambicionaba, pero que se terminó por ofrecer a Adolfo Alsina, hombre más cercano a los intereses políticos y económicos del puerto de Buenos Aires.

La solución presentada por Alsina partía del supuesto de que el principal enemigo a eliminarse era la propia geografía —el desierto[12]—. Buscaba, así, ocupar y colonizar sin necesariamente exterminar a los indígenas; propuso entre otras medidas la construcción de una zanja de 600 km que se extendiese del sur de la provincia de Buenos Aires hasta San Rafael (Mendoza) e impidiese la incursión de nuevos malones sobre las estancias fronterizas, alejando con ello a los indígenas de esa fuente de riqueza. Según Mases,

> Alsina estaba convencido que, en la medida en que las tribus que en ese momento se mantenían belicosas y totalmente refractarias a la autoridad del gobierno, se les cumpliera con lo estipulado en los tratados de paz firmados y, además, tuvieran la posibilidad de palpar los beneficios materiales que les podía brindar la civilización, el sometimiento de éstas sería inevitable y su incorporación a la vida civilizada sólo una cuestión de tiempo (Mases, 2002: 37).

Sin embargo, diversas parcialidades indígenas respondieron a la construcción de la zanja, a la instalación de telégrafos y nuevas fortificaciones en su territorio con más invasiones y ataques, impulsando duras críticas a esa política defensiva y abriendo camino para que soluciones más ofensivas empezasen a ser debatidas. Alsina falleció antes que pudiese organizar una política de contraataque, llevando Avellaneda a nombrar enseguida a Julio A. Roca como Ministro de Guerra y Marina. A diferencia de su antecesor, Roca interpretaba el sistema de fortines como una inmovilización impotente de armas en un territorio inmenso, proponiendo en contrapartida

---

[12] En las palabras del propio presidente Avellaneda, "no suprimiremos el indio sino suprimiremos el desierto que lo engendra. No se extirpa el fruto sino extirpando de raíz el árbol que lo produce" (citado en Mases, 2002: 40). Sobre el desierto como productor de barbarie, recomendamos entre la vasta literatura escrita sobre el tema, el artículo de Mónica Quijada, "Nación y Territorio: la dimensión simbólica del espacio" (2000).

abandonarlo de una vez e ir directamente a buscar al indio en su guarida, para someterlo o expulsarlo, oponiéndole en seguida no una zanja abierta en la tierra por la mano del hombre, sino la grande e insuperable barrera del Río Negro, profundo y navegable en toda su extensión, desde el Océano hasta los Andes (Roca, "Mensaje al Congreso Nacional", 14 de agosto de 1878).

Contando con el amplio apoyo de la oligarquía terrateniente integrante de la Sociedad Rural Argentina —de gran influencia al interior del Congreso Nacional—, Roca logró que este aprobase el proyecto de ley para las expediciones militares ya en octubre del mismo año de 1878. Según la estrategia trazada por él, primero se realizaron numerosas expediciones menores al centro del territorio indígena, partiendo de distintos puntos de la provincia de Buenos Aires y también de la provincia de Mendoza, más al norte; estas fueron verdaderos contramalones de *rémington*, cuyos golpes continuados y violentos lograron desconcertar rápidamente muchos de los asentamientos indígenas por donde pasaron. Terminada esa fase, Roca lideró entonces, personalmente, una expedición triunfal con la presencia de científicos, fotógrafos, periodistas, misioneros, etc., la cual entró en la isla de Choele Choel en el valle medio del Río Negro el 25 de Mayo de 1879, fecha elegida intencionalmente para promover su "Conquista del Desierto" simbólicamente como una especie de segunda revolución de la historia del país.

Si bien las incursiones militares sobre el territorio patagónico se completaron solamente en 1885 cuando las campañas ordenadas por el gobernador de la Patagonia, gral. Lorenzo Vitter, aprisionaron los últimos líderes indígenas resistentes, Inacayal, Foyel y Sayhueque, para Roca los resultados fueron bastante más inmediatos: con un saldo de cerca de mil muertos y más de 12 mil prisioneros —la mayoría mujeres y niños, muchos de los cuales fueron expuestos en Buenos Aires a modo de trofeo— la primera fase de la "Conquista del Desierto", cerrada en 1879, le garantizó la fuerza política necesaria para postular su candidatura a la presidencia por el PAN al año siguiente, en las cuales salió victorioso.

Si llevamos en consideración, además, que casi al fin del mandato de Avellaneda se solucionó también el problema de la Capital mediante la federalización de Buenos Aires en septiembre de 1880 —tema en torno del cual orbitaron las contiendas políticas del siglo XIX—, la llegada de Roca a la presidencia no solo finalizó una larga etapa de enfrentamientos entre indios y "blancos", como también significó el fin de las guerras civiles entre caudillos del interior y del puerto, inaugurando un nuevo ciclo político caracterizado por la consolidación en el poder de una sólida oligarquía ya no más provinciana o porteña, sino nacional, cuya contracara social y política empezó a construirse en torno de la hola inmigratoria europea y, consecuentemente, cada vez más por la conflictividad en torno a los movimientos obreros.

En esa dirección, la "Conquista del Desierto" significó para las culturas indígenas sometidas un proceso profundo y violento de desintegración sociocultural que se extendió más allá del exterminio físico y de la expropiación territorial; supuso el desmembramiento de familias, un desplazamiento geográfico radical, la catequización forzada, la prohibición lingüística, la descalificación étnica, en suma, la construcción de lo que Delrio (2005) denominó de estatus de subalternidad, lo cual se tradujo, en términos institucionales, en las propuestas de "ciudadanización" forzada de esas poblaciones y, en términos culturales, en su invisibilización progresiva al interior del imaginario social hegemónico:

> Los pueblos originarios pasaron a ser los ausentes en la historia oficial, que concibió al "tema indígena" como finalizado con la conquista militar de 1878-1885 y ocultó un largo proceso de sometimiento y de expropiaciones sistemáticas de la población originaria. Este silencio no ha sido neutro sino

cómplice en la construcción de un nuevo status de subordinación y en la confirmación de aquellas imágenes del "indígena" que lo fundamentan (Delrio, 2005: 13-14).

Del breve panorama aquí trazado sobre Roca y la "Conquista del Desierto" podemos aprehender porqué uno de los primeros autores contemporáneos a revisarlo, Viñas (2013), lo interpretó como uno de los personajes-síntesis de lo que llamó de modelo castrense de "militares civilizadores" de la Argentina decimonónica; con un pensamiento estratégico racionalista y las maneras de un *gentleman*, Roca supo articular técnicas de guerra eficaces con una red complicada de alianzas políticas para llegar al cargo máximo de presidente de la Nación; asimismo,

> al culminar su conquista sobre la Patagonia con la celebración de esa monumental misa de campaña al borde del Río Negro, mataba varios pájaros de un tiro. Su positivismo se manifestaba, sobre todo, en su severa economía de tácticas: monopolio de las tierras expropiadas a los indios, capitalización de un prestigio pulcro obtenido sobre los desmanes de sus subalternos, centralización, conservadurismo modernista, feroz "homogeneización racial", fuerte estatización, sintonización con los ritos del capitalismo mundial, nacionalización de las oligarquías provinciales y del ejército frente a las milicias locales, reafirmación de fronteras, articulación de los ferrocarriles, los telégrafos y el puerto único. De hecho, reajustaba al máximo una versión del Poder de acuerdo a la concepción de las burguesías modernistas a fines del siglo XIX y planteaba, a la vez, el punto de partida de la Argentina oligárquica (Viñas, 2013: 23).

La "Conquista del Desierto" y el primer roquismo, sobre todo, señalaron, así, la institucionalización de un modelo liberal y positivista de gobierno que se afianzó en la articulación de intereses entre el ejército y la oligarquía; lo que se tradujo, en términos políticos, en la centralización del poder en manos del conservador Partido Autonomista Nacional (PAN) por el largo período que se extendió de la elección de Roca en 1880 hasta el fin del mandato de Victorino de la Plaza en 1916 y, en términos económicos, en el fortalecimiento del sistema productivo representado por las estancias y el mercado agroexportador.

Si, culturalmente, se debe al gobierno de Roca la sanción de la ley que permitió la laicización de la educación con la instauración del sistema público, obligatorio y gratuito de enseñanza básica (Ley 1.420 de Educación), también se le debe la invisibilización de las culturas indígenas. Si durante su primer mandato se estrecharon los lazos comerciales con Europa y se abrió el país a grandes olas inmigratorias del viejo continente, durante su segundo mandato la Ley 4.144 de Residencia autorizó las autoridades nacionales a expulsar todos los extranjeros involucrados en actividades políticas y gremiales. Si la expansión de la economía agrícola/ganadera transformó la Argentina en el "granero del mundo" al inicio del siglo XX, las tierras tomadas a los indígenas entre 1879 y 1885 —muchas de las cuales, vendidas a precios irrisorios para el círculo de aliados políticos de Roca— conformaron asimismo un enorme capital especulativo en manos de pocos estancieros, un hecho que no fue ignorado ni mismo por Sarmiento, quien en 1885 denunció en *El Censor*:

> El general Roca, educado en el Colegio del Uruguay, no ha traído a su gobierno otra idea sobre el reparto de la tierra pública que la puesta en práctica en los tiempos de Urquiza —la voluntad sin límites de aquel que ejerce el poder— adoptándola como sistema. El pensamiento de un paseo de carruaje a través de La Pampa cuando no había en ella un solo indio fue un pretexto para levantar un empréstito enajenando la tierra fiscal a razón de 400 nacionales por legua, en cuya operación la Nación ha perdido 250 millones de pesos oro, ganados por los Atalivas [hermano de Julio A. Roca] y otras estrellas del cielo del presidente Roca. Pero si se puede explicar, aun cuando no se justifique, esta medida antieconómica y ruinosa para el Estado, por la famosa Expedición al Desierto después que ésta se realizó sin batallas ni pérdidas de ningún

género para el Gobierno, no hay razón, no hay motivo legítimo para que el tal empréstito continúe hoy abierto [...] para los amigos del general Roca, máxime cuando la suscripción se cerró hace ya mucho tiempo. Es necesario llamar a cuentas al presidente y sus cómplices en esos fraudes inauditos. ¿En virtud de qué ley el general Roca, clandestinamente, sigue enajenando la tierra pública a razón de 400 nacionales la legua que vale 3000? (Sarmiento citado en Viñas, 2013: 100).

Polémico desde su tiempo, el gral. Roca sin duda fue un estratega militar y político suficientemente astuto como para mantener alrededor de sí la cohesión de los intereses de clase de la oligarquía —sobre todo de su círculo personal de aliados— en un momento en que la coyuntura internacional favoreció la expansión económica de la (Nación) Argentina. Fue, en ese sentido, tal vez el emblema más bien sucedido del pensamiento liberal conservador argentino: militar, estadista, oligarca y moderno (cuando moderno era creer en el "progreso", "paz y administración" fue su lema), logró consolidar las fronteras, centralizar el poder y asegurar la entrada definitiva del país al concierto capitalista internacional, a la vez en que mantuvo las disidencias políticas relativamente acalladas ya sea por la coacción violenta o por medio de favorecimientos.

El monumentalismo del Centenario (1910)

En el marco de los festejos del Centenario se fortaleció en el país, principalmente en la Capital Federal, un pensamiento urbano-arquitectónico destinado a erigir edificios y esculturas de carácter monumental. Esa concepción tuvo el fin pedagógico bastante preciso de consolidar en los espacios urbanos de gran circulación de personas los valores que se buscaba afirmar como los formadores por excelencia de la Nación y de la "argentinidad". Así, más allá de indicar los precedentes formales e institucionales que fueron empleados dos décadas después por los impulsores de la Comisión Nacional del Monumento al Tte. Gral. Julio A. Roca (1935) las estrategias conmemorativas adoptadas en 1910 importan aquí en la medida que fundamentaron el *corpus* ideológico de aquella. Es decir, los monumentos a Roca son entendidos en cuanto consecuencia del monumentalismo inaugurado en el aniversario de la Nación, exigiendo una breve revisión de ese momento.

A fines del siglo XIX Buenos Aires era la ciudad más urbanizada de la Argentina. Con las reformas urbanas iniciadas por Torcuato de Alvear (1880-1887), el paisaje del centro político había cambiado definitivamente: la renovación del sistema de infraestructuras, la creación de un nuevo sistema de parques y plazas, los palacetes eclécticos y los lujosos hoteles de la Av. de Mayo habían borrado la imagen colonial de la "Gran Aldea" para consolidar a Buenos Aires en el imaginario social argentino como una capital moderna y refinada.

Asimismo ella se había convertido en puerto de entrada para millones de inmigrantes provenientes de Europa y, hacia 1910, era la metrópoli más poblada de Latinoamérica, superando largamente a São Paulo y a la Ciudad de México, en el mismo periodo[13]. Ese flujo inmigratorio intenso y concentrado funcionó como contrapunto de la "ciudad moderna" de Alvear en la medida en que agravó los

---

[13] La formación metropolitana prematura, si comparada con otros ejemplos latinoamericanos, es una especificidad interesante de Buenos Aires. Aunque las raíces de ese proceso devengan de la dinámica colonial en la región (véase, por ejemplo, Feijóo, 2010), la intensa inmigración de mediados del siglo XIX ha jugado un papel fundamental en ese proceso. Según Aldo Ferrer (citado por J. A. Ramos, 2013), entre 1857 y 1914 ingresó al país una cifra de más de 3,3 millones de inmigrantes. Ramos subraya, aún, que de ese total, el 90% estaba concentrado en la región pampeana y únicamente el 25% de ellos, en la zona rural. Es decir, el flujo migratorio se ha mantenido mayoritariamente en las zonas urbanas de la provincia de Buenos Aires. Como parámetro comparativo, vale acordar que el censo nacional de 1909 acusó una población de cerca de 1,2 millón en Buenos Aires, contra los 720 mil apuntados en el censo de Ciudad de México (1910) y los 240 mil de São Paulo (1900).

índices de pobreza, provocando la rearticulación de muchos de los barrios ya consolidados y condicionando, por ende, las estrategias institucionales de desarrollo de la Capital Federal[14]. Hacia esos años, los llamados "conventillos" se convirtieron en el tipo de vivienda más común entre la población extranjera, que pasó entonces a ocupar masivamente las regiones central y sur de la ciudad en un proceso todavía inédito de expansión del área edificada. Y; si bien ese proceso favoreció a los intereses especulativos de la aristocracia porteña, también motivó el desarrollo de una serie de gremios y movimientos sociales que evidenciaron la segregación urbana y colocaron los conflictos de clase en su lugar más visible: el espacio público (Gutman & Hardoy, 2007; Gorelik, 2004).

De ahí que, en vísperas de la celebración oficial del Centenario, las transformaciones modernizadoras de la capital llamasen la atención en las tensiones sociales en aumento: las protestas callejeras organizadas mayoritariamente por extranjeros anarquistas —como la huelga de inquilinos de 1907 y la marcha obrera del 1° de Mayo de 1909— venían en desarrollo a la par de la formación de

---

[14] La división de la ciudad entre una región norte rica y un sector sur empobrecido se evidenció en esa época. Ello significó, entre otras cosas, una concentración de infraestructuras, capital y alta cultura en el norte, mientras el sur se configuraba cada vez más como vector de alta densidad demográfica y pocos recursos.

bandas civiles de tendencia nacionalista dispuestas a recurrir a la violencia[15], y de una opinión pública cada vez más crítica del denominado "cosmopolitismo"[16].

Los extranjeros se han convertido en esos años, así, en la metonimia obvia de los nuevos conflictos sociales. Para algunos escritores vinculados al naciente "nacionalismo cultural", cuyos principales exponentes en esos años fueron Ricardo Rojas, Leopoldo Lugones y Manuel Gálvez[17], Buenos Aires materializaba todo aquello que la sociedad tradicional había perdido: los edificios *art déco*, el paisajismo inglés, los modernos *boulevards* del centro, la babel caótica que ellos escuchaban por las calles, todo se vinculaba directamente a la sensación de disgregación social, a la pérdida de la identidad nacional y al crecimiento de las "clases peligrosas".

La restauración nacionalista (1909/2010) de Ricardo Rojas fue, en ese sentido, uno de los escritos que mejor ha reflejado el clima dominante hacia las celebraciones.

---

15 En el año del Centenario, según Izaguirre (2009: 55-56), "volvió a producirse una fuerte represión antiobrera y antijudía, que algunos investigadores señalan como el primer pogrom realizado en Buenos Aires, en el que intervinieron no sólo las fuerzas represivas del Estado sino las bandas civiles nacionalistas oligárquicas como las que en 1919 fundaran la Liga Patriótica Argentina. En la noche del 14 al 15 de mayo de 1910, luego de una serie de actos celebratorios del Centenario se llevó a cabo un verdadero asalto de dichas bandas nacionalistas armadas contra los portadores de ideas avanzadas, tal como figuraban en los registros policiales los obreros extranjeros, judíos, catalanes, y otros, llamados genéricamente maximalistas, término con que se definía al ala izquierda del partido social revolucionario ruso y que luego adoptarían los bolcheviques. Esa noche se atacó tanto al periódico anarquista *La Protesta* como al diario socialista *La Vanguardia*, así como a bibliotecas y librerías obreras, y el ataque se extendió a muchos hogares de los barrios judíos. El resultado fueron actos de pillaje y violencia contra las mujeres así como grandes hogueras de libros y muebles. La violencia de los hechos fue tal, que el gobierno decretó el estado de sitio."

16 La palabra "cosmopolitismo" fue bastante utilizada en ese periodo para referirse a la presencia de migrantes de tan diversos orígenes en la ciudad de Buenos Aires. Optamos por utilizarla entre comillas para mantener la referencia de época.

17 Sobre ese movimiento ideológico y literario, recomendamos la lectura de Gramuglio (2013) y Altamirano & Sarlo (1997).

Publicado por él en la condición de funcionario del Ministerio de Justicia e Instrucción Pública, el informe señalaba la preocupación de los intelectuales nacionalistas por las estrategias de homogenización que podrían ser aplicadas por el Estado para solucionar el "problema del inmigrante". Entre otros puntos, Rojas observaba que la enseñanza cívica de una población tan heterogénea, que poco o nada sabía sobre los revolucionarios de Mayo, la literatura nacional y, no raras veces, sobre el propio idioma castellano, dependía no solamente de un plan de estudios formal, sino también de formas simbólicas capaces de articular efectivamente historia y cotidiano:

> la historia no se enseña solamente en la lección de las aulas: el *sentido histórico*, sin el cual es estéril aquélla, se forma en el espectáculo de la vida diaria, en la nomenclatura tradicional de los lugares, en los sitios que se asocian a recuerdos heroicos, en los restos de los museos, y hasta en los monumentos conmemorativos, cuya influencia sobre la imaginación he denominado la *pedagogía de las estatuas*. Pero éstos son elementos didácticos extraños a la escuela, bien que todo gobierno esclarecido deberá también utilizarlos en la formación de la nacionalidad. Dentro del aula, el maestro los aprovechará con frecuencia, pero de acuerdo con el plan que el Estado le imponga (Rojas, 1909/2010: 221).

Rojas recién regresaba de un viaje a Europa en donde había podido observar el rol cívico y documental que había ganado la arquitectura histórica y monumental durante el siglo XIX. En contraste, las escasas referencias conmemorativas a los miembros de la Primera Junta y el descuido sufrido por los locales históricos que habían sido palco de la lucha independentista, como el edificio del antiguo Cabildo y la propia Pirámide de Mayo, eran motivo de preocupación para él y otros intelectuales nacionalistas, como Leopoldo

Lugones[18], para quienes la tarea nacionalizadora dependía directamente de una postura más rígida del Estado en todos aquellos espacios donde la diversidad pudiera emerger y amenazar los valores formadores de la "argentinidad".

No es que el escrito de Rojas haya representado una innovación en relación a todo aquello que, efectivamente, las comisiones encargadas de los festejos ya estaban desarrollando; más bien correspondió, según Gorelik (2004), a una expresión sintomática del balance historicista que se había iniciado ya en la década de 1880, pero que se generalizó hacia el Centenario[19]. Aún así, lo novedoso de su opinión acerca del papel pedagógico de las estatuas fue el haber explicitado esa sistematización de las prácticas de la memoria como política pública de valoración de la identidad nacional, la cual enmarcó la tendencia monumentalista en esta y en las décadas siguientes.

En lo que concierne a los preparativos de la celebración, se puede decir por tanto, que el poder público tuvo la intención clara de reforzar, en la población en general y sobre todo en la población extranjera, la idea del ser nacional, lo que se reflejó en distintas propuestas de acción. A través del Consejo Nacional de Educación, por ejemplo, se promovió la visita a museos y edificios históricos, se uniformizó en las escuelas los ritos vinculados a la celebración de las efemérides y se instauró el saludo diario a la bandera. A través de la Comisión Nacional del Centenario formada en 1907, se organizaron y se centralizaron los eventos conmemorativos a realizar en los espacios urbanos, entre ellos, cinco exposiciones internacionales y una serie

---

[18] Leopoldo Lugones sería, después, uno de los principales impulsores de la monumentalización de Roca. En la época del Centenario, escribió dos artículos, "El templo del himno" y "El monumento del centenario", en que ya se entrevía su preocupación con el tema. Según Gorelik (2004: 227): "para Lugones, sólo la arquitectura monumental ofrece idéntica capacidad que la poesía para encarnar la patria".

[19] Sobre el nacionalismo durante el viraje del siglo XX, leer Funes (2006); Ansaldi & Funes (2004); Cattaruzza (2007).

de monumentos donados al país por colectividades internacionales[20]. Al mismo tiempo, la intendencia municipal continuó con el plan de reformas paisajísticas y de infraestructura urbana de la Capital, enfocándose sobre todo en la construcción de la Plaza del Congreso, la cual finalizaba el eje monumental formado por la Avenida de Mayo desde la Plaza de Mayo, y que había sido pensado ya en la intendencia de Torcuato de Alvear para ser el eje monumental por excelencia de la ciudad.

Asimismo, como forma de equilibrar la clara preferencia de la Comisión del Centenario por la zona norte de la ciudad, en donde se concentraron gran parte de los monumentos donados y todos los pabellones de exposición, el Consejo Deliberante de Buenos Aires promovió el masivo renombramiento de calles y plazas e inauguró sus propios monumentos en homenaje a los miembros de la Primera Junta, eligiendo para eso el vector formado por la Avenida Rivadavia al sur, en dirección a los barrios mayoritariamente obreros.

Pese a las concepciones distintas de conmemoración defendidas por el Consejo Deliberante y por la Comisión del Centenario[21], sea como solución pedagógico-

---

[20] Las exposiciones internaciones, todas ubicadas entre la Plaza San Martin y el barrio de Palermo, han tenido por tema: "Agricultura y ganadería", "Higiene", "Transportes terrestres y ferrocarriles", "Bellas Artes" e "Industria". Ya entre los monumentos donados, sobresalieron el Monumento a los Españoles (intersección de las Avenidas Sarmiento y Del Libertador); el Monumento de Cristóbal Colón (Italia), originalmente ubicado en el Parque Colón, detrás de la Casa Rosada, pero transferido en 2013 para la ciudad de Mar del Plata; la Fuente Riqueza Agropecuaria (Alemania), en la Plaza Alemania (barrio de Palermo); la Torre de los Ingleses (San Martín y Av. Libertador, en el barrio de Retiro); el monumento Francia a la Argentina, en Plaza Francia (Recoleta); monumento Argentina y Suiza unidas sobre el Mundo (Plaza República de Paraguay, en el barrio de la Recoleta); el Indicador Meteorológico (Imperio Austro-Húngaro), actualmente ubicado en el Jardín Botánico (Palermo); el Monumento a Jorge Washington (EE.UU), en el Parque Tres de Febrero (Palermo); por último, el monumento Los Residentes Sirios a la Nación Argentina (Parque Colón, en el microcentro).
[21] Para la polémica generada entre la Comisión Nacional del Centenario y el Consejo Deliberante, véase Gorelik (2006: 199-206).

nacionalista al "cosmopolitismo" o como celebración del Progreso y de la Nación, lo cierto es que 1910 se ha caracterizado en términos urbanísticos por una apuesta general en el espacio público como lugar central de la construcción de sentidos sobre la identidad argentina. En ese sentido, si los modernos pabellones expositivos buscaron transmitir al gran público el entusiasmo de las élites nacionales ante la modernidad, las tecnologías industriales y el progreso científico, sanitario y material del país (Gutman, 1999), el elogio a los próceres de Mayo respondió más bien a las inquietudes educativas tendientes a construir una conciencia nacional que abarcase también a los extranjeros y sus primeros descendientes nacidos en suelo argentino (Espantoso Rodríguez et. al, 1995).

Empero, más que incrementar sustancialmente el número de estatuas en los espacios públicos, el Centenario implicó cambios subjetivos relevantes. Según Gorelik (2004), la estatuaria fundamentó, a partir de aquel momento,

> una suerte de alegoría de gran representatividad de los conflictos políticos o sociales: desde el humor de las revistas ilustradas, que a medida que se acerque la fecha apelará crecientemente a la figura del monumento para satirizar los temas de la política cotidiana, hasta las polémicas ideológicas en las revistas literarias. El monumento parece el modo socialmente más efectivo para tomar partido, a la vez que es indispensable tomar partido sobre los monumentos porque esta vez, como vimos, finalmente se están construyendo (Gorelik, 2004: 207).

Con ello, el Estado desde sus distintas jurisdicciones pasó a centralizar definitivamente la decisión sobre quiénes o qué era pasible de representación monumental. Consecuentemente, las memorias e identidades vinculadas a la formación nacional se concretaron y homogenizaron en los espacios públicos, explicitando ante las clases dominantes el potencial comunicativo-pedagógico de los monumentos y consolidándolos como signos potentes del orden. Las ceremonias de colocación de las piedras fundamentales, por ejemplo, se tornaron eventos públicos importantes y disputados por intendentes, que encontraron allí una herramienta simbólica capaz de asegurarles status político. Finalmente, se incrementó la cantidad de comisiones de homenaje, ya sean públicas o particulares, que pasaron a demandar junto al poder público nuevos reconocimientos, produciendo una verdadera difusión de figuras patrióticas.

Primeras propuestas de homenaje a Roca (1925-1926)

15 años separaron las festividades del Centenario de la primera propuesta oficial de construcción de un monumento en homenaje a Roca, ocurrida en 1925. El general se había retirado de la vida pública en 1904 tras entregar la banda presidencial al también conservador Manuel Quintana (1904-1906) e irse a vivir en Francia con la familia. Según J. A. Ramos (2013), ya por esa época se observaba el debilitamiento político de Roca en cuanto articulador de los intereses oligárquicos; era asimismo cada vez más evidente la división interna del Partido Autonomista Nacional (PAN) entre aquellos que, como Roca, defendían el mantenimiento del caudillismo político y de las prácticas corrientes de fraude electoral, y los que, como Carlos Pellegrini y Roque Sáenz Peña, creían que la introducción de reformas graduales en el sistema electoral era la mejor solución para contener una escalada más drástica de los conflictos políticos y sociales.

Esa tensión se sostuvo durante todo el mandato presidencial de Manuel Quintana (1904-1910)[22], culminando en la ascensión del ala "pellegrinista" al gobierno nacional con Roque Sáenz Peña (1910-1914) y, poco tiempo después, la aprobación de la Ley Sáenz Peña (Ley N° 8.871/1912) de sufragio universal masculino, secreto y obligatorio.

Para Ansaldi (2000), la ley permitió la formación de un sistema de partidos más competitivo que "hizo posible el pasaje de la hegemonía organicista a la hegemonía pluralista, proceso rápido en el que la nota dominante fue la continuidad del carácter burgués de la hegemonía" (Ansaldi, 2000: 25), eso en un momento en que la gradual estabilización de la población inmigrante produjo la conformación de una clase media urbana diversificada y con demandas propias por participación en el sistema político nacional.

Mientras tanto, en 1914, aún durante la presidencia de Sáenz Peña, Roca había regresado al país decidido a pasar sus últimos años de vida en su estancia La Argentina; a los pocos meses, sin embargo, falleció en la ciudad de Buenos Aires víctima de un ataque de tos mal curado. Su inesperada muerte a los 71 años fue largamente seguida por los periódicos conservadores *La Nación* y *La Prensa*, quienes lamentaron despedirse del "último de los próceres vivientes" (Valko, 2013: 68); el PAN perdía su principal articulador y también la hegemonía política: las siguientes elecciones presidenciales venció el opositor Hipólito Yrigoyen (1916-1922) de la Unión Cívica Radical (UCR), poniendo fin al Estado oligárquico e inaugurando un periodo de 15 años de gobiernos democráticos que ejercieron los radicales. En ese contexto, el PAN se disolvió definitivamente.

---

[22] Manuel Quintana se alejó de la presidencia en enero de 1906 y, tras su muerte en marzo del mismo año, el vicepresidente José Figueroa Alcorta dio continuidad a su gobierno. El periodo se ha caracterizado por las disputas entre el ala más conservadora del PAN ("ala roquista") y los llamados "pellegrinistas".

De modo que algunas cuestiones llamaban la atención en la década del 1920, cuando aparecieron las primeras propuestas de monumento para el ex presidente. Con Yrigoyen se delineó una reforma social fundamentada en la distribución de la renta agraria en la que, sin alterar la estructura agropecuaria y exportadora, llevó a una participación más expresiva de "aquellos que hasta aquél momento habían estado excluidos de los derechos cívicos y de las ventajas económicas que podía facilitar una política nacional" (J. A. Ramos, 2013: 162). Como resultado, al fin de su mandato, una tendencia popular de masas animaba el electorado de la UCR, haciendo que el radicalismo se interpretara desde sectores sociales muy diversificados como fueron los ganaderos menores más vinculados al mercado interno, los peones rurales, hijos de extranjeros y criollos nacidos en la Capital, la pequeña burguesía urbana, los universitarios, etc[23].

Empero, esa ampliación relativa de la participación popular en el sistema de decisión política se acompañó por innumerables fracturas partidarias que dificultaban la función representativa de los partidos tradicionales (Ansaldi, 2000). En otras palabras, si había crecido el número de votantes después de 1912, eso se ha dado de forma paralela al debilitamiento de las instituciones a través de las cuales la sociedad civil podía expresar sus demandas ante el Estado:

> el radicalismo —y en particular el yrigoyenismo durante el sexenio 1916-1922— gobernó en un contexto caracterizado por una ambigüedad, por una institucionalización perversa del conflicto político-social: en efecto, el Poder Ejecutivo fue

---

[23] Si bien las presidencias radicales representaron un conjunto de cambios bastante complejo en relación a la República Oligárquica, aquí citamos solamente los aspectos puntuales de ese momento histórico que, en nuestra visión, aclaran las primeras propuestas de homenaje a Roca. Para un panorama más preciso del periodo, recomendamos además de los autores citados en el cuerpo del texto a Cattaruzza (2007; 2012). También las lecturas de Romero, J.L (1975) y Rock (1997). Entre los historiadores vinculados al radicalismo, citamos las biografías históricas *Yrigoyen* (1954) y *Alvear* (1958), ambas del historiador radical Félix Luna.

controlado por una fuerza democrática con fuerte base popular urbana, mientras el Poder Legislativo tenía una composición caracterizada por la mayoría democrática (a partir de 1918) en la Cámara de Diputados y la mayoría oligárquica, con poder de veto, en la Cámara de Senadores. Por primera vez, las relaciones entre ambos poderes expresaban fuerzas sociales y políticas diferentes, incluso contradictorias. Los sectores oligárquicos de la burguesía argentina, con fuerte base estructural rural, tenían una sobrerrepresentación que les permitía convertir al Parlamento en su principal trinchera institucional de oposición al reformismo, diluyendo la capacidad y potencialidad transformadora de éste (Ansaldi, 2000: 28).

En ese sentido, es significativo que en la primera presidencia de Hipólito Yrigoyen —y a pesar de los esbozos de una política más favorable a los sectores medios y obreros— ocurrieran movimientos emblemáticos tanto a la izquierda como a la derecha del espectro político. El vertiginoso incremento de las huelgas obreras (que en el año 1919 contabilizaron más de 300 mil trabajadores) y la supuesta ineficiencia del gobierno federal para resolverlas a favor de los "intereses nacionales" tuvieron como reacción contraria la formación de grupos civiles y paramilitares de ultraderecha que, con extrema violencia, pasaron a actuar al lado de la policía para reprimir "con mayor eficiencia que los regulares" a obreros, huelguistas, anarquistas e inmigrantes, principalmente aquellos de origen judío (Schiller, 1999).

De esos grupos se destacó la Liga Patriótica Argentina (LPA), que se instituyó en 1919 bajo la presidencia provisional del almirante Manuel Domecq García (después sustituido por Miguel Carlés). La LPA congregó a miembros de los grupos Orden Social y Guardia Blanca, los cuales pocos días antes habían actuado en la violenta represión de la huelga de trabajadores de los Talleres Vasena en Buenos Aires[24]. Participando también de las masacres de La Forestal (Santa Fe) y de la Patagonia Trágica (Santa Cruz), ambas de 1922, la Liga Patriótica se estructuró como fuerza de choque permanente durante los años del gobierno radical (1916-1930), no solo incitando el odio hacia extranjeros y maximalistas, sino también provocando la muerte y desaparición de muchos de ellos, independientemente de su participación en gremios u organizaciones anarquistas consideradas subversivas (Schiller, 1999; Silva, 2011).

Si bien el análisis pormenorizado de la crisis política de los años 1920 escapa a los objetivos de esta investigación, los aspectos aquí mencionados —la disgregación del PAN, las limitaciones del poder ejecutivo en manos de la UCR, la radicalización de la protesta obrera y el desborde del aparato policial-represivo hacia las esferas civil y paramilitar— nos sirven de base para esclarecer las premisas que hubo detrás de esas primeras iniciativas monumentalistas.

Es decir, hacia ese periodo se agravó la sensación de disgregación social ya manifiesta por los sectores medios y las clases dominantes durante los preparativos del Centenario. Y, si en la esfera social eso ha resultado en la violencia xenófoba mencionada, en el plano simbólico se expresó en cierta tendencia a rescatar otros personajes históricos más allá de los próceres de Mayo que también representasen públicamente los valores culturales de la "argentinidad" y de un Estado nacional sólido, unificado y próspero. Completados 10 años de la muerte de Roca, el espectro político liberal-conservador seguía sin una figura con las habilidades de articulación y con la relevancia política del fallecido

---

[24] Sobre la represión a los trabajadores de los Talleres Vasena, episodio que se conoce como la Semana Trágica de Buenos Aires, recomendamos la lectura de Silva (2011). Y, más específicamente sobre la formación de la Liga Patriótica Argentina, de McGee Deutsch (2005).

ex presidente, de modo que no suena del todo sorprendente que empezaran a surgir en ese momento las primeras propuestas para homenajearlo públicamente.

Aún así, nos inclinamos a pensar que el impulso memorialista de Roca se fecha a mediados de la década del 20, no sólo como un síntoma nostálgico de la elite conservadora, sino como reflejo, en la esfera de lo simbólico, del desgaste que la democracia liberal inaugurada en 1916 ya empezaba a experimentar.

Seguimos especialmente a Ansaldi (2000), quien sostiene que la hegemonía pluralista de la burguesía durante los años de gobiernos radicales (1916-1930) tendió a expresarse a través de asociaciones burguesas, colectividades de inmigrantes e incluso de la "'aristocracia' obrera" que, al mediar las negociaciones entre la sociedad civil y el Estado, acarrearon

> un fortalecimiento de la sociedad civil en una dirección corporativista que no contribuyó a uno simétrico de la democracia política. La ineficacia de los partidos y del Parlamento para actuar y ser reconocidos como mediadores en la relación social sociedad civil-Estado fue acompañada por el contrario incremento de la mediación corporativista. Dicho de otra manera: la doble lógica del sistema político argentino —mediaciones políticas partidaria y corporativista— generó un comportamiento adicional muy significativo, cual es la generalización de una *cultura política golpista*, referida no sólo al clásico golpe de Estado sino extensible y extendida a procedimientos en el seno de instituciones de la sociedad civil. *La cultura política golpista no es otra cosa que un conjunto de prácticas para resolver toda o cualquier diferencia o conflicto mediante la expulsión, la fractura o escisión de los disidentes, sin capacidad de procesar una y otro a través de reglas definidas y efectivamente acatadas* [itálico nuestro] (Ansaldi, 2000: 41).

En nuestra interpretación, la recuperación discursiva de Roca en ese momento reflejó la negativa de importantes sectores de la elite nacional (sobre todo aquellos vinculados al PAN y a los intereses agrícola-ganaderos) en resolver los conflictos resultantes de la diversificación política dentro del juego corporativista-democrático inaugurado en 1916, caracterizándose, en ese sentido, como un ejemplo simbólico relevante de la visión política autoritaria que estructuró esa "cultura política golpista".

En 1925, durante la presidencia de Marcelo T. de Alvear (1922-1928), se hizo la primera moción oficial para realizar un monumento en conmemoración a Roca. Fue el senador por la provincia de Corrientes Evaristo Pérez Virasoro (Partido Liberal de Corrientes) quien presentó ante la Cámara un proyecto de ley con ese fin. En su discurso destacó la necesidad de perpetuar públicamente la memoria del ex presidente a quien todavía no se había realizado ningún homenaje público más que su propio mausoleo en el cementerio de la Recoleta. La justificación del proyecto recuperaba de Roca "la obra fecunda de sus dos presidencias históricas [1880-1886 y 1898-1904], que ensancharon el crédito moral y material del país y determinaron verdaderas conquistas en el orden de la legislación civil y en todas las esferas del progreso colectivo". Pero destacaba sobre todo las hazañas del general durante la "Conquista del Desierto" de 1879, momento en que él "desaloja al salvaje de las vastas regiones que asolaba y entrega estas mismas a la labor pacífica en cuya virtud tanto han crecido la riqueza pública y la riqueza privada", solucionando con ello "un problema más que secular, en nombre de la civilización argentina, y para hacer una completa verdad de su independencia y de su dominio esencial en toda la extensión del territorio patrio" (senador Virasoro, citado por Comisión Nacional, 1941a: 14-15).

Finalmente, advertía la pertinencia de la memoria de Roca para las futuras generaciones, recordándole a los legisladores que había sido el único presidente hasta aquél momento en "regir en dos periodos completos los destinos nacionales, haciendo obra duradera aun sobre los sobresaltos de la anarquía, peores a veces que los del malón" y habiendo encontrado el medio de "salvar a un tiempo la dignidad del país y su tranquilidad y su progreso" (senador Virasoro, citado por Comisión Nacional, 1941a: 15).

Aunque el proyecto del senador Virasoro no fue aprobado[25], lo hemos citado aquí no solamente porque fue la primera iniciativa formal de institucionalización de la memoria del ex presidente sino, y principalmente, porque reivindica a Roca en tanto "conquistador del desierto" y "pacificador de la república". Esta apreciación no era una voz aislada, por el contrario, fue repetida en diversas ocasiones en las décadas siguientes, señalando así un fenómeno social más amplio que desvela el proceso de identificación de Roca con la consolidación del Estado Nacional. Una identificación, vale decir, hoy todavía vigente en los argumentos a favor de la presencia de las estatuas de Roca en los espacios públicos originalmente destinados.

De hecho, un año después, por ocasión de la Asamblea Patriótica organizada en 1926 en el teatro Prince George's Hall —salón de bastante prestigio entre la élite intelectual porteña— el coronel Teófilo T. Fernández se valió de que allí se reunirían importantes familias de la aristocracia capitalina para lanzar públicamente la Comisión Provisoria Pro Monumento al General Roca[26]. El objetivo era presentar a un gran número de posibles interesados el proyecto original del senador correntino y luego discutir un nuevo plan de

---

[25] No hallamos informaciones precisas sobre la negativa al proyecto de Virasoro, sin embargo datos sobre la composición cameral del Senado sugieren que había una proporción importante de políticos de la Unión Cívica Radical y de la Unión Cívica Radical Antipersonalista en las bancas hacia 1925, lo que puede haber sido determinante para su fracaso. Empero, para nosotras lo relevante de todo ello es que indica que en 1925 la memoria de Roca como prócer todavía no se había configurado como consenso político general, enfrentando una oposición expresiva —o cuando menos suficientemente numerosa— para cohibir proyectos de esa naturaleza.

[26] Se trató de un grupo cívico-militar compuesto por más de 50 personas encabezado por Teófilo T. Fernández (presidente de la Comisión), el cnel. Juan J. Gómez, el tte. cnel. Ricardo Giménez y el cnel. Agenor de la Vega (vicepresidentes).

homenajes públicos al ex presidente. Uno de los oradores de la noche[27], el escritor Leopoldo Lugones, dejó claro en su discurso el mensaje político anhelado:
Hagamos en lo posible y lo mejor que podamos, desde luego, que este último día de mayo sea por justo merecimiento, el día de Roca. Y que lo sea, siquiera para remediar de tal forma el error, no menos deplorable por generoso, de iniciar el Mes de la Patria con la adopción de un fasto extranjero [referencia a las conmemoraciones populares del 1º de Mayo], destinado a negarla y escarnecerla en el odio de la confusa gente de las sectas, cuyo primer ensayo de rebelión tocóle precisamente domar a aquel mismo que con eficacia infalible impuso siempre a la anarquía interna o importada, el estricto freno de la fuerza y de la ley (Lugones, citado por Comisión Nacional, 1941a: 43)[28].

En ese momento Lugones ya coqueteaba abiertamente con el fascismo, lo que se traslució en palabras bastante inflamadas y duras hacia el sistema político democrático y a los ideales de libertad, justicia y consciencia individual, considerados por él inferiores a la Nación:

> De tal suerte que, si en un conflicto de consciencia, el ciudadano prefiere el principio abstracto, la patria lo obliga a proceder como ella quiere o lo castiga hasta con la muerte. Porque la patria es también superior a la consciencia. Y lo es, a causa de que constituye, no una abstracción, o si se quiere una norma moral como aquellos principios, sino una realidad viviente, impuesta ante los demás mediante un continuo acto de fuerza (Lugones, citado por Comisión Nacional, 1941a: 46).

---

[27] En la ocasión, han discursado el cnel. Teófilo T. Fernández, el gral. Alonso Baldrich y el escritor Leopoldo Lugones.
[28] Lugones se refiere a la violenta represión autorizada por Roca a las protestas callejeras marcadas para el 1º de mayo de 1904, en las cuales murió el joven marinero Juan Ocampo, quien es reivindicado hasta hoy por agrupaciones anarquistas argentinas como el primer mártir obrero del país.

Más allá de la simpatía de Lugones hacia Roca (a quien conoció personalmente), en la voz del escritor se evidenciaba que la defensa del monumento era sobre todo el elogio contundente de la nación y de un modelo de Estado fuerte y centralizador que fuese capaz justamente de resguardar los valores nacionales en un momento en que las ideologías internacionalistas (el anarquismo y el comunismo, principalmente) eran consideradas una amenaza a la Paz y a la Unidad argentinas.

Utilizándose palabras más amenas, por razones corporativistas, los discursos del cnel. Teófilo T. Fernández y del gral. Alonso Baldrich se centraron en las hazañas militares de Roca, con especial énfasis en la "Conquista del Desierto". En continuidad con el pensamiento positivista decimonónico, la "Conquista" fue entonces exaltada como la victoria definitiva de la civilización sobre la barbarie, del trabajo agrario sobre la violencia improductiva del malón indígena, de la prosperidad nacional sobre el desierto:

> una misión eminentemente civilizadora y nacionalista realizaron, pues, y deberán realizar todavía, las armas de la Nación, en los territorios lejanos, precediendo y amparando al trabajo fecundo, mediante el cual resultará más rica, fuerte y respetada la Patria que ellas escudan, y más efectiva que nominal en todas sus proyecciones, la soberanía nacional en aquellas latitudes (gral. Baldrich, citado por Comisión Nacional, 1941a: 35-36).

Finalmente, la postura enérgica de Roca frente al movimiento obrero[29] y su reconocida habilidad de negociar acuerdos políticos diversos —los cuales han neutralizado temporalmente los intereses particulares de las fuerzas

---

[29] Durante el segundo mandato presidencial de Roca (1898-1904) se incrementó la represión policial shacia concentraciones obreras en los espacios públicos. Ya citamos la dura represión del gobierno nacional a cargo de Roca en las manifestaciones obreras de 1904, pero antes de ello, en 1902, se ha aprobado la llamada Ley de Residencia (Ley No 4144), que previó la expulsión de militantes y activistas gremiales extranjeros del país.

partidarias actuantes en el interior del Estado durante las últimas décadas del siglo XIX— fueron retomadas por los oradores como ejemplos de una estrategia exitosa para la creación del Estado Nacional fuerte que había sido el "modelo de una paz ejecutiva, fructífera, poderosa" (cnel. Fernández, citado por Comisión Nacional, 1941a: 22).

Para la Comisión Provisoria, el gral. Roca simbolizaba el progreso, el orden y la disciplina según la cual los intereses de la nación se sobreponían a todos los demás. Siguiendo una lógica similar a la ya presentada en las conmemoraciones del Centenario, los discursos de 1926 denotaron un carácter evidentemente reactivo, que tuvo entre sus principales motivaciones ideológicas la desconfianza hacia la población inmigrante —identificada con la izquierda— en cuanto elemento de desorden y amenaza a la paz nacional.

José Sebreli (*apud.* Schiller, 1999) interpretó ese sentimiento xenófobo como de la misma matriz del odio racial que había motivado la oligarquía nacional en contra del mestizo en el siglo anterior. Pero, para el autor, si en aquella ocasión el estímulo a la inmigración "blanca", europea, ha sido una de las soluciones encontradas para "combatir" el mestizaje, en el momento que el inmigrante mismo pasó a revelarse un dinámico elemento de agitación social, el odio se volcó hacia él. Como ya hemos visto en las polémicas hacia el Centenario, también los inmigrantes, en la condición de elemento exógeno, representaban una amenaza potencial a la supuesta "argentinidad".

Si pensamos esa hipótesis de Sebreli para el caso del monumento a Roca, la referencia insistente que se hizo sobre la "Conquista del Desierto" tanto del senador Virasoro (1925) como de la Comisión Provisoria (1926) se elucida no solamente por el innegable rol político y económico que ella ha desempeñado en el proceso de organización nacional, sino también en cuanto símbolo de una acción fundamental para el proceso mismo de aseveración del Estado Nacional en cuanto lugar de la civilización, del territorio unificado, de la estabilidad política y de una sola identidad social. Esa vinculación estrecha que se hizo entre un acto simbólico como es la edificación de un monumento y un proyecto político socialmente excluyente se evidenció, finalmente, en el cierre del discurso de Lugones:

> La estatua de Roca! Qué cosa más hecha sobre el pedestal de medio país reintegrado por su espada, y en el bronce de aquel cañón de la patria con que asentó el subteniente de Cepada sus primeros martillazos de constructor. Así, en la persona de ese contemporáneo, se verá que la cepa de Mayo retoña siempre vivaz. Padres de la Patria y Constructores de la Nación, todos proceden de igual linaje. A él pertenecerá igualmente el que esperamos. El que nos dé la patria limpia y hermosa del orden y de la fuerza. El extirpador de demagogos. Y conforme a la exigencia de esta hora histórica, el nuevo jefe, el *otro general* (Lugones, citado por Comisión Nacional, 1941a: 53).

La llegada del "otro general" ya ganaba forma en los altos círculos del ejército; 4 años más tarde, en septiembre de 1930, José Félix Uriburu comandó el golpe militar que puso fin al segundo mandato presidencial de Hipólito Yrigoyen (1928-1930), instaurando entonces los trece años de gobierno de la República Conservadora (1930-1943)[30]. Se iniciaba un periodo de sucesivos fraudes electorales y de fuerte represión que enmarcó "el comienzo de una larga secuencia de inestabilidad política en un contexto frecuentemente no democrático" (Ansaldi, 2000: 49), en el cual la crisis económica en el centro del capitalismo se soldó finalmente con la crisis del modelo agrario exportador argentino, desencadenando un proceso más amplio de crisis del propio modelo liberal (Ansaldi, 2003).

Mientras tanto, la Comisión Provisoria de 1926 se disolvió sin que el proyecto se concretizara. Tal como el proyecto de Virasoro, no hallamos datos precisos que aclaren su término, sin embargo creemos que entre las razones

---

[30] Elegimos utilizar aquí el término empleado por Romero (1983), sin embargo, popularmente, el período se conoce como "década infame".

para el fracaso figuraron la ausencia de apoyo de los bloques formados por el Partido Socialista, la UCR y la UCR-Antipersonalista en la Cámara de Diputados, así como la propia turbulencia política del país en el periodo que se extendió de las elecciones presidenciales de 1926, los dos años de gobierno de Yrigoyen, el estallido de la crisis internacional de 1929 y el golpe de Estado. Fue recién en la presidencia de Agustín P. Justo (1932-1938) y su vicepresidente, Julio A. Pascual Roca, hijo del homenajeado, con un Congreso más alineado al oficialismo, que surgieron nuevas propuestas monumentales.s

La oficialización de la Comisión Nacional (1935)

Las propuestas monumentalistas de los años 1930 se distanciaron con ello del optimismo hacia el futuro que había marcado las conmemoraciones oficiales de 1910 y, en cierta medida, también las primeras propuestas que analizamos en el acápite anterior. Para Lenton (2012), la monumentalización de Roca después del golpe reflejó los esfuerzos por recuperar, en medio a la crisis económica, una figura clave del liberalismo decimonónico, a quien se vinculaba gran astucia política y, también, indudable prestigio militar. En ese sentido, la Comisión reflejó los esfuerzos de la élite por legitimar las fuerzas armadas como grupo de poder en el interior del Estado.

Una década después del primer proyecto de ley pensado para homenajear a Roca, en junio de 1935 se presentó ante la Legislatura un nuevo texto, de autoría colectiva, que pidió un monto de 300 mil pesos para la construcción de un monumento que sería ubicado en la Capital Federal. Al mismo tiempo, pero independiente de esa propuesta, una nueva Comisión Provisoria se formalizó en el interior del Círculo Militar por iniciativa del almirante Manuel Domecq García (quien, citamos anteriormente, había sido uno de los fundadores de la Liga Patriótica Argentina) la cual contó con el apoyo directo del presidente y, naturalmente, del vicepresidente Julio Roca (h).

Ambas propuestas argumentaban que Roca había fallecido sin que se le hubiese realizado un homenaje público. Sin embargo, distinto al de Comisión Provisoria de 1926, el proyecto de 1935 no se caracterizó como reacción directa al orden político establecido, con lo cual, los impulsores de la propuesta se hallaban en franca consonancia, sino como elemento esencialmente celebrativo. Los discursos se refirieron, así, a Roca como antecesor directo del gobierno de Justo y buscaron establecer una serie de similitudes entre el pasado roquista y el militarismo que caracterizó la República Conservadora. Entre las palabras elogiosas, predominaron aquellas que ponían a Roca como "prototipo de lo que ha sido, como elemento civilizador en este país, el elemento militar" (Comisión Nacional, 1941a: 95), aunque se destacaron asimismo otras que subrayaban su carácter civil, ya que Roca había pertenecido "al selecto núcleo de los militares afortunados que prefirieron, por la nobleza intrínseca de su conciencia, trocar el laurel guerrero por la palma, más esquiva, del triunfo de las grandes lides cívicas" (Comisión Nacional, 1941a: 87).

Como fórmula general, el tono combativo presente en el discurso de Lugones en 1926 se sustituyó por palabras más conciliadoras. Roca dejó de ser el "extirpador de demagogos" para convertirse en el gran diplomático que "afianzó la paz externa, convirtiendo los pueblos rivales en pueblos hermanos; y realizó en el gobierno la política de administración que el país exigía, buscando y obteniendo la conciliación de los espíritus y la colaboración de Mitre" (Comisión Nacional, 1941a: 82).

Civilizador, progresista, educador y conciliador: casi todos los discursos proferidos en la ocasión de la defensa formal del proyecto de ley de 1935 utilizaron en alguna medida esas palabras. Lo mismo la bancada socialista —aunque con reservas en cuanto al personalismo implicado en la forma de homenaje elegida— se sumó a la iniciativa, admitiendo la importancia que el ex presidente había tenido en la construcción y consolidación nacional. Por ende, fue en un clima de consenso general en torno a la figura de Roca que el Poder Ejecutivo nacional oficializó la "Comisión Nacional del Monumento al Tte. Gral. Julio A. Roca" por medio del Decreto N° 67.391/1935 y de la Ley N° 12.167/1935[31], con Domecq García como presidente y Justo como "presidente honorario"[32]. Entre las atribuciones definidas por las dos normativas, se dio a la Comisión Nacional autonomía total para realizar los trámites que juzgase necesarios para la construcción del monumento: crear subcomisiones, realizar concursos públicos, contratar a los escultores, etc., quedando a cargo del Poder Ejecutivo solamente la decisión final sobre la ubicación del monumento.

Se decidió un presupuesto final de 350 mil pesos para el total de las tareas a su encargo —monto considerado alto para la época—. Finalmente, se determinó que ese presupuesto debería emplearse no sólo para la construcción del monumento en la Capital Federal sino también para la compra de la casa natal del general en la ciudad de San Miguel de Tucumán, con el fin de transformarla en un museo biográfico. Esa última decisión se alteró en 1938 (Ley N° 12.565) pues, tras evaluar la casa de Tucumán, la Comisión juzgó que como ya había sufrido demasiadas modificaciones y había perdido las características históricas decimonónicas era mejor destinar el dinero de la compra de

---

[31] Modificados posteriormente por el decreto No 83.592 de 1936 y por la ley No 12.565 de 1938.
[32] Los otros miembros de la Comisión eran: Ernesto Padilla (vicepresidente), Clodomiro Zavalía y Bartolomé Galíndez (secretarios), Joaquín S. de Anchorena (tesorero), Ramón S. Castillo, gral. Juan E. Vacarezza, almte. Juan A. Martín, valmte. Ismael F. Galíndez, Ernesto Aguirre, gral. Nicolás C. Assame, Enrique Larreta, Horacio Rivarola, valmte. Francisco Stewart, Luis M. C. Urquiza, Adrián Escobar, Tito Arata, Eduardo Crespo, Saturnino Unzué y Enrique Navarro Viola (todos ellos en la condición de vocales).

la casa (cotizada en 70 mil pesos) para la construcción de un monumento a Roca también en esa ciudad, a ser inaugurado en 1943, en el aniversario del natalicio del General.

Con ello, la Comisión Nacional asumió un posicionamiento más abarcador en lo que se refirió a la gestión de la memoria oficial de Roca, lo cual excedió con el paso de los años su propuesta original e incluyó asimismo una serie de otras realizaciones importantes como fueron: a) el financiamiento y construcción de otros tres monumentos al ex presidente, en San Carlos de Bariloche (1941), Río Gallegos (1941) y San Miguel de Tucumán (1943); b) la inauguración de placas conmemorativas y c) la contratación de especialistas para organizar un meticuloso archivo histórico sobre la vida pública y hazañas de Roca[33], factores que sin duda contribuyeron para la construcción de las memorias hegemónicas en torno al general.

El monumento de la Capital Federal

Definidas las atribuciones de la Comisión Nacional, se iniciaron las tareas propiamente materiales y espaciales a su encargo, de las cuales nos interesa subrayar dos en especial: la elección del sitio en donde se ubicaría y la forma final del monumento.

Como era común de procederse con los monumentos conmemorativos, se convocó a un concurso público para el año de 1935. En el edicto pudimos observar la preocupación de los realizadores por proyectar una imagen noble del ex presidente, la cual se reflejó en la preferencia por

---

[33] La Comisión publicó más de una decena de libros, entre los cuales se destacan la biografía inconclusa de Roca, de autoría de Leopoldo Lugones (1938); la compilación de documentos relacionados a las expediciones militares a Santa Cruz y Río Negro; una biografía sobre la personalidad marcial de Roca; estudios topográficos de la Patagonia; además de las actas e informes relacionados a la construcción de los cuatro monumentos citados.

el uso de materiales de alta durabilidad, como el mármol o el bronce, bien como en la presencia obligatoria de la estatua ecuestre, considerada entonces la forma más digna para retratar a un héroe militar (Viñuales, 2004); ya el tema y la altura final del monumento se quedaron a cargo de cada artista postulante.

En el concurso participaron artistas nacionales y extranjeros, muchos de ellos de gran prestigio social en la época. Las maquetas presentadas eran bastante diversificadas y, pese a los proyectos estéticamente más osados como el presentado por los italianos Lucio Fontana y Luciano Baldessari[34], la elección final de los jueces fue favorable a la obra del escultor uruguayo José Zorrilla de San Martín y del arquitecto argentino Alejandro Bustillo, en estilo neoclásico. Aunque Fontana lamentó la elección "lastimosa" de un "conjunto de cosas tan mediocres" (Viñuales, 2004: 142), subrayamos que el neoclásico fue el estilo en boga a principios del siglo XX en Francia, siendo identificado por la aristocracia porteña como un estilo refinado, noble y moderno, en suma, de los más adecuados para el homenaje propuesto[35].

Además, la elección de los jurados se explica más allá de las supuestas preferencias artísticas de cada uno. Zorrilla y Bustillo eran artistas bastante conocidos en la región rioplatense: mientras el primero ya contaba con una gran producción de estatuas ecuestres antes de presentarse al concurso, Bustillo había ganado notoriedad en el país después de proyectar la arquitectura del famoso Monumento a la Bandera en la ciudad de Rosario. Se optaba, por tanto,

---

[34] Según Viñuales (2004: 142): "se trataba de un gran arco parabólico de cemento armado, de 10 metros de altura, que incluía relieves alusivos en el intradós, y sobre el cual iba colocada la estatua ecuestre de Roca, con marcada inclinación respecto del arco, para alcanzar un mayor dinamismo".

[35] Las maquetas presentadas están disponibles en *Exposición de "Maquettes"* (1936), publicado por la Comisión Nacional. Sobre la preferencia general por los cánones neoclásicos, léase los ensayos de Leopoldo Lugones "El templo del Himno" y "El monumento del Centenario", ambos publicados en *Las limaduras de Hephaestos : piedras liminares* (1910).

por los cánones clásicos emblemáticos de la modernidad europea para homenajear un personaje decimonónico vinculado a la formación del moderno Estado nacional. Es decir, la Comisión no quería una representación contemporánea de Roca; era más bien el fundador definitivo de la Nación —una especie de padre simbólico de la República Argentina—, a quien se quería inmortalizar en el bronce.

Concomitantemente a la elaboración del edicto, la Comisión también preparó un minucioso estudio de posibles ubicaciones para el monumento, el cual se presentaría posteriormente al Poder Ejecutivo para su decisión final. Esa decisión fue el motivo de mayor polémica al interior de la Comisión Nacional y también en las negociaciones de ésa con otras esferas del poder público, como la Intendencia Municipal (quien era la responsable de las virtuales reformas viales y remociones edilicias que el monumento exigiría), siendo, en efecto, una de las principales razones por las cuales la obra tardó casi 6 años en inaugurarse.

Es decir, para que la estatua tuviese el impacto anhelado, según la Comisión, debía "ocupar un lugar destacado, ya que la acción del ilustre militar y mandatario lo señala como a uno de los grandes argentinos que han realizado una obra provechosa para el país y sus relaciones continentales" (Comisión Nacional, 1941a: 145). Para tanto, interesaba que ella fuera instalada dentro de la región central, en donde sabidamente siempre existiría un gran flujo de personas y la estatua se identificaría así más fácilmente con el centro de decisiones políticas del país. Sin embargo, encontrar en la densa masa edificada del centro porteño un sitio que agradase a todos los miembros de la Comisión y asimismo demandase gastos no muy exagerados en la compra, desalojo y la probable demolición de las edificaciones circundantes no se mostró una tarea sencilla.

Espacio público y disputas simbólicas por memoria • 81

FIGURA 1. Las ubicaciones indicadas en el estudio encargado por la Comisión Nacional: 1) la manzana ocupada por el Museo Argentino de Ciencias Naturales y por la Facultad de Ciencias Exactas de la Universidad de Buenos Aires, en el cruce de la av. Diagonal Sur y la calle Perú; 2) la manzana cortada por la av. Diagonal Sur entre las calles Perú y Chacabuco; 3) el cruce de la av. Diagonal Sur con las calles Belgrano y Piedras; 4) manzana del antiguo Palacio Miró (demolido en 1937), en la continuación de la plaza Lavalle; 5) la plaza Gelly y Obes, con la Facultad de Derecho de fondo; 6) los jardines del Paseo Colón, al frente del edificio de la Aduana. La Comisión evaluó económicamente posibles solamente las opciones 1, 4 y 6. *Fuente: Foto aerea de Google Maps © editada por la autora.*

FIGURA 2. El sitio elegido, en el eje vial de la av. Pres. Julio A. Roca (Diagonal Sur) con las calles Alsina y Perú. *Fuente: foto aerea de Google Maps © editada por la autora.*

En el primer estudio encargado, cuatro de las seis ubicaciones consideradas se acercaban a la Casa Rosada y a la Plaza de Mayo —escenarios históricos de la Revolución de 1810 (véase la figura 1)—. Sin embargo, a la fuerza simbólica de esa ubicación se contrapuso una mancha edificada bastante densa y vertical que dificultaba enormemente la elección de un marco que fuese realmente capaz de destacar el monumento a ser construido. Era necesario, por tanto, buscar perspectivas favorables y, al mismo tiempo, que implicasen gastos menores en las expropiaciones de predios y edificios.

De modo que al momento de publicarse el edicto del concurso apenas se había decidido por la instalación provisoria del monumento sobre el eje longitudinal de la recién creada av. presidente Julio A. Roca (Diagonal Sur), que además de llevar el nombre del homenajeado también obedecía a los criterios de centralidad deseados por la Comisión, ofreciendo una "perspectiva magnífica, de modo que no sería necesario preparar el marco para la estatua" (Comisión

Nacional, 1941a: 144). Empero fue recién en 1937 (dos años después del concurso y luego de largos debates) que la Comisión se decidió por la actual ubicación del monumento en el cruce de la av. Diagonal Sur con las calles Alsina y Perú.

Aún así hubo inconvenientes con esa ubicación. Era necesario expropiar y demoler algunas construcciones de las manzanas contiguas al futuro monumento, entre ellas el antiguo Museo Argentino de Ciencias Naturales y un "comercio menor", privado, cuya compra y demolición tardó hasta mediados de 1940 para concretarse. Ese dato, aparentemente de menor relevancia, indica, sin embargo, en nuestra opinión, la opción consciente de la Comisión Nacional por el factor *lugar* sobre el factor *tiempo*. En otras palabras, era preferible posponer varias veces la fecha inaugural que relevar el local elegido para el monumento[36].

No obstante todas las dificultades que en aquél entonces aún necesitaba solucionar, en abril de 1937, la Comisión Nacional realizó la ceremonia de colocación de la piedra fundamental, de la cual participaron los miembros de la Comisión y personalidades ligadas al gobierno de Agustín P. Justo. En la ocasión, el presidente buscó destacar una vez más el carácter conciliador de Roca. Recordó a los presentes de las disputas políticas en las cuales el general se había involucrado antes y durante sus dos gobiernos, y también de las duras críticas que había sufrido de parte de adversarios políticos importantes como había sido el ex presidente Bartolomé Mitre, subrayando la capacidad de Roca de sobreponerse a esas críticas y realizar acuerdos que beneficiasen los supuestos intereses de la Nación. En una especie de advertencia a los críticos de su propio gobierno, Justo mencionó asimismo que el reconocimiento a Roca por

---

[36] Una vez que la ubicación del monumento es uno de los factores centrales de la disputa actualmente en desarrollo en la Capital Federal, decidimos detallar la cuestión de la localización del monumento en un apartado propio al que sigue.

parte sus adversarios había sido posterior a su salida de la presidencia y había resultado en su inmortalización como héroe nacional. En ese sentido, el monumento recordaba el "fracaso de quienes condenaron la obra del gral. Roca con pomposas declamaciones y pretendieron luego asegurar el imperio de la soberanía popular por el peligroso camino del desenfreno demagógico" (P. Justo, citado por Comisión Nacional, 1941a: 204).

Un tono muy parecido marcó, años más tarde, los festejos por la inauguración oficial del monumento realizada a 19 de octubre de 1941 —a 27 años de la muerte de Roca—, fue un gran evento. Periódicos como *La Nación* y *La Prensa* anunciaron el evento en diversas notas publicadas en los días previos, como para garantizarle la visibilidad anhelada. También se acuñaron medallas conmemorativas con la efigie del general, se organizó un gran desfile militar con representantes del Ejército, Marina y Aviación, y hablaron en público (formado mayormente por miembros del ejército, familias de la élite porteña y la casi totalidad del Poder Legislativo) no solamente los miembros de la Comisión y representantes de los poderes Ejecutivo y Legislativo, sino también soldados, académicos (entre los cuales disertó como representante de Universidad de Buenos Aires el decano de la Facultad de Derecho, Clodomiro Zavalía), enviados especiales de todas las provincias y los embajadores de Brasil, Chile y Uruguay.

Los discursos se han enmarcado en la exaltación de las cualidades militares de Roca y sus habilidades en transformar un país entonces en vísperas de una guerra civil en una nación sólida y próspera. En su totalidad, la "Conquista del Desierto" figuró como gesta civilizatoria y como el punto de inflexión decisivo en la carrera de Roca, siendo rememorada como uno de los puntos más importantes de su biografía política. Sin embargo, de todas las prédicas nos interesa retomar la que fue preparada por el presidente Roberto M.

Ortiz[37] (1938-1942), quien aludió a ejemplo de su predecesor Agustín P. Justo a las polémicas políticas en las cuales se involucró Roca. En concordancia con el clima bélico de la Segunda Guerra Mundial (1939-1945), M. Ortiz exaltó la capacidad diplomática de Roca para realizar acuerdos de paz duraderos con los países vecinos. Y, frente al cuestionamiento de la propia idea de civilización que el conflicto mundial trajo, las palabras de M. Ortiz identificaron Roca con un liderazgo sólido que supo promover el orden y la paz interna, garantizando la soberanía nacional frente a la "amenaza anarquista" y a otras disidencias políticas:

> Se propuso terminar con el desorden, los alzamientos de caudillos, la inercia administrativa, el obstruccionismo político, las reyertas de facción, la improvisación y el derroche. Los medios de que se valió tal vez no fueran siempre inobjetables y quizá podrían discutirse. Pero lo cierto es que durante sus gobiernos en la república hubo orden y paz, trabajo, justicia y prosperidad (M. Ortiz, citado por Comisión Nacional, 1941a: 237).

Si tomamos la inauguración del monumento como síntesis de la narrativa hegemónica construida alrededor del gral. Roca, podemos concluir que fue esencialmente como representación de los ideales modernos de Civilización, Trabajo, Orden y Progreso que la Comisión Nacional buscó consolidarlo en el imaginario social argentino.

Vale resaltar que más allá de principios abstractos, nos referimos con esos ideales a un proyecto político y económico bastante específico. La Civilización, el Trabajo y el Progreso eran interpretados en función de la "Conquista del Desierto" y aludían, por antonomasia, a la expansión de la producción agraria hacia las llanuras patagónicas a fines del siglo XIX a cargo de los grandes estancieros. Por ende, el

---

37 Ortiz estuvo ausente por motivos de salud y su discurso se lo leyó el Ministro de Guerra, gral. Juan N. Tonazzi.

elogio al Orden se refirió sobre todo al régimen oligárquico, en donde la participación política se restringía a unos pocos "ciudadanos de bien".

Durante el acto inaugural, en las tribunas de honor montadas en la av. Diagonal Sur figuraron antiguos políticos del PAN y del gobernante Partido Conservador, miembros del Círculo Militar y de la Liga Patriótica, además de nombres de peso de la Sociedad Rural Argentina, en suma, apellidos destacados de la elite militar-oligárquica nacional, entre los cuales podemos citar: Larreta, Avellaneda, Saavedra, Alvear, Lavalle, Casares, Lugones, Baldrich, Schóo Lastra, Estrada, Drago Mitre, Navarro Viola, Dellepiane, Videla Dorna, Quintana, Madero, Ramos Mejía, Castex, Madariaga, Deheza, etc. Asimismo los registros fotográficos muestran la predominancia, entre los presentes, de representantes de las fuerzas armadas, mientras que los curiosos y demás interesados (no tan numerosos) se mantuvieron alejados del grupo selecto de invitados de honor por una barrera policial. El monumento reflejaba y confirmaba, de esa manera, los intereses de clase excluyentes que le habían impulsado. Era como si Roca se estuviese dirigiendo desde el alto pedestal directamente a quienes habían sido sus aliados históricos entre los militares y la vieja oligarquía, quedando el pueblo reducido a un observador a la distancia.

FIGURA 3. Desfile militar en el acto inaugural, el 19 de octubre de 1941.
Fuente: Comisión Nacional (1941a)

El monumento en su lugar: posibles lecturas

El monumento ecuestre a Roca se erigió a 200 metros de Plaza de Mayo. El conjunto escultórico se compone por dos alegorías laterales y, en el centro, la estatua ecuestre, todos en bronce; se destaca al elevarse más de 5,5 metros del piso sobre un pedestal de granito. Se trata, aún hoy, del monumento escultórico más alto de la ciudad —y, también, de los más centrales—.

La arquitectura propuesta por Bustillo obedece a los cánones neoclásicos todavía bastante valorados por la élite porteña en la década del 1930 y da al conjunto una gran sobriedad. También la estatua ecuestre pensada por Zorrilla de San Martín guarda una expresión "concentrada y tranquila, mesurado el gesto, como fue su aspecto exterior habitual" (Comisión Nacional, 1941a: 187). En ella, Roca usa el uniforme de teniente general y la banda presidencial.

FIGURA 4. Vista general del monumento a Roca, en donde se observan su proporción y altura en relación al entorno edificado. *Fuente: fotos de la autora, sacadas en enero de 2014*

Las alegorías también poseen una expresión serena y han sido realizadas para recordar los grandes hechos de la vida militar y política de Roca. La delantera representa la Paz Continental: es la imagen de la Patria Argentina armada, concentrada y tranquila, cargando en una de las manos un escudo y en la otra una lanza en la cual se enreda un ramo de olivo, signo de la paz. La parte trasera representa el Desierto Patagónico "conquistado para la Patria, la civilización y el trabajo" (Comisión Nacional, 1941a: 187). Es asimismo una figura femenina vestida con el gorro frigio —símbolo de la unidad republicana— que lleva en una de las manos la bandera nacional y en la otra un arado, en donde se enredan cardos típicos de las llanuras pampeanas.

Básicamente, el conjunto narra el momento histórico en que Roca dejó de ser una figura militar para convertirse, definitivamente, en estadista. El Desierto conquistado, detrás de él, señala los primeros frutos de la "guerra contra el malón": el trabajo agrario (simbolizado por el arado) sobre la naturaleza salvaje del desierto (el cardo). Frente al general, la Patria indica la paz deseada: externamente, los acuerdos de paz firmados con Brasil y Chile formalizaron finalmente la soberanía argentina sobre el territorio e, internamente, la federalización de Buenos Aires[38] puso un punto final en las guerras civiles que habían marcado las primeras décadas de la República.

En cuanto a la localización del conjunto, ya mencionamos las dificultades que hubo en su elección. El monumento se ubica sobre el eje longitudinal de la av. Diagonal Sur, que fuera diseñada en el inicio del siglo XX para aumentar la cantidad de accesos directos a la Plaza de Mayo y, también, para dotar la ciudad de un aire más "moderno", capaz de romper la monotonía del damero histórico. A lo largo de la avenida y alrededor del monumento se encuentran destacados edificios institucionales: el antiguo Cabildo —escenario de la Revolución de 1810—, la Manzana de las Luces, el antiguo edificio del Ministerio del Trabajo —donde hoy funciona el Instituto Nacional de Estadística y Censos (INDEC)— y, finalmente, el edificio de la Legislatura de la Ciudad, casi delante del monumento.

FIGURA 5. Alegorías a la Paz Continental (superior) y al Desierto Patagónico (inferior). *Fuente: fotos de la autora, sacadas en enero de 2014*

---

38 Formalizada por Nicolás Avellaneda poco antes de finalizar su mandato presidencial en 1880.

La opción por la diagonal no se hizo, por tanto, simplemente por sus cualidades en términos de perspectiva y marco urbano. Se sabía que este sería siempre un punto de gran circulación de personas y, también, que allí se concentrarían grandes aparatos administrativos e institucionales del país. De hecho, hasta hoy esta es un área de flujo intenso y de diversas actividades, reuniendo cotidianamente a estudiantes (dada la cercanía del Colegio Nacional de Buenos Aires), turistas, funcionarios públicos y, también, legisladores. Asimismo por su conexión con la Plaza de Mayo, se tornó palco de muchas marchas y protestas a lo largo del siglo XX.

El espacio monumental no ha sido diseñado ni se caracteriza, sin embargo, como un espacio de permanencia. La vereda ovalada donde el conjunto escultórico está ubicado es angosta y alrededor suyo circulan muchos coches durante todo el periodo laboral. La propia escala de la obra indica que ella ha sido proyectada para observarse a lo lejos, desde las veredas laterales y a partir de la perspectiva abierta por la diagonal hacia la Plaza de Mayo, lo que le da un aire de autoridad intocable.

Ya citamos anteriormente que la elección definitiva de la ubicación del monumento ha sido un tema cuidadosamente debatido entre los miembros de la Comisión Nacional; fue el discurso inaugural de Manuel Domecq García, presidente de la Comisión, lo que mejor aclaró las razones urbanas y paisajísticas por detrás de esa decisión por ende a su intención discursiva y simbólica:

> Está en la cima de la colina de la Plaza de Mayo, pues existe una diferencia de nivel de cuatro metros entre la intersección de esta Avenida con la calle Belgrano, en donde al principio de pensó ubicarlo, y además está colocado en el cruce de la calle Alsina, la calle de los Alsinas, —apellido prócer— donde falleciera el gran Ministro Don Adolfo Alsina, el principal propagador de la idea de la "Conquista del Desierto". El eje de esta avenida tiene una orientación hacia el Sudoeste del mundo; y si desde el centro del Monumento trazáramos una línea imaginaria de algunos cientos de kilómetros, llegaríamos con

muy pocos grados de diferencia en el rumbo, a la confluencia de los dos magníficos ríos Limay y Neuquén. El primero, el desagüe natural del grandioso lago de Nahuel Huapi, y el segundo, el colector de los deshielos de la imponente cordillera andina que nos separa de la gran nación amiga: Chile. Ambos ríos forman el magnifico y caudaloso Río Negro, el padre de los ríos patagónicos (Domecq García, citado por Comisión Nacional, 1941a: 243-244).

En resumen, a espaldas de la estatua de Roca no se encuentra simplemente la alegoría del Desierto, sino la propia dirección geográfica que indica la campaña militar que llevó a Roca a ocupar en 1880 el puesto máximo de presidente de la nación. Y, en frente, no se ve apenas la alegoría de la Patria, sino la propia Casa Rosada, ocupada por él en dos ocasiones.

El monumento de San Carlos de Bariloche

La idea de inaugurar un monumento a Roca en Bariloche ha surgido casi al mismo tiempo que los proyectos comandados por la Comisión Nacional para el monumento de Buenos Aires. Empero, como veremos adelante, aun existiendo una importante correlación entre ambas iniciativas, ellas se han desarrollado de forma paralela y con relativa independencia una de la otra. En el caso de la ciudad patagónica, la iniciativa competió casi exclusivamente a Exequiel Bustillo, quien ha sido una figura clave del desarrollo urbano local en los años 1930 y sin el cual no se puede comprender la consolidación del imaginario hegemónico sobre Roca en esa ciudad y sus especificidades.

Presidente de la Dirección de Parques Nacionales —cargo, vale decir, que ocupó desde 1934 hasta 1944, en una coincidencia casi perfecta con los años de la Restauración Conservadora— Bustillo no escondía su simpatía por Roca ni el desprecio político hacia Yrigoyen. De hecho, era bastante cercano al Partido Conservador de Buenos Aires (formado después de la fragmentación del PAN), inclusive, fue diputado nacional por dicho espacio entre 1924 y 1927. En ocasión del golpe militar de José F. Uriburu, estando en la agencia del periódico *La Nación* en la ciudad de París, escribió:

> celebramos el acontecimiento con una comida en los altos de Fouquet. Entre los concurrentes —flor y nata de la oligarquía— recuerdo a: Benito Villanueva, César González Segura, Aarón Anchorena, Dionisio Schoó Lastra, Ricardo Green, Luis Castells y varios otros. Hubo brindis y caras muy alegres, porque se sentía felicidad, en ver que al fin se había derrocado uno de los peores y más retrógrados gobiernos de la historia nacional (Bustillo, 1999: 25-26).

Una vez de regreso a Argentina y bastante optimista ante las posibilidades políticas abiertas con la renuncia de Yrigoyen, Exequiel Bustillo viajó a la Patagonia en donde, tras maravillarse con el paisaje, compró tierras y tomó conocimiento de los graves problemas de infraestructura de la región, principalmente en relación al Ferrocarril Sur, cuyas obras habían sido abandonadas en 1925 a solamente 75 km de la entrada de Bariloche. Según cuenta el mismo Bustillo en el libro biográfico *El despertar de Bariloche*, en 1932 se valió de sus contactos personales al interior del Círculo de Armas, "cuyos socios más destacados habían vuelto a la acción pública después de la revolución del 6 de septiembre y ocupaban ahora posiciones en el Parlamento y en el gobierno" (Bustillo, 1999: 79), para encontrarse con el presidente Justo y discutir el tema del ferrocarril, lo que acarreó su asignación, poco tiempo después, a la Dirección de Parques Nacionales[39].

---

[39] Primero como vocal de la Comisión de Parques Nacionales (1933) y después de promulgada la Ley de Creación de la Dirección de Parques Nacionales (Ley Federal Nº 12103/1934), como presidente de la misma (1934). El Par-

Vale recordar que históricamente el desarrollo de la región se vinculó a la actuación de Ezequiel Ramos Mexía como Ministro de Obras Públicas y Agricultura en los gobiernos de Roca (1898-1904), Quintana (1904-1906), Figueroa Alcorta (1906-1910) y Sáenz Peña (1910-1914), es decir, se vinculó directamente al proyecto de nación sostenido por la República Oligárquica. En ese período, la zona cordillerana circundante del lago Nahuel Huapi fue objeto de atención del gobierno nacional gracias a sus recursos naturales, belleza paisajística y la fácil comunicación con las tierras trasandinas (factor que le había convertido de a poco en *hinterland* de los puertos del sur de Chile), así como debido a la escasa presencia de colonos argentinos frente a los extranjeros de origen europeo y, principalmente, chileno.

En el marco de las políticas de poblamiento de la zona, Ramos Mexía promulgó entonces la Ley de Fomento de Territorios Nacionales (Ley Nº 1559/1908), que pretendía acelerar la integración de las tierras norpatagónicas al restante del país mediante un fuerte intervencionismo del Estado y la construcción de una red de ferrocarriles que uniese la costa a Bariloche; un plan que se vio limitado, sin embargo, con la progresiva pérdida de fuerza política del PAN y la consecuente ascensión de los gobiernos radicales (1916-1930), momento en que el Estado dejó de fomentar los planes de colonización prescriptos en la ley. Así, cuando el golpe de Estado de 1930 instauró el nuevo régimen conservador, la creación de la Dirección de Parques Nacionales a cargo de Bustillo significó no solo el retorno de la intervención estatal en las zonas de frontera, sino también la puesta en marcha de una nueva política de territorialización de la Patagonia en el marco de la exacerbación de los nacionalismos impulsada por el régimen conservador.

---

que Nacional de Bariloche ya existía. Había sido creado en 1903 el terreno anexo a las 7500 hectáreas donadas a la Nación por Francisco Pascasio Moreno junto al lago Nahuel Huapi.

Bustillo puso en evidencia en *El despertar de Bariloche* su preocupación en promover a través de la Dirección de Parques Nacionales la "argentinización" de un territorio que, desde su punto de vista, estaba mal integrado al restante del país y en riesgo de perder su soberanía por el expansionismo chileno. Sin embargo, más que sus aspectos geopolíticos, aquí nos interesa explorar las operaciones discursivas-ideológicas desplegadas por él entre 1934 y 1944, las cuales fueron, en nuestra opinión, esenciales al entendimiento del proceso de consolidación del imaginario social hegemónico sobre Roca en la ciudad de Bariloche.

Seguimos particularmente al historiador Navarro Floria (2008), para quien Bustillo reprodujo en la práctica como presidente de Parques Nacionales los lineamientos generales del plan de desarrollo de Ramos Mexía, al mismo tiempo en que se asumió discursivamente como el continuador de la obra de conquista y territorialización de la región norpatagónica iniciada por Roca en 1879 —una postura que debe ser comprendida a partir de "una serie de lecturas superpuestas acerca de la historia nacional y regional y de su [Bustillo] vinculación personal y de clase con esa historia"—. De modo que

> La argentinización suponía para él tanto la construcción de una infraestructura material como la legitimación de sus iniciativas mediante su vinculación simbólica con una genealogía de prestigio y la construcción de la memoria social local. El entroncar su política con la de la oligarquía gobernante antes de 1916 suponía tanto el propósito de reconquistar –reconociendo como su ancestro nada menos que al general Roca- como el de definir los actores sociales de la gesta del Estado-Parque: *deschilenizar* en perjuicio de muchos de los pobladores originarios; *aristocratizar* en beneficio de su círculo inmediato, el de la alta sociedad porteña. El programa se completa con la imposición de una estética y una ética: *europeizar* el lugar y su actividad paradigmática, el turismo (Navarro Floria, 2008: 3).

Bustillo se valió de que las condiciones políticas en Europa ya no facilitaban el turismo de las clases altas argentinas como en las décadas del 1910 y 1920, y que crecía, por tanto, la demanda interna de nuevas opciones de veraneo, para proponer un plan turístico para Bariloche. Típico hijo de la aristocracia porteña y, por tanto, detentor de sus valores simbólicos, Bustillo empezó un plan para "hacer, pues, de Bariloche una ciudad de rasgos típicos, con cierta gracia arquitectónica y con algo de europeo. Una de esas pintorescas ciudades de montaña que son el encanto de Suiza y del Tirol" (Bustillo, 1999: 201).

Como mencionamos con Navarro Floria, la "turistificación" concebida por Bustillo tuvo como ejes principales la atracción de nuevos colonos argentinos (preferentemente entre la aristocracia), la expulsión o limitación de tierras a los colonos de origen chileno (muchos de ellos indígenas) y la europeización del paisaje mediante reformas urbano-arquitectónicas.

En relación a los intentos de "aristocratización" y "deschilenización"[40] mencionados por el autor, se puede decir que la Dirección de Parques Nacionales cumplió un papel dual en relación a los habitantes y tierras localizados dentro de su jurisdicción: fue bastante permisiva cuando se trató de ceder tierras a vecinos prestigiosos -a quienes eran otorgados títulos de propiedad-, y estricta en el cumplimiento de las normativas cuando eran indígenas o chilenos en general -a quienes se entregaba, cuando mucho, los llamados "Permisos Precarios de Ocupación y Pastaje". En los hechos, Bustillo destinó las mejores tierras en torno del

---

[40] Aunque haya optado por la expresión "deschilenizar", Navarro Floria señala que es necesario tomar el término con precaución una vez que atribuye una nacionalidad chilena o argentina a pueblos originarios preexistentes a la formación territorial de ambas naciones. Sin embargo, optamos por mantener esa expresión porque, como veremos con más detalle en el tercer capítulo, la atribución de "chilenidad" a muchos indígenas mapuche que habitan el territorio argentino es todavía hoy una práctica común de deslegitimación de sus reclamos políticos y sociales.

Nahuel Huapi a amigos y otras personas pertenecientes a su red social y de poder. Uno de los casos más ejemplares de esa actuación fue la compra con fondos públicos de los lotes XII y XIII de la antigua Colonia Pastorial Nahuel Huapi[41], a las cuales dotó antes que al restante de los lotes de comunicación por tierra y telégrafo; luego, organizó a fines de 1935 una excursión con amigos de la alta sociedad porteña al final de la cual

> cada uno de mis huéspedes, maravillados con aquel paraíso, acabó por adquirir su pequeño lote de tierra para levantar algún día su residencia veraniega. Ésta era mi obra de zapa, mi trabajo de hormiga, quizá uno de los más trascendentes y del que más me enorgullezco en la actualidad. Porque poblar aquello con argentinos, que con su capital y su presencia fuesen consolidando nuestra soberanía, no dejaba de ser la más efectiva acción a que estaba llamada la institución que me honraba en dirigir (Bustillo, 1999:183-184).

Sin embargo, Navarro Floria (2008) señala que reducir esa política doble de desplazamiento de la población originaria y atracción de grandes propietarios de la aristocracia porteña solamente a la figura de Bustillo sería recortar y simplificar la forma como se dio la segregación social y urbana de la región. El autor recuerda, en ese sentido, que ya en los primeros años del siglo XX, la Dirección Nacional

---

[41] Tierras bastante fértiles alrededor del lago que habían pertenecido al cacique Inacayal, derrotado durante la "Conquista del Desierto". En 1902, el presidente Roca firmó un decreto que creó la Colonia Agrícola en esas tierras. El título de los lotes podría ser obtenido por medio de la compra directa o entonces obedeciendo una serie de condiciones de producción y renta: "los principales requisitos eran que el solicitante ocupara directamente por sí el terreno durante cinco años continuos, residiendo en él, levantando una habitación e introduciendo haciendas que representaran por lo menos un capital de $ 250. No era mucho si consideramos que un caballo de montar valía $ 25. Además se obligaba labrar en los 5 años por lo menos 10 hectáreas y a plantar y cultivar 200 árboles en el lugar más conveniente. Otra posibilidad era comprar el lote por la suma de $ 500 y obtener el título definitivo." (datos extraídos de la página de la Secretaría de Turismo de Bariloche: https://goo.gl/sUsu6R).

de Tierras y Colonias en diversas inspecciones realizadas ha expresado su preferencia por los inmigrantes europeos frente a los considerados chilenos,

> no solamente en el plano retórico sino también mediante la práctica administrativa de otorgar títulos de propiedad a los compradores argentinos, europeos o norteamericanos de tierras fiscales –que se consideraban vacías aunque no lo estuvieran en realidad—, y negar el mismo tratamiento –otorgando permisos precarios o parciales— a los pobladores originarios (Navarro Floria, 2008: 8).

Más que responsabilizar a Bustillo por la política segregacionista que enmarcó a las ciudades patagónicas bajo la jurisdicción de la Dirección de Parques Nacionales (Bariloche, Villa La Angostura y San Martín de los Andes, principalmente), aquí nos interesa indagar en qué medida ese accionar se reflejó en los valores que él ha buscado materializar en el Centro Cívico, con el monumento a Roca ocupando allí el lugar de máximo relieve —y, en consecuencia, buscar allí las raíces de los conflictos sociales que caracterizan las disputas alrededor del monumento en esa ciudad en la actualidad, tema del tercer capítulo de esta tesis—.

Una vez que los esfuerzos por aristocratizar y transformar Bariloche en polo turístico nacional pasaba también por el desarrollo de un plan urbano que cambiase el paisaje semirural de la ciudad en la anhelada "Suiza argentina", Bustillo debió implementar un ambicioso plan de reformas que incluyó desde elementos básicos —como el sistema de agua corrientes, el servicio de cloacas y la pavimentación de calles— hasta el proyecto de rutas, avenidas costaneras y edificios públicos de arquitectura sobresaliente, entre los cuales se distinguen en el paisaje la Catedral Metropolitana (en estilo neogótico), y el lujoso Hotel Llao Llao (imitando la arquitectura de los *chalets* Suizos), ambos de autoría de Alejandro Bustillo, hermano de Exequiel. Empero, fue el arquitecto Ernesto Estrada quien presentó a Bustillo el proyecto edilicio que impulsó definitivamente la urbanización local y ha dado al centro de la ciudad la "postal" que ése necesitaba: era el proyecto del Centro Cívico, una plaza seca definida por un conjunto de edificios públicos en estilo normando, todo ello construido con modernas técnicas de hormigón armado, empero revestidos de piedra volcánica y ciprés, que se compone hasta hoy por la Biblioteca Municipal, el Museo Histórico, la Municipalidad, el Correo (actual Consejo Municipal) y la Policía:

> Estrada se apareció una mañana en mi despacho, desplegando un plano, que representaba su primer trabajo. Era nada menos que el proyecto del Centro Cívico. Un conjunto de edificios públicos que precisamente se necesitaban en Bariloche, con una armoniosa plaza en su centro y que el todo constituía una masa arquitectónica concebida con arte y gracia, que sin duda entraba por los ojos (Bustillo, 1999: 213).

El proyecto era ambicioso y demandaba un presupuesto que la municipalidad local no poseía. Fue como solución a ese problema que Bustillo concibió entonces "la idea que podría significar el triunfo": instalar en el centro de la plaza una estatua del general Roca:

> No es que el Centro Cívico fuese construido para servir de marco a la estatua del gral. Roca, ni mucho menos. Tampoco ésta se levantaba para complementar aquella realización arquitectónica. Pero no hay duda —como ya he explicado— que ambas ideas nacieron asociadas, como si al satisfacer la necesidad que este Centro Cívico venía a llenar, sirviese al mismo tiempo de decoración al gran homenaje que la Patagonia debía a quien había conseguido libertarla del indígena que la asolaba (Bustillo, 1999: 222).

Desde un punto de vista estrictamente material, la estatua de Roca significaba la posibilidad de conseguir fondos extras para el proyecto de construcción del Centro Cívico. Es decir, Bustillo ya se había enterado de la existencia de la Comisión Nacional en Buenos Aires y sabía que, siendo vicepresidente Julio Roca (h), un homenaje a su padre facilitaría la asignación de más fondos. Utilizando una vez más los contactos políticos y la amistad que tenía con miembros del Círculo de Armas, logró reunirse con el vicepresidente y negociar con la Comisión Nacional parte importante del presupuesto necesario para las obras[42].

Empero, como mencionamos anteriormente, su actuación frente a Parques Nacionales se ha caracterizado por un proceso complementario de construcción material y de legitimación del espacio construido mediante su vinculación simbólica con la obra de conquista y territorialización iniciada por Roca en 1879. Siendo así, interpretamos su elección por homenajear a Roca también como la expresión más contundente de la identificación que él buscó promover entre su propia actuación y la oligarquía gobernante antes de 1916[43]. Eso es aún más evidente si tomamos en cuenta un hecho histórico básico: la fundación de Bariloche y la conquista de la zona del Nahuel Huapi fue obra no de

---

[42] Julio Roca (h) no ha contribuido directamente con el presupuesto para las obras, pero Bustillo reconoció que "como se trataba de un homenaje al padre del vicepresidente, las puertas se me abrieron con mayor facilidad de la que yo esperaba" (Bustillo, 1999: 218). En el caso específico del monumento, contó con el aporte total de 23 mil pesos a cargo de la Comisión. El presupuesto del Centro Cívico, sin embargo, fue obtenido a través de la Comisión de Presupuestos de la Nación.

[43] Navarro Floria señala que esa inserción en una tradición política que Bustillo buscó afirmar constantemente "no se limitaba a la identificación con un ideario, sino que también era la genealogía de una familia y de una clase. Ezequiel Ramos Mexía era primo hermano de la madre de Bustillo, que además era de apellido Madero. Francisco Madero había sido vicepresidente de Roca (1880-1886), y un testigo de los hechos de 1930 señala que tras el golpe de Estado 'por todas partes han sido distribuidos los Uriburu y los Madero' (Halperin Donghi 2007:40). José María Bustillo, hermano de Exequiel, se desempeñó como ministro de Obras Públicas de la Provincia de Buenos Aires bajo el gobierno pro-fascista y fraudulento de Manuel Fresco. Exequiel Bustillo frecuentaba, según cuenta, el Círculo de Armas 'cuyos socios más destacados habían vuelto a la acción pública después de la revolución del 6 de septiembre [de 1930] y ocupaban ahora posiciones en el Parlamento y en el gobierno del general Justo', un lugar de reunión de la fracción conservadora bonaerense mejor identificada con el régimen caído en 1916 (Halperin Donghi 2007:45) y donde, precisamente, abordó a su pariente Ramos Mexía para interesarlo en la cuestión del ferrocarril al Nahuel Huapi" (Navarro Floria, 2008: 5).

Roca, sino del gral. Villegas, quien continuó las campañas militares hacia el sur del Río Negro cuando Roca regresó a Buenos Aires para disputar la presidencia —un hecho que no era ignorado por Bustillo—:

> Roca era quien había concebido y planeado la expedición. Tal como Julio César la conquista de la Galia sin ser por ello necesario que llegase al frente de sus legiones a los confines de la tierra conquistada. Eso sin tener en cuenta todo lo que hizo por la Patagonia y también por el país. De ahí el justo emplazamiento de su estatua, sin perjuicio de que alguna vez se levante también la del general Villegas, su colaborador, que siguió al frente del ejército en marcha, mientras Roca se retiraba para ocupar las altas posiciones que le permitieron prestar al país extraordinarios e inolvidables servicios (Bustillo, 1999: 227).

Finalmente, casi como la síntesis final de ese proceso de identificación entre la "turistificación"/poblamiento de Bariloche en la década de 1930 y la nacionalización de la zona norpatagónica por las campañas militares decimonónicas, Bustillo decidió inaugurar el monumento y el conjunto del Centro Cívico el 14 de enero de 1941, misma fecha en que se inauguraba el hotel Llao Llao y se iniciaba oficialmente la temporada de vacaciones de verano en la ciudad. La inauguración se hizo, sin embargo, con una comitiva bastante más modesta que la de Buenos Aires: pese a que estuvieron presentes tropas del ejército nacional y diversas personas del círculo de amistad de Bustillo, muchos de los cuales pretendían pasar el verano en la ciudad, la ceremonia fue sencilla. Los discursos fueron cuatro: de Daniel Amadeo y Videla (Ministro de Agricultura[44], representando el Poder Ejecutivo), de Clodomiro Zavalía (representante de la Comisión Nacional), de Exequiel Bustillo y del Comisionado Municipal de Bariloche, Víctor Gonella.

---

[44] A cuyo ministerio se vinculaba la Dirección de Parques Nacionales.

Una anécdota narrada en *El despertar de Bariloche* es que el propio Julio Roca (h) no ha comparecido a la ceremonia valiéndose de la excusa de que "a ello me obliga la atención impostergable de numerosos asuntos de despacho en el Departamento a mi cargo" (Bustillo, 1999: 225). Empero, era del conocimiento de Bustillo que a él no le había gustado la estatua, en donde su padre se representaba, en sus propias palabras, como un "hombre viejo, cansado, vencido" (Bustillo, 1999: 224). Además, en 1941 los primeros resultados de la reforma urbana recién empezaban a mostrarse, de modo que a los ojos de la elite nacional Bariloche era todavía una pequeña localidad sin mucha importancia. En efecto, para Bustillo eso justificaba aún más la presencia del monumento en la ciudad: a la vez que vinculó simbólicamente a Bariloche al proyecto de nación concebido por Roca, la estatua también fue, en ese momento, un recordatorio a la dirigencia política de la Capital Federal de la necesaria labor de desarrollo local que él venía desempeñando en Parques Nacionales.

En ese sentido, en comparación con los discursos enunciados en la capital, aquí los temas locales y las dificultades aún vividas en la región fueron los temas más citados por la comitiva. El monumento se convirtió, sutilmente, en una especie de reclamo hacia el gobierno, a quien se acusaba de olvidarse de las tierras patagónicas y, por ende, de los frutos de la "Conquista del Desierto". Se resaltó principalmente la importancia del trabajo agrícola para el país y la necesidad, todavía, de llevar adelante la ocupación productiva de aquel territorio mediante la atracción de nuevos pobladores, la inversión de recursos e infraestructura. Finalmente, con menos oradores de las fuerzas armadas, no se exaltó tanto el carácter militar de Roca, sobresaliendo más bien la imagen del estadista y civilizador. El propio Bustillo buscó caracterizarlo como "un *pioneer*, un colonizador, que como Cecil Rhodes [sic][45], explora buscando espacio para fundar con el trabajo del hombre la nación integral y fuerte que desde ese momento ha de gobernar toda su vida pública" (Bustillo citado por Comisión Nacional, 1941b: 44). Los esfuerzos que hizo Bustillo para transformar Bariloche en una "pintoresca ciudad de montaña" según los valores estéticos europeos han sido así respaldados por el simbolismo del colonizador-civilizador que tuvo en Roca y en la "Conquista del Desierto" su "punto-cero" de origen.

Si por sí mismo el giro hacia esa construcción del imaginario del colonizador, o sea, aquél que emprende el poblamiento del territorio, civilizándolo, era comprensible para una ciudad todavía incipiente como la Bariloche de los años 1930, vale decir que también terminó por conferirle un relato de origen bastante interesante. Pues, al enfatizar el proceso de colonización sobre la conquista militar, realizó una operación ideológica en que la guerra y la violencia hacia los indígenas que originalmente habitaban la zona fue matizada, terminando por eclipsar la presencia misma de esos pueblos preexistentes a la fundación de la ciudad de su memoria fundacional. Una versión de la historia que se ha reforzado a través de la construcción de una serie de edificios públicos emblemáticos, todos ellos inspirados en una visión bastante fetichizada de la arquitectura europea. Consecuentemente, en el imaginario social local se afirmaba la noción de Bariloche como la "ciudad europea", "blanca", que ha nacido en el medio del "desierto patagónico" por la voluntad civilizadora de Roca y que se ha desarrollado, después, gracias a la obra de Bustillo.

---

[45] Cecil Rhodes fue un empresario, colonizador y político británico, de los principales defensores e impulsores del imperialismo británico en África a mediados del siglo XIX. Fundó la antigua Rodesia, cuyo territorio está actualmente dividido entre Zambia y Zimbabue.

El monumento en su lugar: posibles lecturas

Desde el Centro Cívico tenemos una vista privilegiada del lago Nahuel Huapi, en relación al cual la plaza se encuentra en una topografía levemente elevada[46]. Al este del conjunto está el eje formado por la av. Mitre, importante eje comercial y de servicios turísticos de la ciudad y, al oeste, siguiendo el eje formado por la actual av. Exequiel Bustillo, se desarrolla el sector hotelero que liga Bariloche a Llao Llao.

La estatua de Roca, bastante sencilla, representa al militar sobre su caballo; ambos tienen la apariencia cansada y postura desplomada como quienes, después de larga travesía, miran la obra de su esfuerzo. Desde el centro de la plaza, bautizada "Expedicionarios al Desierto", Roca observa frontalmente al lago Nahuel Huapi y a la cordillera, de forma que el monumento señala, a la vez, la entrada del Parque Nacional —obra e iniciativa de Francisco P. Moreno, el principal científico de la expedición de 1879— y, al menos simbólicamente, la frontera con Chile, también ella resguardada por el general[47].

---

[46] Según los datos topográficos disponibles en GoogleEarth©, el Centro Cívico está en una altitud absoluta (en relación al nivel del mar) de aproximadamente +800m, mientras que a las orillas del Nahuel Huapi nos encontramos a cerca de +780m del nivel del mar.

[47] Nos referimos a una alusión simbólica de las fronteras nacionales pues ese conjunto de montañas en específico es parte del territorio argentino. Empero, una vez que la cordillera de los Andes es la frontera entre los dos países, esa identificación que mencionamos es parte del imaginario social local.

FIGURA 6. Monumento al gral. Roca (izq.) y vista del monumento con el lago Nahuel Huapi a su frente (dir.). *Fuente: fotos de la autora, sacadas en diciembre de 2012*

Según Bustillo, la suma de 23 mil pesos donada por la Comisión Nacional de Buenos Aires no alcanzaba para pagar al escultor y el costo del material. Así, la fundición del bronce se quedó a cargo del Ministerio de Guerra "por gestión que hice personalmente ante el jefe del arsenal, general Rocco" (Bustillo, 1999: 223) y el pedestal lo dibujó *ad honorem* el hermano de Exequiel, Alejandro Bustillo, quien, hemos visto, fue también el autor del pedestal del monumento de Buenos Aires. Como escultor se eligió a Emilio J. Sarniguet, especialista en esculturas ecuestres y famoso por el monumento al Resero, ubicado en Mataderos (Buenos Aires), "un artista modesto, accesible, lleno de buena voluntad, que no sólo aceptó con orgullo nuestro ofrecimiento, sino que se contentó con el reducido honorario de que disponíamos" (Bustillo, 1999: 223).

El pedestal tiene cerca de 3 metros y sobre él está la estatua ecuestre casi en dimensiones naturales, con una altura total del piso de 4,5 metros aproximadamente. Si tomamos en consideración las dimensiones totales de la plaza seca —un rectángulo de 60 metros de largo y 20 metros de ancho— el Centro Cívico garantiza la vista sin obstrucciones del monumento a la vez en que ése se mantiene cercano a los transeúntes; por tanto, a diferencia de su correspondiente porteño, en Bariloche es posible establecer el contacto visual directo y en detalle del monumento en su totalidad. Asimismo, una vez que los edificios alrededor fueron concebidos para albergar actividades culturales y administrativas, la plaza se ha caracterizado desde su fundación por el continuo movimiento peatonal de turistas y habitantes, contribuyendo a que Roca se tornase una figura bastante familiar e indisociable del restante del conjunto restante.

Y, si en Buenos Aires el monumento tuvo que ser instalado en medio a una masa densa de edificios, aquí, por el contrario, la consolidación de la urbanización ha sido posterior a la gestión de Bustillo en Parques Nacionales y subordinada al plan paisajístico, urbano, arquitectónico y turístico entonces propuesto. Eso es un dato relevante pues vincula el monumento a una lógica de gestión espacial que se ha fundamentado en la gentrificación de las tierras próximas al Nahuel Huapi y, consecuentemente, en el desplazamiento de la población indígena y de bajo ingreso para barrios alejados del centro, muchos de ellos completamente ocultos a la vista de los turistas.

Desdoblamientos de la empresa monumental

Los monumentos a Roca de Buenos Aires y Bariloche tomaron, cada uno a su modo, el proceso de integración del territorio nacional ocurrido en el siglo XIX bajo la denominación de "Conquista del Desierto" como tema de los homenajes: en la Capital Federal, centro político del país y ciudad geográficamente distante de las fronteras nacionales, la

"Conquista" figuró más bien como metáfora de la civilización victoriosa sobre la barbarie, del trabajo agrario sobre la tierra no productiva, de la aseveración del orden sobre la anarquía; ya en la todavía incipiente Bariloche de los años 1930, en donde las fronteras eran una preocupación central para la Administración de Parques Nacionales, la acción militar fue tomada en sus consecuencias más concretas, siendo que la labor colonizadora fue el principal elemento conmemorado.

Eso revela la vigencia en estos años del mismo andamiaje ideológico que sustentó el Estado Oligárquico decimonónico, cuando la noción de "territorio" funcionó como el elemento aglutinador que permitió el afianzamiento del programa civilizatorio moderno y su asociación al proceso de construcción nacional: "era necesario un factor de integración para que la heterogeneidad y ajenidad de los aportes se transformara en unidad y pertenencia, y para que lo circunstancial deviniera esencial. Ese elemento era el territorio" (Quijada, 2000: 382). Es decir, la exaltación de Roca era, también, el elogio de una operación ideológica sobre la construcción nacional que

> eludió cualquier tipo de referencia a la consanguinidad —el mestizaje— e hizo depender la antigüedad y la esencialidad de la nación del territorio, único elemento capaz de definir tanto las condiciones de pertenencia a la nación como sus límites (Quijada, 2000: 382).

Lo novedoso de los homenajes realizados durante la "década infame" es que retomaron el imperativo decimonónico de "dominar, conquistar, colonizar" mediante la exaltación del ejército como institución responsable de la formación de la estatalidad en Argentina, explicando por qué las memorias públicas construidas en torno a Roca y la "Conquista del Desierto" en la década de 1930 se mantuvieron en boga sin cuestionamientos públicos hasta mediados de los 1990.

De igual manera, durante el primer gobierno del gral. Juan Domingo Perón (1946-1955), conocido por haber contrariado frontalmente los intereses de clase de la oligarquía conservadora que condujera al país en la "década infame" a través de la alianza con los sindicatos, el monopolio estatal del comercio exterior y una política de redistribución de recursos agropecuarios a la industria, las referencias a Roca siguieron reproduciéndose en la toponimia urbana según los relatos previamente consolidados por la Comisión Nacional; ejemplo de ello fue el renombramiento del Ferrocarril del Sud para General Roca (FGR) tras la nacionalización de la red de ferrocarriles entre 1946 y 1948. Sin embargo, a diferencia de lo que hemos observado hasta 1943 (cuando se inauguró el último monumento por iniciativa de la Comisión Nacional en la ciudad de Tucumán), los homenajes subsiguientes no fueron parte de una política general concebida para ese fin, indicando más bien que el proceso de asimilación y naturalización del relato propuesto en los años 1930, como la versión histórica hegemónica sobre el gral. Roca había sido exitoso[48].

De modo que entre las décadas de 1940 y 70 Roca dejó paulatinamente de ser debatido en los espacios públicos; las memorias hegemónicas sobre él siguieron reproduciéndose sin mayores cuestionamientos sobre todo en los planes escolares y, puntualmente, en notas de periódicos o en celebraciones al interior del Círculo Militar. Empero, en la década de 1970, en el marco de la más violenta dictadura cívico-militar de la historia del país, el Centenario de la "Conquista del Desierto" (1979) impulsó una nueva oleada de homenajes oficiales en las cuales Roca y las campañas militares decimonónicas volvieron a celebrarse públicamente como hitos emblemáticos de la formación del Estado-nación, mereciendo que indaguemos aquí algunos elementos.

---

[48] Aquí no trataremos de las especificidades de la política monumentalista del primer peronismo, pero recomendamos la lectura de Ballent (2006).

En el 24 de marzo de 1976, ante la escalada de los conflictos sociales y la formación en la década de 1970 de importantes organizaciones armadas en las ciudades y en el campo[49], las fuerzas armadas llevaron adelante un golpe de Estado que derrocó al gobierno constitucional de María Estela "Isabelita" Perón. Bajo la justificación de que se habían agotado "todas las instancias de mecanismo constitucionales" y no había más posibilidad de "rectificaciones dentro del marco de las instituciones", las fuerzas armadas sostuvieron que la intervención militar era necesaria para "terminar con el desgobierno, la corrupción y el flagelo subversivo"[50] que amenazaban la nación. El autodenominado "Proceso de Reorganización Nacional" impuso entonces el gobierno *de facto* de la Junta Militar encabezada por los tres comandantes generales de las fuerzas armadas —el gral. Jorge Rafael Videla (Ejército), el almte. Eduardo Massera (Armada) y el brig. gral. Orlando Ramón Agosti (Fuerza Aérea)— dando inicio a un régimen dictatorial fuertemente represor que al fin de 7 años tuvo como saldo general la violación sistemática de los derechos humanos en el país a través de las prácticas clandestinas de secuestro —inclusive de recién nacidos—, tortura, desaparición y muerte de miles de personas[51], todo justificado como parte de una "guerra a la subversión" que perseguía recuperar

---

[49] Entre quienes, los Montoneros y el Ejército Revolucionario del Pueblo, de tendencia marxista-guevarista.
[50] Proclama del 24 de Marzo de 1976 disponible en: *http://www.desaparecidos.org/nuncamas/web/document/document.htm*
[51] Los organismos de Derechos Humanos sostienen la alarmante cifra de 30 mil desaparecidos y más de 400 bebés robados y despojados de su identidad, sin embargo, vale acordar que por el propio carácter clandestino de las desapariciones no existe aún un consenso sobre tales números. Sobre ese tema, recomendamos leerse Brysk (1994). Para una visión más general de la dictadura militar de 1976-1983, recomendamos entre la vasta bibliografía existente a Novaro & Palermo (2003); Quiroga (1994); Calveiro (1998) y Lorenz (2005).

Por medio del orden, del trabajo, de la observancia plena de los principios éticos y morales, de la justicia, de la realización integral del hombre, del respeto a sus derechos y dignidad. Así la República llegará a la unidad de los argentinos y a la total recuperación del ser nacional (Proclama del 24 de marzo de 1976).

Específicamente sobre la instrumentalización de las memorias roquistas hecha por la Junta Militar, es relevante cómo la propia denominación "Proceso de Reorganización Nacional" retomó explícitamente el período que desde la historiografía oficial se conoce como Organización Nacional —comprendido entre la derrota del régimen rosista en la Batalla de Caseros (1852) y el ascenso al poder de Julio A. Roca en 1880—, insinuando con ello que estaba entonces en marcha un proceso de restructuración y fortalecimiento de las instituciones estatales y de la sociedad con vistas a reconducir el país a los "tiempos áureos" de su consolidación: una vez más, un Estado militar recuperaba al gral. Roca como hito de la construcción nacional y padre simbólico de sus instituciones modernas.

Empero, fue sobre todo en el marco de los festejos del Centenario de la "Conquista del Desierto" marcados para junio de 1979 que esa correlación ganó su expresión más evidente. Según Vezub (2011), las fuerzas armadas buscaron en esa ocasión pensar las prácticas que acompañaron la expansión territorial del siglo XIX como un hito fundacional del mismo devenir que ellas clausuraban a fines del XX. Es decir, el gobierno *de facto* buscó vincular su Proceso de Reorganización Nacional a una percepción lineal de la historia que retomó como su antecedente lógico el proceso de estabilización del Estado Nacional llevado adelante por la Generación del 80. Eso en un momento en que las disputas fronterizas con Chile se habían reavivado y una fuerte campaña nacionalista animaba al país luego de la victoria argentina en el Campeonato Mundial de fútbol de 1978. Esto promovió un discurso celebratorio que, como señala

Trímboli (2013: 3), más que cultivar la figura de Roca, se interesaba por identificar la "Conquista del Desierto" con "una gloriosa y trascendente gesta de todos los argentinos".

De hecho, el plan de homenajes propuesto por el gobierno tuvo como uno de sus principales ejes la escenificación de los distintos actores que participaron en la "Conquista" —entre legisladores, militares, misioneros e indígenas— lo que se evidenció en la carta que el Ministerio del Interior envió a la provincia de Neuquén (elegida oficialmente como sede de las conmemoraciones) en octubre de 1978:

> dar a las celebraciones un carácter solemne, sobrio y austero que expresen el justo homenaje del país al legislador, al militar, al misionero, al colonizador, a la mujer, al aborigen, y a todos aquellos que con su visión, esfuerzo y sacrificio posibilitaron el logro de tan significativa epopeya (carta del Ministro del Interior gral. div. Albano E. Arguindeguy, citada por Azconegui, 2011: 4).

Para cumplir esos objetivos, las conmemoraciones contaron con dos ceremonias clave: la marcha de jinetes que salió de la ciudad bonaerense de Bahía Blanca hasta la confluencia de los ríos Limay y Neuquén, en la provincia de Río Negro —y que reproducía el camino de los expedicionarios de 1879—; y el acto nacional del 11 de junio de 1979, en esa misma localidad, con la presencia del presidente *de facto*, el gral. Jorge Videla (1976-1981). Allí, en el Parque del Centenario inaugurado para ese fin, se celebró una misa al aire libre y Videla, ante un público formado por representantes del gobierno federal y provincial, de autoridades eclesiásticas, civiles, militares y algunos pocos representantes de comunidades indígenas locales[52], emitió un discurso

---

[52] Sobre los indígenas, Azconegui (2011: 8) resalta que "la figura del indígena fue recuperada de manera instrumental para enaltecer los beneficios de 'la integración que les permitió acceder a la civilización y a la responsabilidad ciudadana'".

en la condición de único orador, en el que reforzó la visión positivista-militar ya largamente explorada por la historia oficial. El homenaje a los expedicionarios fue reforzado también por la llegada de los jinetes y la presencia de numerosos efectivos militares vestidos con uniformes típicos de la época de la "Conquista" portando pabellones usados por distintos regimientos de la historia del país.

Al igual que el discurso de Justo en la ceremonia de colocación de la piedra fundamental del monumento a Roca de Buenos Aires (1937), el gral. Videla subrayó en Neuquén los obstáculos al avance del Progreso y la Civilización con los cuales Roca se había enfrentado en su época, enfatizando la victoria sobre los "indios salvajes y extranjeros" como la gesta que había llevado el Orden a todo el territorio nacional. Con ello, tendió un puente en el que la lucha contra la "guerrilla apátrida" que había justificado el golpe de Estado de 1976 se convirtió en la nueva gesta necesaria para la aseveración de los intereses patrios. Como síntesis general, según Azconegui:

> Videla no se apartó de la visión militar instalada por la historia oficial y centró su recordación en el avance de la civilización. El énfasis en la importancia de este proceso fue reiterado cuando rescató el rol de los militares, los sacerdotes, los maestros, los colonizadores e incluso el de los propios indígenas. Más allá de mencionar el temor generado con sus ataques, la figura del indígena fue recuperada de manera instrumental para enaltecer los beneficios de "la integración que les permitió acceder a la civilización y a la responsabilidad ciudadana". Con respecto al presente, Videla asoció su régimen con los principios de la libertad, la moral y la justicia e instó a la ciudadanía a asumir su responsabilidad ineludible con la empresa encarada por el gobierno y apoyada por "aquellos que han antepuesto el interés general a sus conveniencias particulares" (Azconegui, 2011: 8).

A esa celebración que buscó escenificar y revivir simbólicamente hechos emblemáticos de la "Conquista" según la versión hegemónica de las FFAA se sumaron otras iniciativas en el ámbito escolar y académico, destacándose el Congreso Nacional de Historia sobre la "Conquista del Desierto" realizado en la localidad de General Roca (Río Negro)[53] y la reedición de una serie de publicaciones sobre la expedición militar, muchas de las cuales habían sido compiladas inicialmente por la Comisión Nacional del Monumento al Tte. Gral. Julio A. Roca en 1940. También se produjeron obras en el ámbito mediático, como películas y la publicación de suplementos periodísticos, entre los cuales el más relevante fue seguramente el suplemento especial de Clarín —un total de 56 páginas dedicadas al tema y organizadas en artículos encomendados a especialistas de distintos campos del saber que buscaron abarcar el acontecimiento en su totalidad cultural, económica e histórica[54]—. Finalmente, hubo una nueva política de homenajes públicos a la "Conquista del Desierto" y a Roca que involucraron desde una serie de cambios en la toponimia urbana hasta la inauguración en las principales ciudades del país de placas conmemorativas del Centenario.

En un balance general, las conmemoraciones de 1979 poco han agregado de informaciones nuevas a la visión hegemónica ya consolidada en las décadas del 1930 y 40 por la Comisión Nacional; más bien reprodujeron a través de una serie de analogías los relatos ya extensamente legitimados por la historia oficial dirigiéndolos a favor del discurso contrasubversivo que fundamentaba el régimen

---

[53] Actualmente denominada Fiske Menuko.
[54] Para más información sobre los contenidos tratados en el Congreso y la forma como diversos historiadores abordan el tema, véase Vezub (2011). Entre las películas, se destacaron el largometraje *De cara al cielo* (Enrique Dawi) y la miniserie televisiva *Fortín Quieto* (Roberto Denis). También se han publicado suplementos en los periódicos *La Nación*, *Clarín* y el número especial dedicado al tema por la revista *Todo es Historia*. Para información más detalladas sobre el suplemento de Clarín, indicamos la lectura de Trímboli (2013).

represor. Las condiciones específicas en que se ha dado la empresa monumental durante la década de 1930, en medio a la crisis económica y política de la Restauración Conservadora, determinó los aspectos de la vida pública de Roca que se anhelaba enaltecer: la ascensión militar rápida y una carrera considerada brillante; la "Conquista del Desierto" como hito civilizador responsable del desarrollo económico del país y la consolidación definitiva del territorio y unidad nacional; la pacificación interna y externa del país; el control en manos firmes de las tensiones sociales; la prosperidad nacional mediante el trabajo agrícola-ganadero.

Todos esos aspectos fueron retomados en mayor o menor grado en las conmemoraciones del Centenario de la "Conquista del Desierto" en 1979, insinuando con ello que hacia los años 1970 había en torno a Roca un amplio consenso dentro del imaginario social hegemónico respecto a su rol en la formación del Estado nacional en el siglo XIX y, también, de su lugar entre los grandes próceres de la nación. Empero, el propio carácter inaudito de la violencia desencadenada por el "Proceso" llevó a que esa imagen también se vinculara a una política represiva de Estado que se había fundamentado en el exterminio de todas las diferencias que pudieran presentarse como amenaza al orden nacional. El propio hecho de que Roca haya sido militar y presidente, y que las celebraciones más importantes que le hacen referencia hayan ocurrido en dos momentos en que las FFAA se configuraron como el principal grupo de poder en el interior del aparato político del Estado terminaron por vincular su figura inevitablemente a la imagen negativa que se empezó a construir en torno a los militares con la apertura democrática de 1983 —tema que será trabajado en el próximo capítulo—.

2

Hendiduras en la memoria oficial sobre el gral. Roca

Antecedentes y marcos de los cuestionamientos contra-monumentales (1979-1997)

Las estatuas y demás referencias memoriales ubicadas en los espacios urbanos no están aisladas de las memorias y valores que se han querido visibilizar u ocultar en determinado momento. Si la construcción de los monumentos a Roca en los años 1930 respondió directamente a los valores de una nacionalidad que se reivindicaba "blanca" y homogénea, su virtual remoción puede ser interpretada, entonces, como parte de un discurso que busca, contrariamente, reivindicar la diversidad (política, étnica, etc.) como espejo de una nación democrática.

En este capítulo nos proponemos entender qué elementos cambiaron en la sociedad argentina entre los años 1980 y 90 permitiendo tal cuestionamiento por parte de algunos sectores sociales (estudiantes, profesores, partidos de izquierda y militantes vinculados a los organismos de derechos humanos). Por ese motivo, nos hemos dedicado a reunir y explorar básicamente los tres factores que, en nuestra opinión, posibilitaron el surgimiento hacia 1997 de los diferentes pedidos y acciones por la retirada de los monumentos a Roca de Buenos Aires y Bariloche:

1) El desarrollo de un discurso anti-militar desarrollado terminada la dictadura que, al coincidir con las conmemoraciones oficiales de la "Conquista del Desierto", promovió una primera asociación entre los grupos indígenas dominados y los desaparecidos políticos de 1976-1983, a consecuencia del militarismo y terrorismo de Estado.

2) La consolidación del discurso de los derechos humanos desarrollado durante la transición democrática de 1983, impulsando:

2.a) El surgimiento de una nueva sensibilidad social hacia las categorías de *víctima* y de *violencia*;

2.b) La formalización de la categoría de los *desaparecidos* y la ulterior analogía entre *desaparición* e *invisibilización* social.

2.c) La vinculación entre *memoria* y *justicia* y, por consiguiente, la percepción de que era necesario realizar una revisión ampliada del pasado nacional.

2.d) La percepción ampliada de los espacios públicos como espacios legítimos del ejercicio de la memoria.

3) La consolidación de los pueblos indígenas como sujetos políticos y, consecuentemente, la mayor visibilidad de sus movilizaciones y reivindicaciones ante la opinión pública.

Por motivos únicamente analíticos, optamos por presentar estos tres factores por separado, de modo que en cada acápite se puedan recuperar con más detalle los debates específicos que cada uno de ellos ha generado en el país.

En el primer apartado, señalamos los primeros cuestionamientos públicos en contra de la "Conquista del Desierto" realizados aún durante la última dictadura, coincidiendo con el momento en que la figura de la víctima ha aparecido por primera vez como bisagra entre el discurso indigenista y el de los derechos humanos. Luego, en el acápite siguiente, recuperamos lo que fue la instauración de una *cultura de la memoria* [55] en Argentina a lo largo de las décadas del 1980 y 90 —proceso que, sostenemos, ha proporcionado los precedentes necesarios para que diversos grupos sociales buscasen entonces afirmar sus versiones y relatos del pasado en el espacio público—. Finalmente, revisamos en el tercer apartado algunas de las investigaciones que juzgamos relevantes en la actualidad acerca de la juridización del derecho indígena y de la emergencia del activismo político de esos pueblos en Argentina a partir de los años 1990, buscando desde allí comprender cómo, en sus logros y límites, esos procesos han creado las condiciones para que el relato hegemónico del roquismo comenzase a ser cuestionado por otro más centrado en la experiencia traumática de esa población.

Sin embargo, resaltamos que, en los hechos, la especificidad de las disputas en torno a los monumentos al gral. Roca reside justamente en las diversas intersecciones que, en mayor o menor grado, se han operado entre esos tres factores, las cuales se evidencian en los discursos, prácticas y actores involucrados en las mismas, como veremos en detalle en el tercer capítulo.

---

[55] Tomamos como referencia a Huyssen (2002), para quien las sociedades occidentales vienen experimentando desde la década del 1980 la emergencia de la memoria como una preocupación política y cultural central. Si bien ese fenómeno ha sido extensamente abordado en sus implicaciones culturales también por otros autores (Nora, 1984-1992, 1989; Ricoeur, 2004; Baudrillard, 1991, etc.), Huyssen nos interesa particularmente por el énfasis que su concepto de "culturas de la memoria" ha dado a la ambigüedad existente entre esa "obsesión memorialista" y un "intenso pánico público al olvido" (Huyssen, 2002: 22). El abordaje huysseniano articula ciertos fenómenos globales —el fracaso del proyecto iluminista, la transformación del Holocausto en un tropos universal y la mundialización del capital— de modo a entender lo global y lo local por detrás de las culturas de la memoria contemporáneas, resultando bastante pertinente al análisis que aquí proponemos. Para las especificidades adquiridas por esa cultura de la memoria en Argentina, tomaremos como referencia principal a Jelin (2002).

Primeros cuestionamientos a la "Conquista del Desierto"

El primer balance crítico de la "Conquista del Desierto" se realizó en el marco de las mismas conmemoraciones de 1979, cuando algunas voces disonantes lograron emerger públicamente. Entre ellas, recuperamos tres casos:

a) la homilía proferida por el cura salesiano Juan San Sebastián en la misa celebrada durante el acto central del 11 de junio en Neuquén;

b) la publicación del libro *Indios, ejército y fronteras* (1982) de David Viñas;

c) la publicación de la nota "Aborígenes: la memoria perdida" (1982) de Miguel Briantes en la edición inaugural de la revista *El Porteño*.

La misa de campaña del 11 de junio de 1979

La misa de campaña del 11 de junio de 1979 fue a pedido de la comisión organizadora de las festividades del Centenario en la ciudad de Neuquén, para acompañar el acto central en presencia del gral. Videla[56]. En específico, se buscaba con la misa aludir a la actuación histórica de la Congregación Salesiana en la expedición de 1879, cuando sacerdotes de esa orden acompañaron a los oficiales, instalándose en la actual provincia de Río Negro y centralizando desde entonces la evangelización de los grupos indígenas conquistados[57].

---

[56] Véase el acápite "Desdoblamientos de la empresa monumental" (Capítulo 1).

[57] Según Mases (2002), aunque la actuación de la Iglesia Católica en la "cuestión indígena" haya sido anterior a la "Conquista del Desierto" —en efecto, ya durante la década del 1870 el Arzobispo de Buenos Aires, Monseñor Aneiros, promovería en conjunto con la orden lazzarista una política evangelizadora entre las entonces consideradas "tribus amigas" de los caciques Catriel, Coliqueo, Railef y Melinao--, la llegada de los misioneros salesianos en 1874 y su participación en las sucesivas fases de la campaña militar implicó la mayor relación de la Iglesia con los grupos sometidos, a través, principalmente, de la formalización de colonias y reducciones. Según Azconegui

Empero, la actuación de los salesianos en la región a lo largo de los 100 años aludidos había cambiado mucho, especialmente durante las décadas 1960 y 70, época en que se ha moldeado por el posicionamiento político-religioso crítico del obispado de Jaime de Nevares (1961 a 1991), diferenciándose de la actuación de muchos de sus pares en otras provincias por una visión política alineada a las demandas populares y obreras, y por las constantes críticas a la actuación del empresariado local y, a la violencia policial-militar antes, incluso, de consumado el golpe de 1976.

Jaime de Nevares fue el primer obispo de Neuquén, y se transformó en una figura bastante carismática entre la población de esa región ya a fines de la década del 1960, cuando defendió abiertamente las huelgas obreras de El Chocón (1969), llegando inclusive a disponer en la ocasión que ningún sacerdote de su diócesis oficiase misa por la visita de las autoridades nacionales. Siempre atento al ejercicio de la justicia y el cumplimiento de los derechos humanos, participó de la fundación de la Asamblea Permanente por los Derechos Humanos (APDH) en diciembre de 1975, tres meses antes del golpe militar, la cual cumplió un rol importante en la denuncia de violaciones durante la dictadura. En los años de plomo, bajo su actuación la iglesia local funcionó como espacio de amparo a quienes se oponían al régimen, quedándose particularmente conocidas las marchas-procesiones que el orden salesiano organizó todos los años en conjunto con la filial neuquina de

---

(2001), hasta la creación de la diócesis de Neuquén en 1961 los salesianos fueron, en efecto, los únicos religiosos en la región y, por tanto, los encargados de la evangelización y educación de los indígenas, "un proyecto que si bien buscó la imposición de un modelo de 'homogeneización cultural', supuso también un reconocimiento de la humanidad del indígena en términos incluso de lograr un camino de igualdad ante la ley y la sociedad" (Azconegui, 2001: 9). Para más información sobre la actuación salesiana en la Patagonia a fines del siglo XIX e inicio del XX, leer Mases (2002) y Nicoletti (2007; 2008).

Madres de Plaza de Mayo[58]. Finalmente, una vez finalizada la dictadura en 1983, participó en la Comisión Nacional sobre la Desaparición de Personas (CONADEP) y desempeñó un importante papel en la búsqueda de información sobre los desaparecidos: una trayectoria particular que lo ha tornado un referente ético central en Neuquén no solo al interior del orden salesiano y entre los católicos, sino también al interior de los organismos obreros, indígenas y de derechos humanos.

Por eso, hacia 1979 la actuación salesiana en Neuquén se dirigía al progresivo reconocimiento del derecho ciudadano de los grupos indígenas locales, principalmente mapuche, los cuales formaban gran parte de los campesinos y obreros locales, y que hasta entonces eran prácticamente omitidos de los relatos oficiales sobre la formación de la provincia. De modo que la decisión del obispado neuquino de participar de la celebración se explica como forma de contribuir a otro relato posible sobre la "Conquista", en que la figura de los indígenas ganase ante las autoridades mayor profundidad histórica y social. Asimismo los sacerdotes salesianos vieron allí la posibilidad de demostrar públicamente su posicionamiento contrario a las políticas represivas institucionalizadas por la Junta Militar en 1976, lo que se evidenció en la elección del cura Juan San Sebastián, amigo y secretario personal de don Jaime de Nevares, para la celebración de la misa.

Según relató Azconegui (2001), reafirmando la postura social del trabajo misionero —que les habían permitido ser testigos de la trayectoria de marginación de la comunidad mapuche— los sacerdotes salesianos hicieron público en mayo de 1979 a través del diario *Río Negro* un comunicado en el que se declararon solidarios con las humillaciones históricas que este pueblo había sufrido en los últimos 100

---

[58] Para más información sobre la actuación de Jaime de Nevares durante la dictadura, véase Mombello (2003), Azconegui (2001; 2012), De Nevares (1990) y San Sebastián (1997).

años[59]. Como relató el mismo Juan San Sebastián en el libro biográfico que escribió sobre Jaime de Nevares (San Sebastián, 1997), la decisión de participar de la conmemoración castrense se dio, así, "en una reunión de presbiterio en la que se evaluaron las siguientes opciones: 'no estar presentes, como signo de nuestra protesta ante las vejaciones que sufrieron nuestros hermanos mapuches en estos 100 años, o estarlo y en la oración decir nuestra verdad'" (San Sebastián *apud*. Azconegui, 2001: 11). De modo que los religiosos optaron por utilizar la oportunidad dada por la Comisión Provincial de Homenaje a la "Conquista del Desierto" para rezar, en la condición de iguales, por todos los fallecidos en la campaña, fuesen ellos soldados, civiles o indígenas:

> De la oración enunciada por el padre Juan San Sebastián sobresale, en comparación con las palabras del general Videla, el pedido de perdón a Dios por "habernos enfrentado los argentinos, utilizando la violencia anticristiana, el secuestro, el asesinato, la tortura, el odio, ignorando el mensaje de amor y de perdón; por haber marginado en estos cien años a los nativos de estas tierras" y el deseo de "que nunca más los argentinos derramen su sangre en enfrentamientos fratricidas[60]" (Azconegui, 2001: 11).

Allí fue donde, tal vez por primera vez, se mezclaron intencionalmente las figuras de las víctimas del pasado y del presente (los indígenas y los disidentes políticos) bajo un mismo signo de violencia estatal, revelando la emergencia de una disconformidad social con el régimen militar que ni el mundial de fútbol de 1978 o el entonces eminente conflicto con Chile (y el arrobo nacionalista que ambos presupusieron) habían logrado acallar.

---

[59] No logramos acceder a esa publicación, de modo que aquí tomamos los lineamientos generales de Azconegui (2001).
[60] Citas recuperadas por Azconegui de una nota publicada en el diario *Río Negro* al día siguiente de la misa de campaña, el 12 de julio de 1979.

Está claro que el paralelo entre indígenas y desaparecidos políticos no era una opinión generalizada; por el contrario, consideramos el posicionamiento de los salesianos neuquinos una excepción[61] que se explica en gran parte por las propias particularidades históricas que la provincialización de Neuquén había tomado apenas dos décadas antes[62]. Allí, el peronismo —proscripto nacionalmente en 1955— logró consolidarse como tendencia política hegemónica a través del partido provincial Movimiento Popular Neuquino (MPN), que desde su formalización había buscado conciliar el sentimiento de pertenencia local con los principios políticos del justicialismo (Mombello & Nicoletti, 2005); eso los ha llevado a sostener un relato colectivo anclado en la masa trabajadora que coincidió con la entrada de don Jaime de Nevares al comando de la diócesis neuquina, llevando la cuestión social a centrarse sobremanera en las "clases indefensas", los pobres y marginados, entre los cuales estaba gran parte de la población campesina y los aborígenes.

Asimismo, al subrayar lo que denominó de "carácter fratricida" de la campaña militar de 1878, la homilía descartaba los argumentos que a menudo han justificado la violencia desplegada en la "Conquista del Desierto" como un "mal necesario"[63]. Es decir, San Sebastián cuestionaba la

---

[61] Vale recordar que la postura asumida por los salesianos de Neuquén no estuvo enmarcada por un consenso al interior de la Iglesia Católica. Como señaló Mombello & Nicoletti (2005: 52): "Para la época de la dictadura, la Iglesia nacional y su jerarquía tuvo dentro de su seno posturas enfrentadas y por lo tanto acciones dispares. La división consistió entre quienes hicieron oídos sordos a los reclamos de los familiares de desaparecidos por la dictadura e incluso también quienes avalaron estas violaciones, hasta aquellos que fieles a las enseñanzas del Evangelio y el Concilio salieron en defensa de estas situaciones violatorias de los derechos más básicos, entre ellos estaba el Obispo de Nevares".

[62] Antes Territorio Nacional, Neuquén se constituyó como Provincia en 1955 por la ley nacional N°14.408.

[63] En la introducción mencionamos que la estrategia desplegada por Roca en la Patagonia no fue consensuada, el propio Alsina habiendo evitado una guerra frontal con los indígenas durante su actuación como Ministro de

idea presente en el propio discurso del gral. Videla de que los indígenas mapuche habían sido invasores "extranjeros" derrotados en la defensa épica del territorio nacional[64]; por el contrario, al tomarlos como "hermanos", terminó por crear un *corpus* único de víctimas que pretendía aludir también a la persecución realizada por las fuerzas armadas a los militantes políticos en el momento presente.

Viñas y la publicación de *Indios, ejército y fronteras* (1982)

La publicación de *Indios, ejército y fronteras* (1982) de David Viñas también corroboró, en el campo historiográfico, la tendencia revisionista insinuada por los salesianos neuquinos. Animado por la ola historicista que devino de las conmemoraciones del Centenario de la "Conquista del Desierto", el autor elaboró lo que ha denominado "un polémico *collage*", donde cuestionó las versiones apologéticas de la expedición militar de 1879 y, por ende, del propio gral. Roca tal como se habían diseminado hacia los años 1930 y luego en las conmemoraciones de 1979. Sobre todo, Viñas ha buscado identificar históricamente la "Conquista" y la "República Conservadora" por ella inaugurada con los orígenes de un orden político fundamentado en el acuerdo tácito entre ejército y oligarquía nacional,

> que si en 1930 logra de por sí una equívoca reaparición de 10 años, hoy, después de 1 siglo, se obstina en prolongar —con una creciente dureza que se lee en el envés de su trama triunfalista— un circuito que ya evidenció sus aportes más fecundos, su eficacia si se quiere, pero cada vez más sus límites,

---

Guerra y Marina. Para más información sobre el debate ocurrido en el Congreso de la Nación antes de la aprobación de la "Conquista", véase Mases (2002); Lenton (1997, 2005).

64 Véase el acápite "Desdoblamientos de la empresa monumental" (Capítulo 1).

su agotamiento y sus categóricas contradicciones. Entre las que se destaca, precisamente, su crispada acción represiva (Viñas, [1982] 2013: 15).

Viñas escribió este texto desde el exilio en México tras haber vivido desde 1976 en distintos países de Europa y acompañar de lejos las noticias sobre la desaparición de sus dos hijos a manos de la represión. Empero, si lo trágico de ese recorrido personal lo ha impelido, de cierta forma, a buscar en lo que él denominó "positivismo militar" decimonónico las claves del autoritarismo que había culminado en la más violenta dictadura del país, es a su trayectoria profesional anterior, marcada por la colaboración en la revista *Contorno*[65] y por una amplia producción ensayística revisionista, que debemos acreditar la mirada crítica disonante que destacó *Indios, ejército y fronteras* de los artículos sobre

---

[65] La revista Contorno fue fundada y dirigida por el hermano de David Viñas, Ismael, habiéndose publicado 10 números entre 1953 y 1959. De temática cultural-literaria, congregó a jóvenes intelectuales de izquierda que defendían allí una literatura nacional comprometida políticamente. Tomando el texto "¿Qué es la literatura?" de Jean-Paul Sartre como punta de partida, los colaboradores de Contorno sostenían, así, la necesidad de pensar la sociedad a partir de la situación histórica del presente; eso los ha llevado a revisar críticamente el pasado nacional tal como se presentaba en el pensamiento político liberal, bien como a cuestionar la postura universalista de la revista Sur de Victoria Ocampo y, más específicamente, de escritores como Jorge Luis Borges y Eduardo Mallea. Ambas tendencias críticas estuvieron presentes en la producción de ensayos y novelas de David Viñas desde 1955, cuando publicó su primera novela, *Cayó sobre su rostro* —que, coincidentemente, ha tenido como escenario histórico el proceso de organización del Estado Nacional sobre la primera presidencia del gral. Julio A. Roca—. Sobre la revista *Contorno* y la actuación profesional de Viñas en esa época, recomendamos las lecturas de Croce (1996), Roca Escalante (1999; 2007), Candiano & Peralta (2011).

la "Conquista" publicados en los suplementos conmemorativos de *Clarín*, *La Nación* y en el Congreso Nacional de Historia de la "Conquista del Desierto" en julio de 1979[66].

Ante la insistencia oficial de seguir estructurando el análisis histórico de la "Conquista" alrededor de la supuesta tensión entre un "nosotros" nacional y un "ellos" extranjerizante y desestabilizador, Viñas ha decidido indagar los hechos históricos de 1879 a la vez como etapa final del proceso de incorporación territorial iniciado con la conquista española y como genealogía probable de las prácticas de exterminio, silenciamientos, olvidos y "exilios político-culturales" (Bracamonte, 2003: s/p) que habían enmarcado de forma tan emblemática el pasado reciente.

El autor sostuvo que la última dictadura militar correspondía, así, a la insistente continuidad de una estructura política originada con Roca a fines del siglo XIX por medio de la cual las fuerzas armadas se construyeron como principal grupo de poder en el interior del Estado. De modo que ante a la violencia represiva del gobierno militar hacia 1979 los historiadores deberían indagar sobre aquel *otro* proceso violento que seguía siendo silenciado por la historia oficial:

> me animo a insistir: ¿por qué no se habla de los indios en la Argentina? ¿Y de su sexo? ¿Qué implica que se los desplace hacia la franja de la etnología, del folclore o, más lastimosamente, a la del turismo o de las secciones periodísticas de *faits divers*? Por todo eso me empecino en preguntar: ¿no tenían voz los indios? ¿O su sexo era una enfermedad? ¿Y la enfermedad su silencio? Se trataría, paradójicamente, ¿del discurso del silencio? O, quizá, los indios ¿fueron los *desaparecidos* de 1879? (Viñas, 1982/2013: 16).

---

[66] Tratamos resumidamente sobre ese tema en el acápite "Desdoblamientos de la empresa monumental" (Capítulo 1). Para información más detallada de los contenidos en los suplementos de periódico publicados en 1979, recomendamos la lectura de Trímboli (2013); sobre el Congreso Nacional de Historia de la "Conquista del Desierto", véase Vezub (2011).

Es decir, el silencio sobre los indígenas observado en la producción historiográfica contemporánea a Viñas replicaba la vieja concepción decimonónica del "desierto" en tanto espacio despoblado y salvaje, lo que evidenciaba la vigencia aún en los años 70 de la misma racionalidad positivista que durante el siglo anterior había dividido la sociedad según la fórmula *sarmientiana* de civilización o barbarie y que, reproducía en contra de los críticos del régimen militar la misma respuesta implacable que Roca, un siglo antes, había dado a los pueblos que habitaban las llanuras pampeanas y patagónicas.

Indios, ejército y fronteras es, en ese sentido, un intento de exponer los fundamentos del positivismo de Roca y sus principales estrategias (el monopolio de las tierras expropiadas a los indígenas, la fuerte centralización política, el discurso de homogeneización racial, la sintonización nacional con los ritos del capitalismo mundial, etc.) para comprender, en el presente, las líneas de continuidad entre la Argentina oligárquica y el "Proceso de Reorganización Nacional". Siendo así, como ha sostenido la historiografía oficial sobre el período, que la "Conquista" significó la indudable inserción de la Argentina en el concierto capitalista internacional, consolidando definitivamente la soberanía nacional, para Viñas ello también ha logrado, internamente, consagrar una nueva racionalidad política fundamentada en la homogeneidad ideológica y "promovida por la liquidación de lo que se consideraba el 'enemigo prioritario'" (Viñas, 1982/2013: 100) que, resguardadas las especificidades de cada época, caracterizó la historia moderna de Argentina hasta fines de los 1970.

A pesar de las duras críticas que la obra ha sufrido sobre todo de parte de historiadores oficialistas y liberales que juzgaron el análisis comparativo de Viñas anacrónico y simplista, para Vezub (2011) allí el autor tan sólo respondió a una analogía similar ya explorada por las propias fuerzas armadas, quienes reivindicaban para sí el papel histórico de consolidación y mantenimiento del Estado-nación ante aquellos grupos que, en su concepción, amenazaban la unidad nacional -hayan sido ellos malones indígenas o militantes "subversivos".

"Aborígenes: la memoria perdida" (1982), de Miguel Briante

Específicamente en el caso indígena, el solo hecho de que las conmemoraciones oficiales del 1979 hayan ocurrido en medio de la más violenta dictadura del país favoreció la identificación entre los derrotados de 1879 con los muertos y desaparecidos de 1976-1983 —una asociación que ganaría nuevas contribuciones gracias a los reclamos por los derechos humanos de las décadas siguientes—. Asimismo el avance de las conferencias internacionales encabezadas por pueblos indígenas aún durante los 1970 e inicio de los 80[67] contribuyó a que la situación social de esas poblaciones en Argentina volviera a discutirse, aunque tímidamente, en los medios de comunicación e institutos de investigación nacionales. Un ejemplo interesante de ello ha sido la publicación en enero de 1982 de la primera edición de la revista *El Porteño*, cuya nota de tapa intitulada "Aborígenes: la memoria perdida" se dedicó a los pueblos indígenas del Chaco.

Sirviéndose de entrevistas y de una cuidadosa descripción de sus costumbres, el autor Miguel Briante se preocupó por distinguir a los pueblos por él visitados —"matacos"

---

[67] Trataremos este tema en el acápite "El lugar de los indígenas en el espacio público democrático" en este capítulo. Por ahora, nombramos las principales conferencias ocurridas en ese período: I Declaración de Barbados (1971), Primer Parlamento Indígena de Sudamérica (1974), Consejo Mundial de Pueblos Indios (1975), II Declaración de Barbados (1977), II Conferencia Mundial de Pueblos Indígenas (1977), Consejo Indio de Sudamérica (1980) y III Conferencia Mundial de Pueblos Indígenas (1981).

(Wichí), "tobas" (Qom) y Mocoví[68]— de modo que buscaba marcar claramente las diferencias étnicas entre ellos y romper, en cierto grado, el imaginario homogeneizador a que esas poblaciones solían estar sometidas. A la vez, les incluyó en un marco general de precarización laboral, marginalidad social y, sobre todo, de "pérdida cultural" que aquí nos interesa discutir.

"Las tres tribus que sobrevivieron en El Chaco tienden de la misma manera a enterrar la memoria de otros días, los felices y los trágicos" (Briante, 1982: 11). Con esa sentencia inicial, el autor ha desarrollado una línea argumentativa que vinculó directamente la "Conquista del Chaco" (1884)[69] y la evangelización anglicana subsiguiente a una supuesta pérdida de la memoria ancestral, de la cosmogonía y de los ritos propios a esos pueblos. Decimos "supuesta" pues el mismo Briante (1982: 49) reconoció en el texto que la recusa de los entrevistados a hablar de sus tradiciones podría ser una forma de resistencia cultural: "la memoria puede estar dormida, nada más".

Que la cuestión indígena en el norte del país fuera elegida para el estreno en el mercado editorial, aún en dictadura, de esa revista crítica, orientada a temas sensibles de la reciente realidad nacional (la desaparición de niños, la actuación de las Madres de Plaza de Mayo, ecología, homosexualidad, entre otros temas-tabúes), levanta una serie de preguntas. El simple hecho de que se haya elegido como imagen de tapa la foto de un habitante del impenetrable

---

[68] Una vez que los pueblos indígenas a quienes antes se solía referir como matacos y tobas se autodenominan Wichí y Qom, respectivamente, optamos aquí por mantener entre comillas las denominaciones originales de la nota en *El Porteño* y, entre paréntesis, los nombres apropiados.

[69] La "Conquista del Chaco" de 1884 fue dirigida por el gral. Benjamín Victorica, ministro de Guerra y Marina del presidente Julio A. Roca (primer mandato), según una justificativa y una lógica operativa similar a la empleada por Roca anteriormente en las regiones pampeana y patagónica.

chaqueño, la expresión cansada, mirando a lo lejos, contrasta con el imaginario popular sobre la figura "del porteño". ¿Qué es lo que se quería decir?

Por un lado, se evocaba con esa imagen a un "otro porteño", es decir, a aquellos que no se veían, que habían sido desaparecidos de la historia oficial, o forzados al exilio (el impenetrable chaqueño era, así, él también una metáfora potente). Como la homilía de San Sebastián y el ensayo de Viñas, nos inclinamos a interpretar esa iniciativa como parte de una estrategia crítica que buscó en la figura de los indígenas derrotados en las campañas militares las huellas de una política estatal de silenciamientos y olvidos. Los indígenas fueron tomados, así, no solamente en su problemática específica, sino como especie de metáfora posible de la intolerancia civil y militar, en el pasado y en el presente, hacia los "diferentes" a quienes se negaba, inclusive, el derecho a la memoria. También, muy posiblemente, simbolizaron el anhelo metafórico de mejores días futuros, en que lo invisible y el silencio se romperían, cobrando su espacio en la sociedad argentina.

*

Aunque los tres casos citados puedan ser interpretados como críticas puntuales a la lógica violenta y autoritaria que caracterizó tanto la cuestión indígena decimonónica como la dictadura militar de los 1970, puesto que su alcance fue bastante restringido —la homilía de San Sebastián fue solamente citada en los periódicos locales de Río Negro y en *La Nación*, pero sin que se despertasen mayores polémicas; el libro de Viñas se lanzó en el país a finales de 1983 y; la primera edición de *El Porteño* vendió tres mil (de los cinco) de su tirada inicial[70]— sin duda, todos ellos anticiparon algunos de los argumentos antimilitaristas que ganarían un coro más amplio a partir de junio de 1982 tras la sorpresiva derrota de las fuerzas armadas en Malvinas.

---

[70] Información de Coca (2014).

La euforia nacionalista lograda con el anuncio de la ocupación militar de las Islas en abril de ese año había encubierto parte expresiva de las protestas sociales vigentes por la democratización del país; en efecto, en los meses en que duró la guerra, la atención general se había volcado hacia los medios que mejor apelasen al nacionalismo exacerbado y al discurso triunfalista, enmascarando con ello la realidad detrás del conflicto. Por consiguiente, la derrota ha sido recibida con sorpresa y frustración, no habiendo tardado mucho en transformarse en un fuerte sentimiento de repudio a los militares (Burkart, 2013)[71]. En medio del descrédito, los desentendimientos al interior de la propia Junta Militar llevaron a su fractura; ante la crisis institucional y política del régimen militar y el consecuente proceso de transición democrática que se consumó a fines de 1983, se abrieron paulatinamente nuevas perspectivas y opiniones respecto del pasado reciente, en las cuales los organismos de derechos humanos y el problema de la memoria —qué recordar de ese pasado y cómo hacerlo— desempeñaron un rol cada vez más central.

Considerando que la memoria no opera como registro espontáneo del pasado, sino a través de marcos coyunturales que permiten su recuperación en el presente (Jelin, 2002), veremos ahora cómo el nuevo horizonte democrático abierto en 1983 profundizó la reivindicación de otros relatos posibles sobre el pasado que incluyeran gradualmente a los indígenas vencidos como grupo social perteneciente a la nación.

---

[71] Según Burkart (2013: 16), un sentimiento que "se vio alimentado por el "descubrimiento" de la manipulación informativa durante la guerra y las pésimas condiciones en las que habían tenido que combatir y sobrevivir los soldados argentinos en las Islas".

Los organismos de Derechos Humanos y el proceso de revisión ampliada del pasado nacional

Cuando se inició la transición democrática en 1983, la refundación del Estado de derecho en Argentina condujo a la cuestión de los derechos humanos (y su violación sistemática durante los años de dictadura) al centro del debate político. Eso significaba no sólo la refundación del pacto político anterior a la dictadura, sino la reconstrucción de los lazos sociales, políticos y culturales que remitían a la relación misma entre la sociedad y el Estado, y que habían sido duramente afectados por el "Proceso" (Feierstein, 2007; Funes, 2001). Para ello, se llevó a cabo un "ajuste de cuentas" con el pasado, lo cual tuvo en la Comisión Nacional sobre la Desaparición de Personas – CONADEP (1983), el subsiguiente informe *Nunca Más* (1984) y en el Juicio a las Juntas Militares (1985) sus hitos fundacionales.

La pronta respuesta institucional a los reclamos encabezados por los organismos de derechos humanos (principalmente aquellos que se vinculaban a familiares de detenidos-desaparecidos y víctimas sobrevivientes de la dictadura) ha estrechado la asociación entre democracia, memoria, derechos humanos y justicia transicional en el país, produciendo una novedosa formación de la memoria pública focalizada en las modalidades de violencia producidas desde el Estado en contra de sus propios ciudadanos (Vezzetti, 2007; Crenzel, 2008; Jelin, 2002). En los relatos del pasado de allí derivados, la figura de la "víctima" y, en especial, del "desaparecido" ganaron centralidad y pasaron a dictar los nuevos parámetros de interpretación jurídica y social de la violencia producida por regímenes autoritarios (Jelin, 2012).

Por ende, lo que antes se entendía como represión a los "perdedores" de enfrentamientos políticos fue convirtiéndose, de a poco, en crimen de "violación a los derechos humanos" (Jelin, 2012), un cambio que, si bien afectó primeramente al conjunto de víctimas del terrorismo de

Estado, abriría los precedentes para la apelación a la justicia en campos variados como son, por ejemplo, la previsión social, la violencia doméstica, las cuestiones ambientales, etc. La vía judicial pasó, así, a ser aplicada a casos que antes se solía interpretar en clave de conflictos y negociación política:

> La idea de que si se violan derechos, uno tiene una instancia específica a la cual recurrir es un producto cultural en cuya construcción los juicios por las violaciones a los derechos humanos durante la dictadura han jugado un papel central. En ese sentido, el acercamiento a la justicia comenzó a instalarse como uno de los campos donde se construye y ejerce la ciudadanía. Este es un aporte de los juicios de los años 1980 a la democracia, más allá del hecho específico de que se hayan juzgado y condenado a personas por esos crímenes (Jelin, 2012: 9).

Habrá que recordar, sin embargo, que históricamente esa consolidación y la posterior extensión del paradigma de los derechos humanos a actores no vinculados necesariamente al terrorismo de Estado de los 1970 se relacionó a las propias idas y vueltas que caracterizaron el afianzamiento de la democracia en el país.

Pese a la pronta actuación de la justicia transicional en el gobierno de Raúl Alfonsín (1983-1989), durante la década del 1980 el rol del Estado frente a las demandas por "Memoria, Verdad y Justicia" se ha caracterizado sobre todo por una ambigüedad que se explica por el propio juego de fuerzas entre militares (y los sectores de la sociedad civil que habían apoyado el régimen dictatorial) y el gobierno democráticamente elegido —tensión que se reflejó claramente en las leyes de Obediencia Debida (1986) y Punto Final (1987), aprobadas poco tiempo después de los juicios a la Junta Militar—. Una tendencia institucional al olvido que ganó nuevo impulso en los años siguientes, cuando Carlos

Menem (1989-1999) impartió por decreto los indultos que han beneficiado, además de civiles y militares, a los miembros de la Junta Militar condenados en 1985.

Ante la incertidumbre de nuevos avances en el campo de la justicia transicional no sorprende, en efecto, que del lado de la militancia organizada en torno a los derechos humanos se haya potenciado la reafirmación de la memoria como modo particular de resistencia de la sociedad civil[72]. Y en la medida en que eso se dio a la par de la profundización de las reformas de carácter neoliberal en el país, con el consecuente agravamiento de la pobreza y de las tensiones sociales en las ciudades y en el campo, se ha ampliado entre los críticos del gobierno la percepción de que

> la impunidad pretendida por la dictadura, y lograda según esta versión debido a la amnistía de 1990, es comparable con la impunidad del orden económico neoliberal que en los últimos años ha destruido no solamente a la clase media argentina, sino que ha producido desempleo y pobreza en una escala que ahora está desafiando la propia estructura del país. En esta perspectiva, la visión de la dictadura no es sino un primer paso necesario para llevar el neoliberalismo al poder y someter Argentina (y América Latina) a las nuevas reglas de la globalización (Huyssen, 2004:7).

En nuestra opinión, ese panorama político y económico particular —las idas y vueltas que caracterizaron la justicia de transición durante los años 80, la privatización de empresas estatales, las dimisiones masivas, etc.— favoreció la identificación ampliada de las víctimas del terrorismo de Estado con los marginados y las clases populares más duramente afectadas por el avance neoliberal. De modo que el restablecimiento del Estado de derecho se acompañaría

---

[72] Nos referimos en especial a la militancia centrada en las Madres de Plaza de Mayo (desde 1986 divididas en Asociación y Línea Fundadora) y Abuelas de Plaza de Mayo, para quienes las cuentas con el pasado estaban lejos de saldarse.

de nuevos acercamientos hacia el pasado nacional, en los cuales distintas colectividades, como los organismos indígenas, los afrodescendientes, los militantes homosexuales, el movimiento feminista, etc., también pasarían a reevaluar la experiencia represiva de la última dictadura, resaltando a través de ella las opresiones que ellos también habían sufrido en el pasado, y que seguían superando en el presente. Específicamente en el caso de las comunidades indígenas, eso estimuló la revisión colectiva de pasados aún más lejanos en el tiempo, como fue la "desaparición" física y cultural impuesta a esas poblaciones durante el siglo XIX.

En ese marco, es pertinente recordar que también la decisión tomada por algunos intelectuales y juristas de aplicar la noción de genocidio para tratar de los crímenes cometidos por el Estado argentino entre 1976 y 1983 impulsó nuevas críticas a la "Conquista del Desierto" por parte de las poblaciones indígenas y de indigenistas.

Si bien la caracterización de la dictadura como genocidio apareció por primera vez en 1977 en las denuncias realizadas por la Comisión Argentina de Derechos Humanos (CADHU), el término empezó a popularizarse entre los organismos de derechos humanos y por diversos juristas primero en 1985, cuando el abogado Eduardo Barcesat sugirió en el Juicio a las Juntas que los militares se juzgaran por crimen de genocidio. Aunque la propuesta haya sido rechazada en esa época, la noción de genocidio aplicada a la dictadura, sobre todo en lo que se refirió al secuestro de niños y niñas, siguió fortaleciéndose hasta que en 2006, en el juicio a Miguel Etchecolatz por casos relacionados con detenidos-desaparecidos, el Tribunal Federal N° 1 de La Plata utilizó la figura del genocidio para condenar las acciones realizadas por ese policía en nombre del Estado durante el Proceso de Reorganización Nacional[73].

---

[73] Las contribuciones teóricas más importantes al debate vendrían, sin embargo, de Feierstein (2007), quien analizó el genocidio moderno en cuanto práctica social tendiente a la destrucción y, sobre todo, restructuración de

Una vez que los procesos de negativización, aislamiento, destrucción de relaciones sociales y eliminación simbólica y física que caracterizan la noción moderna de genocidio pueden ser aplicados, resguardadas las especificidades históricas, tanto a las campañas militares del siglo XIX como a la situación de vida actual de muchos pueblos indígenas habitantes del territorio argentino, era una cuestión de tiempo para que esa noción se tornase una herramienta de denuncia social también al interior de los movimientos indígenas. En ese sentido, el antropólogo Carlos Masotta (2006) subraya que la noción de genocidio pasó a operar de a poco como bisagra entre el discurso indigenista y el de los derechos humanos, explicando en gran medida los razonamientos en contra de los monumentos a Roca a partir de 1997.

*

La progresiva apropiación del discurso de los derechos humanos por vastos sectores sociales indicó, así, no sólo el éxito de las consignas traídas por esos organismos al sentido común; también señala la generalización de una *cultura de la memoria* (y, por consiguiente, de los procesos de revisión del pasado) entre grupos sociales antes marginados de la participación en el ámbito ciudadano (Jelin, 2005; Schindel, 2011). Un proceso que, entre otros logros, diseminó en los espacios públicos urbanos una serie de estrategias y prácticas de *memorialización*[74] dedicadas ya no solo a las

---

las relaciones sociales hegemónicas mediante distintos mecanismos, entre los cuales se destacaron: a) la construcción de un "otro negativo"; b) el aislamiento social de ese "otro" mediante, principalmente, el dispositivo del campo de concentración; c) su negación hasta el punto límite de la desaparición física y simbólica.

[74] Según Schindel la práctica de memorialización se distingue del ejercicio de la memoria pues "implica un impulso activo y una voluntad de incidencia política y, a diferencia de la memoria -acto que puede ser privado-, integra lo que Hannah Arendt denomina "el ámbito de la acción": iniciativas que ponen algo en movimiento en la esfera pública y cuyos efectos, impredecibles e irreversibles, crean las condiciones para la historia futura" (Schindel, 2009a: 66)

víctimas y desaparecidos de la última dictadura militar, sino además a casos variados de violencia policial ocurridos ya en democracia[75].

De las protestas callejeras a los espacios institucionalizados, la actuación de los organismos de derechos humanos parece haber abierto así los precedentes necesarios para que otros grupos sociales buscasen legitimar sus propios reclamos, relatos del pasado, traumas y "víctimas ausentes" en las calles de las ciudades[76]. Es decir, la sensibilización social hacia la cuestión de los derechos humanos en Argentina comenzó a generalizar la idea de que esos crímenes repercuten en toda la sociedad y son, por tanto, un problema de todos (Lenton, 2012). Con ello, grupos sociales históricamente invisibilizados, como son, entre otros, los indígenas, pasaron a contar con la relativa atención de los medios de comunicación y de la opinión pública en general.

---

[75] Entre los que podemos nombrar: las incontables pintadas anónimas exigiendo la aparición de Marita Verón y Luciano Arruga; las marchas por el asesinato de Mariano Ferreyra; el reciente renombramiento de la Estación de Tren Avellaneda por Darío Santillán y Maximiliano Kosteki (2013), todas ellas personas que han desaparecido o fueron asesinadas en contextos bastante variados. Marita Verón desapareció en San Miguel de Tucumán en 2002, en un probable caso de trata de mujeres; Luciano Arruga, un joven de 16 años, desapareció en la Gran Buenos Aires en 2009 bajo la sospecha de "gatillo fácil" -su cuerpo fue encontrado recién en 2014 en el Cementerio de Chacarita, donde fue enterrado como N.N; Mariano Ferreyra, un joven militante del Partido Obrero, murió tras ser baleado por una patota de la Unión Ferroviaria en una protesta por la reincorporación de trabajadores tercerizados del Ferrocarril Roca, en Buenos Aires. Finalmente, Darío Santillán y Maximiliano Kosteki murieron en la represión policial conocida como "Masacre de Avellaneda" en el 2002, mientras realizaban un piquete sobre el puente Pueyrredón, tornándose luego uno de los principales símbolos populares del movimiento piquetero en el país.

[76] Para ilustrar la amplia difusión de esa *cultura de la memoria* entre la población argentina, vale citar también la revisión propuesta por las organizaciones pro militares que hoy se agrupan tras la consigna de la "memoria completa", valiéndose de un lenguaje y modo de actuación en los espacios públicos bastante similar a aquello inaugurado por las organizaciones de derechos humanos.

El lugar de los indígenas en el espacio público democrático

En Argentina los últimos 30 años se han caracterizado por la progresiva consolidación de los pueblos indígenas como sujetos políticos. Desde una perspectiva general, este fenómeno se enmarca en las modernas reivindicaciones por inclusión y participación en la esfera pública de las sociedades occidentales (Taylor 1999, 2000; Honneth, 2003; Fraser, 2000). Es decir, si en la modernidad la cuestión de la ciudadanía se había construido sobre la idea de la universalización de derechos garantizados por el Estado, para estos autores los movimientos sociales pasaron a acoger progresivamente a partir de los años 1960 nuevas exigencias en las cuales la noción de *diferencia* —étnica, cultural, de género, etc.—, así como su necesario reconocimiento por el Estado, pautarían cada vez más las agendas políticas nacionales.

Desde una perspectiva local, la progresiva politización del sujeto indígena en Argentina debe ser entendida en los vínculos que ha establecido tanto con la consolidación del discurso potente de los derechos humanos luego de la transición democrática, como con el recrudecimiento de las políticas neoliberales ocurrido en la misma época. En otras palabras, al mismo tiempo que el país retornó al concierto de las naciones democráticas se presionó al gobierno a ratificar una serie de normas internacionales que tenían a las culturas indígenas como destinatarios, sin embargo, la recesión económica de los años 1980 llevaría en la década siguiente a su adscripción fiel a las fórmulas del Consenso de Washington (1990), dictando en los hechos una relación desequilibrada entre los derechos aseverados a la población indígena en el cuerpo legal y una práctica cotidiana enmarcada por despojos y violencia.

Respetando los límites analíticos propuestos en ese trabajo, nos dedicaremos aquí a pensar brevemente las perspectivas global y local, enfatizando en cada una los aspectos que, en nuestra interpretación, nos ayudaron a problematizar el activismo indígena argentino contemporáneo y, por ende, a comprender su influencia en el conflicto articulado alrededor de los monumentos al gral. Roca.

Marco general

Los años 1980 y 90 se caracterizaron en América Latina y el Caribe por importantes transformaciones en el escenario general de las luchas indígenas, las cuales se diferenciaron de movimientos gestados anteriormente por esos pueblos al enmarcarse en lo que se dio en llamar una tendencia internacional de "juridización del derecho indígena" (Carrasco, 1997, 2002; Assies, 2004; Briones, 2005; Leone Jouanny, 2013)[77].

En términos institucionales, ese proceso ocurrió en el marco de una política de reconocimiento de las diferencias culturales centrada en las Naciones Unidas que tuvo entre sus principales hitos la aprobación del Convenio 169 de la OIT en 1989[78] y la preparación en 1994 del Borrador de la Declaración Universal de los Derechos Indígenas (aprobada definitivamente en 2007), un conjunto normativo que, entre otros puntos, dictó en escala planetaria las directrices de inserción del derecho consuetudinario indígena al interior de los cuerpos legales específicos de los países signatarios.

---

[77] Entendemos la juridización del derecho indígena como la conversión de las reivindicaciones indígenas —principalmente aquellas vinculadas al mantenimiento de territorios ancestrales, costumbres y tradiciones— en reclamos legales contenidos en reformas constitucionales y propuestas legislativas (Carrasco, 1997).

[78] El Convenio 169 aportó algunos conceptos fundamentales que enmarcarían las relaciones entre Estado nacional y pueblos indígenas en diversos países latinoamericanos de allí en adelante, como el criterio de la autoidentificación para la determinación de los grupos sobre los que debe tener alcance la legislación específica; la diferenciación entre *poblaciones* y *pueblos* indígenas; la definición de *territorio indígena* y la legitimación del correspondiente derecho de uso y administración sobre el mismo; finalmente, la necesidad de participación directa de los pueblos indígenas en los problemas y asuntos que los atañen (Mombello, 2002; Lenton & Lorenzetti, 2005).

En cierto sentido, el establecimiento de esa agenda multilateral respondió a los esfuerzos empezados a mediados de los años 1960 por pueblos originarios y grupos indigenistas latinoamericanos, quienes entablaron a lo largo de esa década una serie de conferencias y consejos internacionales (véase el Cuadro 1 del Anexo) con el objetivo de exponer y debatir la situación de miseria, discriminación racial y violencia sufrida por esa población.

Por otro lado, si bien el Convenio 169 de la OIT parece haber respondido positivamente a movilizaciones y demandas históricas, Briones (2005) alerta que tal hecho se debe interpretar también en el marco temporal de profundización de las reformas políticas y económicas de la llamada gubernamentalidad neoliberal en todo el continente[79]. Es decir, pese a que ese giro subjetivo hacia la reconstrucción de identidades no se ha estructurado necesariamente negando el histórico de las luchas sociales por igualdad de condiciones y distribución de bienes, la coincidencia de ese proceso con el derrumbe mundial del Estado de bienestar ha generado asimismo un amplio cuestionamiento acerca del potencial disruptivo de esas nuevas reivindicaciones.

En particular en el caso de los movimientos sociales organizados durante los años 1980 y 90, algunos autores (Briones, 2005; Grimson, 2007; Alvarez, Dagnino & Escobar, 2000) se han inclinado a interpretar esas *luchas por el reconocimiento* (Honneth, 2003) en sus vínculos problemáticos con la mundialización económica del capital y, por

---

[79] Briones (2005), retomando a Foucault (1991; 2004/2007) y Gordon (1991), entiende el neoliberalismo como una nueva racionalidad que, a diferencia del liberalismo clásico, ya no considera más el *laissez-faire* del mercado como el principal criterio de limitación de las prácticas de gobierno, sino que establece una serie de políticas públicas que llevan la forma empresarial a expandirse al interior del cuerpo social, subjetivando en él los principios del "espíritu empresarial": "[la] multiplicación de la forma "empresa" dentro del cuerpo social constituye, creo, el objetivo de la política neoliberal. Se trata de hacer del mercado, de la competencia, y por consiguiente de la empresa, lo que podríamos llamar el poder informante de la sociedad" (Foucault, 2004/2007: 189).

ende, con la configuración del neoliberalismo como la nueva racionalidad política hegemónica del occidente —una lectura que, si bien reconoce los logros obtenidos por esas reivindicaciones en el campo de los derechos humanos, cuestiona sus límites y contradicciones a la hora de promover cambios efectivos junto a las estructuras de poder—.

Hay que recordar, en ese sentido, que la llamada fase flexible de acumulación capitalista entramada durante la década de 1970, habiendo ganado su máxima visibilidad social en los 1990, coincidiría entonces con las transiciones democráticas atravesadas por muchos países de Centro y Sudamérica, influenciando directamente la cultura política post-dictatorial de los mismos. Eso significó, entre otras cosas, que la consolidación democrática en esos países, con la inevitable presión de la sociedad civil por espacios de mayor participación ciudadana después de décadas de régimen dictatorial, iría de la mano de un proyecto político de "Estado mínimo" que tendió a auto-responsabilizar a los ciudadanos por su propia suerte a medida que se eximía del rol de proveedor de derechos (Dagnino, 2004; Briones, 2005).

Por ejemplo, Dagnino (2004), analizando el caso de la redemocratización brasileña, clasificó esa convergencia como una *confluencia perversa* en que la puesta en escena de importantes acciones políticas conjuntas entre Estado y sociedad civil[80] se ha mezclado y se ha confundido con un cuadro cada vez más acentuado de transferencia de responsabilidades del Estado para la sociedad civil:

---

[80] Como fueron, en ese país, la Asamblea Constituyente de 1987/88 y las experiencias de presupuesto participativo de los años 90. En efecto, la Constitución brasileña de 1988 se conoce como "Constitución ciudadana" gracias a los diversos mecanismos de democracia directa que ha incluido, entre los cuales podemos destacar los llamados Conselhos Gestores de Políticas Públicas (órganos destinados a formular políticas relacionadas a la salud, derechos de la niñez, asistencia social, etc. a partir de la representación paritaria del Estado y sociedad civil en las diversas jurisdicciones municipales, provinciales y del gobierno federal).

A perversidade estaria colocada, desde logo, no fato de que, apontando para direções opostas e até antagônicas, ambos os projetos requerem uma sociedade civil ativa e propositiva. Essa identidade de propósitos, no que toca à participação da sociedade civil, é evidentemente aparente. Mas essa aparência é sólida e cuidadosamente construída através da utilização de referencias comuns, que tornam seu deciframento uma tarefa difícil, especialmente para os atores da sociedade civil envolvidos, a cuja participação se apela tão veementemente e em termos tão familiares e sedutores. A disputa política entre projetos políticos distintos assume então o caráter de uma disputa de significados para referências aparentemente comuns: participação, sociedade civil, cidadania, democracia. Nessa disputa, onde os deslizamentos semânticos, os deslocamentos de sentido, são as armas principais, o terreno da prática política se constitui num terreno minado, onde qualquer passo em falso nos leva ao campo adversário (Dagnino, 2004: 96-97).

Una tendencia generalizada de repliegue estatal a la hora de atender las responsabilidades sociales básicas que encontró en el discurso multiculturalista internacional las claves para una actuación negligente hacia las necesidades sociales básicas de los pueblos indígenas en escala continental[81]:

el reconocimiento de derechos especiales o sectoriales va de la mano de la tendencia a la conculcación de los derechos económico-sociales universales. Por una parte, esta habilitación de derechos especiales en un contexto de quebrantamiento de los derechos universales lleva a que -a pesar de los reconocimientos retóricos- los PIs [Pueblos Indígenas] sigan formando mayoritariamente parte de las poblaciones nacionales que peor ranquean en términos de Necesidades Básicas Insatisfechas (Briones, 2005: 12-13).

---

[81] Ese entrelazamiento problemático entre las llamadas *políticas de reconocimiento* de derechos especiales (principalmente los de origen étnico) con los derechos humanos y los derechos sociales universales ha producido mundialmente una discusión tan extensa como polémica; entre los aportes más generales sobre el tema, recomendamos que se revise el debate entre Taylor (1999; 2000), Honneth (2003) y Fraser & Honneth (2003).

Si son indudables los logros representados por algunos de esos derechos —entre las cuales podemos citar reformas en las políticas lingüísticas y educativas, así como legislaciones más rigorosas contra la discriminación—, hay que considerarse asimismo que, en esencia, la respuesta dada a esas demandas por el Estado tendió a sobrevalorar a las comunidades indígenas en cuanto entidades autónomas sin que en la práctica se asegurasen los derechos sociales básicos que sostuviesen esa supuesta autonomía. Una operación que, para Hale (2002; 2004), es propia del discurso multicultural del neoliberalismo:

> Los actores alineados con el Estado lamentan la pérdida de aquella comunidad que sus predecesores trabajaron fervorosamente por destruir, y reconocen a las culturas ancestrales que parecen erigirse en oposición directa a la ética individualista que pugnan por mantener. La clave para resolver esta paradoja aparente consiste en que el Estado no se remite únicamente a "reconocer" la comunidad, sociedad civil, cultura indígena y similares, sino que las reconstituye activamente a su propia imagen, desviándolas de sus excesos radicales, incitándolas a realizar el trabajo de formación de sujetos que de otro modo tendría que realizar el mismo Estado. Si en el liberalismo clásico el agente disciplinario por antonomasia es la penitenciaría del panóptico estatal, en el neoliberalismo esta función la cumple la ONG profesionalizada (Hale, 2002: 301).

No por casualidad, refiriéndose al pueblo Zápara que habita la frontera entre Ecuador y Perú, Dávalos (2005) afirma que en los últimos decenios han desaparecido más culturas aborígenes que durante todo el siglo XIX, y eso a pesar de instituidas las agendas multilaterales coordinadas por la ONU[82]. Asimismo, es cuando menos sintomático de la descompensación entre los cuerpos normativos y su

---

[82] Según el autor, "de más de 100 mil záparas existentes en los años 1980, a fines de los 1990 sólo existían 150" (Dávalos, 2005, p. 20). Para más informaciones, leer Dávalos (2001).

aplicación efectiva que entre la década del 1980 y los primeros años del siglo XXI se hayan producido movilizaciones tan diversas como las que llevaron en 1986 a la fundación de la Confederación de Nacionalidades Indígenas del Ecuador (CONAIE), en 1994 al levantamiento del Ejército Zapatista de Liberación Nacional (EZLN) en Chiapas (México), y en el año 2000 a la Guerra del Agua en Cochabamba (Bolivia). Sin olvidar sus particularidades, todos esos casos evidenciaron las limitaciones que los marcos multilaterales sufrieron a la hora de condicionar efectivamente los cuerpos legales específicos de cada país; es más, revelan que raras veces los discursos complacientes con la diversidad cultural y étnica se han acompañado de medidas reales de redistribución de recursos y, principalmente, de la aseveración de los territorios garantizados a esas poblaciones en la tratadística internacional y las constituciones nacionales.

De hecho, si realizáramos una compilación de los conflictos indígenas latinoamericanos en los últimos 30 años, constataríamos que, desde la Patagonia austral hasta el desierto de Sonora, se caracterizan fundamentalmente por la lucha por la tierra, es decir, por el derecho de mantener aquellos territorios sin los cuales su existencia como pueblos (y, por tanto, sus reclamos identitarios) estaría profundamente comprometida[83]. A su vez, los Estados nacionales tendieron a promover una política de no interferencia directa en los enfrentamientos entre terratenientes, empre-

---

[83] Incluso cuando tomamos en consideración a grupos indígenas localizados en grandes ciudades. Durante el trabajo de campo realizado en mi tesina de grado sobre la arquitectura guaraní-*mbyá* existente en la ciudad de São Paulo (Romão da Silva, 2010) he constatado que parte importante de la identidad cultural reivindicada por esos grupos urbanos se construía en una relación orgánica con el espacio físico de las aldeas y preservándose una compleja noción de "territorio guaraní" que abarcaba geográficamente otras comunidades esparcidas entre las provincias de São Paulo, la porción sur del territorio brasileño, el norte de Argentina y el Paraguay. Para información más detallada sobre el tema, recomendamos las lecturas de Ladeira (2008) y Salles de Faria (2008); también, refiriéndose a una problemática similar vivida por las comunidades indígenas salteñas, recomendamos a Carrasco (2011) y Carrasco & Briones (1996).

sas transnacionales, empresas estatales y pueblos indígenas, optando por una supuesta "neutralidad"[84] que termina casi siempre por llevar la resolución de los mismos al marco del derecho penal y, no raras veces, a la penalización de los indígenas como "usurpadores" de propiedades privadas consideradas legítimamente obtenidas por la ley (Ramos & Delrio, 2005).

En el marco de esa relación ambigua, es bastante común que los reclamos identitarios sufran hasta hoy reducciones de parte del discurso hegemónico, lo cual ha tendido en las últimas décadas a valorar la diversidad cultural solamente en su posible exotismo, en su folclore o en su valor potencial como mercancía, ignorándose -o al menos dificultándose al máximo- la inserción efectiva del sujeto indígena al interior del sistema de decisiones políticas.

Del lado de los indígenas, eso amplió la percepción de que los marcos legales y las agencias creadas para "gestionar" la diversidad tenían límites bastante acotados, llevando a diversas comunidades a pensar nuevas estrategias que reemplazaran el discurso jurídico. Principalmente entre los militantes indígenas jóvenes se empezaron a gestar, así, otras formas de acción colectiva fundamentadas en la "puesta en escena" de la presencia aborigen (tantas veces ignorada o idealizada) ante la sociedad civil en general y los

---

[84] Sobre ello, Hale (2002: 297) afirma que "esta noción del Estado como árbitro imparcial del conflicto entre derechos individuales y grupales es profundamente sospechosa puesto que prácticamente en toda cuestión importante sobre los derechos culturales, el Estado es también un protagonista clave del conflicto".

gobiernos instituidos[85], las cuales vienen logrando conferir mayor visibilidad a sus demandas, inclusive en países históricamente negadores de esa presencia, como la Argentina.

Contexto nacional

En Argentina, la consolidación de las fronteras tras la "Conquista del Desierto" ha dictado una relación entre el Estado y los pueblos indígenas que habitaban el territorio nacional a la época de su formalización que se caracterizó por la integración vía *ciudadanización* (Lenton, 1997, 2005; Quijada, 1999) y, estrechamente vinculada a ella, por la invisibilización de las diferencias étnico-culturales de los prisioneros sometidos (Delrio, 2005; Leone Jouanny, 2013)[86].

Es decir, una vez finalizada la fase de las incursiones militares, contando el gobierno con una cifra de más de 12 mil prisioneros[87], se les presentó a las autoridades nacionales el problema de "qué hacer" con tal contingente humano

---

[85] Entre esas nuevas estrategias de acción, podemos citar las diversas agencias de comunicación aborígenes surgidas en ese momento, bien como la apuesta actual en el activismo artístico indígena mediante la formación de grupos de teatro, música, audiovisual, artes plásticas, etc. Aunque, en nuestra opinión, es necesario problematizar esas estrategias, cuestionando su alcance disruptivo, aquí nos interesa solamente apuntarlas como tendencia general que se ha presentado como alternativa de lucha en los años 2000.

[86] Vale apuntar que, si bien nos referimos a menudo en ese trabajo a la "Conquista del Desierto" comandada por el gral. Roca en 1879, las expediciones militares en la Patagonia han terminado solamente en 1885 con la rendición de Valentín Sayhueque, el último *longko* ("líder") mapuche a entregarse. Asimismo, ya en el cargo de presidente, Julio Roca daría continuidad a las campañas militares también en el norte del país, asignando a su ministro de Guerra y Marina, el gral. Benjamín Victorica, el comando de nuevas expediciones en la región del Gran Chaco, hecho que se conoce hoy como la "Conquista del Chaco" (1884-1917). Siendo así, pese a las especificidades adquiridas por ese proceso de integración forzada de los indígenas en cada región y provincia, la lógica de la "ciudadanización" les ha afectado como un todo y puede, por ende, ser tratada aquí en sus aspectos más generales.

[87] Según datos de Mases (2002), las diferentes campañas llevadas a cabo entre agosto de 1878 y mayo de 1879 resultaron en un saldo de 1271 combatientes prisioneros; 10539 no combatientes prisioneros; 1049 personas reducidas voluntariamente y 1313 combatientes muertos.

sin medios o posibilidades de lograr su propio sustento. Una cuestión que, además de las soluciones inmediatas de orden práctico (vacunación, alojamiento, etc.), también demandó una toma de posición sobre cuál debería ser el lugar ocupado por esos indígenas en la formación identitaria de una nación todavía joven, en donde la propia noción de "argentinidad" apenas empezara a consolidarse.

La polémica entablada entonces en el Congreso de la Nación se caracterizó por un "juego pendular" entre "el reconocimiento de una situación diferencial de precariedad" y "el imperativo de 'ciudadanizar' a cualquier precio a los aborígenes" (Quijada, 1999: 702), con la prevalencia de la segunda opinión sobre la primera[88]; consecuentemente, el destino final de gran parte de esa población fue su adscripción como peones de estancia u obrajes, miembros de las fuerzas armadas y, en el caso de las mujeres y niños, como personal doméstico, al mismo tiempo en que la Iglesia se proponía de cristianizarlos y, el Estado, de garantizarles legalmente algunos derechos sociales como la escolarización y la posesión de tierras[89].

---

[88] Sobre eso, Mases (2002: 50) agrega que "la confrontación de soluciones diferentes para la incorporación de los indios llevó especialmente a los representantes de la Iglesia y del gobierno a una sostenida polémica de la que no estuvieron ajenos otros sectores de la sociedad. En efecto, si bien los representantes eclesiásticos como el gobierno nacional estaban de acuerdo en que los indígenas eran producto de la barbarie y por lo tanto debían desaparecer como tales para poder acceder a la vida civilizada, por el contrario las discrepancias eran marcadas respecto de quién tenía la misión de civilizarlos y cuál era el método más apropiado y eficaz para llevarlo a cabo". Para más información sobre los debates y propuestas dirigidos a la incorporación de los indígenas en la sociedad argentina, recomendamos también la lectura de Lenton (1997, 2005).

[89] Quijada (1999) opina que no se debe atribuir esa política de adscripción al trabajo solamente a una estrategia de suministro de mano de obra barata, ya que en la perspectiva de las élites, esa necesidad debía subsanarse principalmente mediante la atracción de inmigrantes europeos. Así, para la autora, la adscripción laboral del indígena se debe a) en términos simbólicos, al imperativo de "civilizar al indio bárbaro" y b) en términos prácticos, a la necesidad de destruir el tejido social que sostenía el "modo de vida salvaje" y, al mismo tiempo, garantizarles prontamente nuevos medios de subsistencia. En cuanto al hecho de que se les ha negado el acceso a tierras localizadas en

Esa integración forzada de los pueblos indígenas a la sociedad mayoritaria no fue un dato menor, acarreando la dilución de las identidades étnicas de los sometidos en otras formas identitarias más bien enmarcadas por la estratificación de clase, fenómeno que algunos autores ubicaron al interior de lo que han denominado *políticas de invisibilización*:

> Con ello refiero a un conjunto diverso de acciones estatales y gubernamentales por medio de las cuales lo indígena es negado e ignorado. Dispositivos privilegiados de políticas de invisibilización de lo indígena son los manuales escolares, el espacio jurídico, la historiografía, las políticas educativas o sanitarias, pero también la acción de medios de comunicación masiva, entre otros" (Leone Jouanny, 2013: 303).

De modo que la construcción de la ciudadanía en el siglo XIX se ha fundado en la premisa de que "en Argentina ya no hay indígenas", generalizando de a poco otras nociones negadoras de la diferencia como fue en su tiempo la metáfora del "crisol de razas" o son, todavía hoy, afirmaciones habituales del tipo "los argentinos descendemos de los barcos".

Esa construcción identitaria enajenadora, al incorporarse como discurso hegemónico, condujo inevitablemente a procesos de autoinvisibilización en que los mismos indígenas buscaron evitar la estigmatización social identificándose con las pocas idiosincrasias posibles para ellos en la moderna sociedad argentina: los oprimidos, las clases

---

el sur, prefiriéndose el sistema de "distribución" de los prisioneros por el territorio nacional, la autora lo atribuye a la idea corriente de que solamente alejando los indígenas del desierto ellos se civilizarían: "desde el comienzo de la campaña ofensiva se discutió la conveniencia de enviar a los indios sometidos a la provincia de Buenos Aires, con la idea de que 'encuentren en el trabajo activo y honrado la base de su existencia y su futura prosperidad, diseminándolos por familias para que cambien hábitos y costumbres, y no sean una amenaza a la población si permanecen en tribus, mal valijados y atendidos' (Quijada, 1999: 697).

populares, etc. En efecto, analizando el caso del pueblo Huarpe en San Juan, Escolar (2005) se pregunta si la ampliación de los derechos civiles ocurrida en las décadas del 1940 y 50[90] no habrá sido el factor determinante para que esa población indígena, una vez incorporada al sistema político y laboral, pasase a identificarse mayoritariamente con las identidades y pautas definidas en el interior de los gremios de trabajadores, peones y obreros locales. Una tendencia que se ha podido notar también en otras provincias, como Neuquén, en donde la constitución del MPN, de tinte populista, fue determinante para que se diese allá la fuerte vinculación de la población indígena local de mayoría mapuche con las demandas organizadas desde la clase trabajadora[91].

Siendo así, aunque la "ciudadanización" nunca logró acallar de todo los reclamos de raíz cultural[92] —el Malón de la Paz comandado por los indígenas kolla en 1946 tal vez haya sido la experiencia más emblemática de reclamo por tierras vinculado a un problema identitario, empero también podemos citar como ejemplos de reivindicaciones

---

[90] Durante el primer peronismo (1946-1955) se llevaron adelante una serie de medidas que extendieron los programas de bienestar social característicos de ese gobierno a los aborígenes, entre las cuales podemos citar: la promulgación de la Ley N° 13.560/1949 (regulando el reclutamiento de trabajadores indígenas), la inclusión de los indígenas en las líneas programáticas del 2° Plan Quinquenal (1952) y, finalmente, la masiva campaña de registro civil hacia 1953 (posibilitando a un gran número de personas que aún seguía indocumentado de ejercer, entre otras cosas, el derecho electoral). Lo interesante es que esa ampliación de derechos se dio sin que se modificaran los preceptos decimonónicos de ciudadanización, sujetándose necesariamente la inserción del indígena a las reglas del mercado laboral. Evidencia de ello fue el discurso proferido por el mismo gral. Juan Domingo Perón en ocasión del lanzamiento del 2° Plan Quinquenal: "el indio que fue el primer proletario de América y la primera víctima del imperialismo extranjero; el indio que de hoy en adelante es un argentino más, con iguales obligaciones y derechos" (Marcilese, 2011, s/p).

[91] Hasta los primeros precedentes organizacionales supracomunitarios indígenas de esa región se vincularon de inicio a la MPN, como fue el caso de la Confederación Indígena Neuquina (CIN) creada en 1970 con representantes de más de 30 comunidades mapuche provinciales.

[92] Leone Jouanny (2013) prefiere hablar, en ese sentido, de *grados de invisibilización*.

de esa naturaleza a los numerosos parlamentos indígenas ocurridos en distintas provincias durante la primera mitad de la década del 1970 (véase el Cuadro 1 del Anexo)— gran parte de las movilizaciones indígenas ocurridas en Argentina a lo largo del siglo XX han estado vinculadas en mayor o menor grado a estructuras gremiales, la actuación de grupos católicos o mismo partidos políticos, en donde ellas se han interpretado más en términos de enajenación social que en sus matices culturales y étnicos.

Desde esa perspectiva, no llega a sorprender que durante los años 1980 y 1990 el surgimiento de nuevos liderazgos y organismos indígenas se haya dado en paralelo a la restructuración de la sociedad civil y al fortalecimiento del discurso de los derechos humanos. Es decir, el hecho de que muchos activistas indígenas hayan estado previamente organizados políticamente al interior de sindicatos de trabajadores y de cierto activismo católico crítico al gobierno militar llevó a que ellos incorporasen parte de la estructura organizativa y de las banderas sostenidas por esas organizaciones durante la transición democrática al campo de sus reivindicaciones específicas.

Al mismo tiempo, la reintegración de Argentina al concierto de las naciones democráticas en 1983 presionó el gobierno a ratificar la agenda indigenista internacional ya mencionada, impulsando la sanción de diversas leyes integrales[93] (principalmente en las provincias de mayor población indígena), a las cuales se siguió la adopción de un primer conjunto normativo federal y, luego, de la inclusión del art. 75, inciso 17, en la Reforma Constitucional de 1994

---

93 Se entiende por "ley integral" a los cuerpos normativos orientados a abordar la cuestión indígena como un cuerpo único que incluye temas de educación, salud, vivienda, tierra, trabajo, etc.

—proceso que sellaría finalmente el reconocimiento jurídico de las identidades indígenas nacionales, garantizando la relativa visibilidad de las mismas en la esfera pública[94]—.

En líneas generales, la Reforma Constitucional de 1994 oficializó el reconocimiento a la "preexistencia étnica y cultural de los pueblos indígenas", garantizando con ello el respeto a las identidades étnicas, las lenguas y costumbres de esos pueblos, así como la propiedad comunitaria de tierras tradicionalmente ocupadas. Para algunos autores (Carrasco, 2002; Leone Jouanny, 2013) el gran mérito de la inclusión del art.75, inciso 17, fue haber otorgado valor jurídico a una entidad mayor que la "comunidad indígena", a saber, los diferentes "pueblos" que habitan el territorio nacional, dando rango constitucional a un punto estructural de la cuestión indígena como es el territorio.

Empero, si por un lado eso les garantizaba mínimamente la posesión de tierras en un contexto de acelerada expansión de la producción sojera y de la explotación minera en el país, por el otro Leone Jouanny (2013) también resalta que la definición de las territorialidades indígenas en términos jurídicos no solo facilitó la gobernabilidad de esas otredades a escala nacional sino que permitió al Estado anular, muchas veces, posibles nuevos reclamos territoriales. Es decir, se restringía el reconocimiento de derechos a personerías jurídicas y, por tanto, a territorios comunitarios previamente estipulados, excluyendo de los mismos los individuos que habitasen fuera de las comunidades, ya sea en ámbito rural o en el espacio urbano; un problema que se torna particularmente grave si consideramos que,

---

[94] No detallaremos aquí las especificidades de ese cuerpo normativo, un tema ya abordado por otros autores (Altabe, Braunstein y Gonzalez, 1996; Mombello, 2002; Carrasco, 2002; Leone Jouanny, 2013) y que optamos por sintetizar en el Cuadro 1 del Anexo.

gracias a la propia dinámica de ciudadanización impuesta durante el siglo XIX, la población indígena urbana en Argentina es enorme[95].

Sumado a ello, para Carrasco (2002), si bien la retórica estatal renunció a las prácticas de "asimilación cultural" que caracterizaron la relación con el indígena durante el siglo anterior, en los hechos se concretaron formas restringidas de consulta y participación indígena:

> Funcionarios, técnicos y agencias estatales deciden cuáles son las necesidades, intereses y prioridades de los pueblos indígenas. Cíclicamente, entonces, los "asuntos indígenas" quedan subordinados a las agendas de y competencias entre los partidos políticos acentuando la dependencia clientelar y el paternalismo asistencialista. A su vez el INAI [Instituto Nacional de Asuntos Indígenas] confunde participación con representación asumiéndose como "vocero" de los indígenas ante los demás organismos estatales (Carrasco, 2002: 27).

Asimismo el hecho de que existan todavía poquísimos abogados y representantes indígenas al interior de esos institutos o de las secretarías de gobierno, al tiempo de que sí existen muchos abogados y burócratas ligados a los intereses de los grupos empresariales y terratenientes, lleva hasta hoy a que esas cuestiones sean solamente en teoría tratadas con imparcialidad por la Justicia y el Estado en general[96].

---

95 Según Trinchero (2009), por el criterio de localización del censo poblacional de 2001, aproximadamente el 82% del total de personas declaradas indígenas se encontraban asentadas en ambientes urbanos.
96 Ramos & Delrio (2005), refiriéndose a los conflictos que involucraron los indígenas mapuche y tehuelche de la comunidad Pillán Mahuiza en la provincia de Chubut, destacaron que 250 ha. de tierras recuperadas en 1999 seguían hacia 2005 en disputa en la justicia, enfrentando la fuerte resistencia de los terratenientes locales. Los autores agregaron que, en una conferencia realizada en la Facultad de Filosofía y Letras de la Universidad de Buenos Aires, miembros de esa comunidad explicaron a los presentes que eran las propias familias de los terratenientes quienes ocupaban los cargos legislativos de la provincia, de modo que para ellos la posibilidad de recuperar ciertas tierras comenzó a ser percibida como el resultado de otras estrategias, que se llevaban a cabo desde 'afuera' del sistema jurídico. Vale recordar que,

En la práctica, por tanto, la vía judicial abierta por el reconocimiento jurídico de los pueblos indígenas pasó a ser considerada con el paso del tiempo una estrategia equivocada de acción. Sus límites acotados se evidenciaron cuando, por ejemplo, sostenido por el *boom* de los precios internacionales de las materias primas entre los años 1990 y la primera década del 2000, el Estado ha ampliado las políticas de exportación de bienes primarios a gran escala, llevando a que "coincidentemente" se presentaran en las instancias jurídicas provinciales una serie de denuncias que fueron desde la invasión de tierras indígenas por parte de grandes empresarios y terratenientes hasta, no raras veces, la expropiación legal de las mismas a favor de los últimos.

Tomando el caso de las movilizaciones indígenas y los fallos judiciales ocurridos en la provincia patagónica de Chubut en ese período, Ramos & Delrio (2005) observaron que ante las constantes negativas sufridas por esas comunidades en los reclamos desarrollados en la vía judicial, se empezó a armar allí un nuevo discurso más radicalizado en que no sólo se planteaba el agotamiento de las instancias jurídicas, sino también "la ineficacia de operar a través de lugares impuestos que, por definición, silencian los mismos procesos históricos que dieron lugar a esta imposición" (Ramos & Delrio, 2005, p. 89).

De las demandas judiciales en Jujuy en contra de la minería a gran escala a la emblemática ocupación de tierras pertenecientes a la Compañía de Tierras del Sud Argentino (vinculada al grupo transnacional de indumentaria Benetton, en Chubut) por la familia mapuche de Atilio Curiñanco y Rosa Nahuelquir, pasando más recientemente por la ola de marchas y acampes promovidos por los indígenas qom en Formosa y Capital Federal, podemos afirmar que

---

en esa misma época (hacia el 2001), también en la provincia de Chubut, la comunidad mapuche Huisca Antieco había denunciado que una minera ingresara en su territorio, desencadenando una serie de marchas con el apoyo de otros organismos de la sociedad civil culminando en 2003 con una votación en la que Esquel rechazó la explotación minera.

en los últimos años las movilizaciones indígenas se han caracterizado, así, por nuevas estrategias en que la acción directa (principalmente, ocupación de tierras) y la comunicación de sus pautas reivindicatorias a la sociedad en general (por medio de la ocupación de edificios, acampes y marchas callejeras) vienen tornándose tendencias cada vez más importantes al interior de la militancia indígena.

Si bien el primer antecedente importante de dichas prácticas ocurrió en 1992, en ocasión de los contrafestejos del 5º Centenario de la llegada de Colón a América, después de la crisis económica de diciembre del 2001 ellas se tornaron más comunes, llegando a su punto máximo en la gran Marcha de los Pueblos Originarios en 2010 organizada como contraconmemoración del Bicentenario de la Nación.

En 1990, acercándose las conmemoraciones oficiales del 5º Centenario del "descubrimiento" de América, se organizaron por todo el continente manifestaciones indígenas en las cuales se cuestionó el sentido de la fecha, permitiendo a diferentes pueblos que plantearan sus demandas y cuestionamientos ante el resto de la sociedad, en un momento verdaderamente propicio a la recepción y visibilización de las mismas en los grandes medios de comunicación. La ocasión permitió asimismo que los procesos organizativos indígenas en conformación desde la década anterior se profundizaran, propiciando la conformación de nuevas organizaciones supracomunitarias, esta vez con un discurso bastante más autónomo en relación a las agrupaciones católicas o de derechos humanos con las cuales esos grupos solían dialogar (Valverde, 2013).

Ejemplo de ello fue el surgimiento de la *Taiñ Kiñe Getuam* (TKG) en el mismo año de 1992, en donde organizaciones pequeñas de Chubut, Río Negro y Neuquén confluyeron en una propuesta única orientada a representar a los indígenas mapuche-tehuelche del *Puelmapu*[97]. Más allá de la forma de organización supracomunitaria que supuso, nos interesa en la TKG su programa centrado en la recuperación de rituales, lenguaje y conocimiento ancestral, lo cual tuvo el claro objetivo de reiterar ante la sociedad argentina al pueblo Mapuche como entidad preexistente a las provincias y al propio Estado. Desde ese lugar, la TKG exigió el reconocimiento de su territorio y de nuevos espacios institucionales donde pudieran poner en práctica los derechos a la autodeterminación y autonomía (Briones, s/f; Kropff, 2005).

Aunque esa experiencia haya durado poco tiempo, desmembrándose hacia fines de 1995, la ritualización que se propuso debió interpretarse, según Briones (s/f) y Kropff (2005), en clave tanto política como en términos de disputa de sentidos y de toma de conciencia, revelando procesos de autoafirmación bastante significativos principalmente entre los jóvenes militantes indígenas, muchos de los cuales nacidos en ciudades y a quienes el imaginario hegemónico suele hasta hoy excluir de la categoría de los "indígenas puros"[98].

Principalmente para esos jóvenes, el año 2001 marcó un momento de inflexión en los procesos de afirmación identitaria. Dos factores confluyeron entonces para provocar nuevas impugnaciones de los estigmas sociales constantemente aplicados contra ellos ("no puedes ser indio y vivir en la ciudad"; "ya no hay más pueblos originarios en Argentina"; etc.): la realización en noviembre de ese año del Censo Nacional de Población, Hogares y Viviendas y,

---

[97] Término utilizado por los mapuche para referirse a la porción de su territorio ocupado por el Estado argentino.
[98] Para una crítica de esas categorizaciones y construcciones hegemónicas de alteridad, recomendamos las lecturas de Briones (1998, 2005); y, más específicamente sobre los discursos generacionales y el activismo urbano al interior de la militancia indígena, recomendamos a Kropff (2004, 2005).

en diciembre, el estallido de las protestas masivas ante el ahondamiento de la larga recesión enfrentada por el país desde fines de los 1990.

Por primera vez el Instituto Nacional de Estadística y Censos (INDEC) había optado por incorporar la temática indígena y el criterio de autoidentificación en la realización del censo, una decisión que ha llevado, a su vez, a que diversos organismos indigenistas provinciales empezaran a concebir una agenda de debates y programas de concientización en los cuales tanto la ruralización como el purismo cultural fueron ampliamente problematizados (Kropff, 2005).

Al analizar la Campaña de Autoafirmación Mapuche *Wefkvletuyiñ* surgida en ese contexto en Río Negro, Kropff (2005) le atribuyó un rol fundamental en el intercambio de experiencias entre jóvenes mapuche involucrados en el activismo barrial y estudiantil de importantes ciudades de esa provincia, como San Carlos de Bariloche, El Bolsón y General Roca (Fiske Menuko). Desde el espacio abierto por la Campaña y otras experiencias que la sucedieron, como el Encuentro de Arte y Pensamiento Mapuche llevado a cabo a inicios del 2002 en Bariloche, muchos de esos jóvenes empezaron a cruzar sus experiencias en cuanto habitantes de la periferia urbana y su pertenencia al pueblo Mapuche, impulsando procesos bastante complejos que involucraron la reconstrucción de historias familiares, la recuperación de elementos ceremoniales y, también, la reivindicación de experiencias urbanas particulares, como por ejemplo su inserción en la escena contracultural *punk* a la que muchos pertenecían (Kropff, 2004, 2005).

Eso desencadenó una serie de cuestionamientos sobre qué es la identidad mapuche que incluyeron no sólo el repensar la narrativa derrotista que normalmente acompañaba la historia de incorporación forzada de ese pueblo al Estado argentino y, más recientemente, los procesos muchas veces humillantes de migración interna del campo a la ciudad, sino también reinterpretar esas experiencias en términos no sólo de sumisión, sino de resistencia.

En ese sentido, también la grave recesión económica atravesada por el país hacia fines de la década de 1990 contribuyó a la extensión de esos cuestionamientos entre la población indígena. Como hemos mencionado, la incorporación, vía "ciudadanización", iniciada a fines del siglo XIX, tras haberse consolidado con un tinte marcadamente tutelar durante los 1940 y 50, fue fundamental para que parte importante de la población indígena nacional pasara a identificarse con las demandas y aspiraciones emergidas del interior de la clase trabajadora. Sin embargo, la amenaza de desincorporación estatal ante el recrudecimiento neoliberal de los años 90 llevaría a que esos sectores populares antes beneficiados por el *ethos* y políticas de Estado como trabajadores, frente a una nueva escalada del desempleo y de la pobreza, pasaran a interpretar su relación con el Estado como un vacío de ciudadanía —proceso que los ha llevado a repensarse en términos de identidad—:

> Este poderoso rol atribuido al estado-mundo-de-vida fue uno de los ejes principales del modelo de incorporación nacional argentino de sectores populares o subalternos como ciudadanos-trabajadores culturalmente "homogéneos" y étnicamente descaracterizados, cuyas identidades diferenciales al interior de la nación se definían más en términos sociales y eventualmente regionales o provinciales, que de especificidad étnica o racial. Pero la crisis de este modelo —y de la "idea del estado" preponderante hacia fines del siglo XX— va a constituir en mi opinión el principal impulso a la re-subjetivación aborigen de ciertos colectivos populares (Escolar, 2005: 62).

Ante los largos procesos de invisibilización vividos durante el siglo XX, es interesante observar por tanto como esa re-subjetivación citada por el autor viene reflejándose actualmente en un proceso de reafirmación orgullosa de ser indígena que se expresa cada vez más en los espacios públicos. En términos morfológicos-espaciales, las campañas de autorreconocimiento y las protestas devenidas con la crisis de 2001 han potenciado en distintas claves las estrategias de acción directa indígena, enmarcando una "puesta en escena" indígena en los espacios públicos ya sea a través de la recuperación de rituales, el apoyo a producciones indígenas emergentes en el campo artístico (el teatro, periódicos, programas de radio, zines, murales, *graffiti*, recitales, etc.), o por medio de las marchas callejeras, ocupaciones, acampes y cortes de ruta.

Ese proceso se evidenció en una clave al mismo tiempo política y simbólica en la gran Marcha de los Pueblos Originarios ocurrida en 2010, la cual fue, tal vez, el principal emblema de las transformaciones que la cuestión indígena fue atravesando desde los años 80 hasta hoy en el país (Leone Jouanny, 2013). Organizada para coincidir con las conmemoraciones oficiales del Bicentenario de la Independencia en Capital Federal, contó con representantes de etnias indígenas de todas las provincias, que bajo la consigna "Caminando por la Verdad, hacia un Estado Plurinacional" llegaron a Buenos Aires para exponer lo que se denominó "el otro Bicentenario". En la Plaza del Congreso, acamparon, realizaron talleres, rituales y exposiciones donde se denunció la condición precaria de muchas comunidades, el extractivismo predatorio de las compañías mineras y agropecuarias, además de la violencia sufrida por esa población en los enfrentamientos con las fuerzas policiales —muchas veces con la tolerancia o la omisión del Estado—.

Estas manifestaciones han sido particularmente interesantes si consideramos el contraste evidente con las conmemoraciones oficiales. Estas se centraron sobre todo en la intensa ocupación de los espacios públicos —en el "Paseo del Bicentenario", por ejemplo, formado por la Plaza de Mayo, la av. de Mayo y la av. 9 de Julio, hubo recitales, *perfomances* y ferias— con un discurso conciliatorio, en que se buscaba hacer hincapié en las virtudes del régimen democrático. El mismo año, delegaciones indígenas participaron del desfile general del 25 de Mayo y de la Feria de las Provincias; también hubo representantes de distintos pueblos originarios en coros y grupos de danza, destacándose entre ellos el cuadro sobre la "derrota indígena" incluido en la presentación montada por la compañía de teatro acrobático Fuerza Bruta sobre la historia nacional, uno de los espectáculos más esperados por el numeroso público.

Es decir, la organización del evento reconocía al indígena como elemento nacional, pero lo hacía desde una clave espectacular: si se le visibilizaba el componente étnico, era a modo de exacerbar elementos folclóricos mientras se ocultaban los conflictos y reclamos contemporáneos específicos de cada uno de esos pueblos; a su vez, el acampe del "otro Bicentenario" buscó, precisamente, evidenciar el desequilibrio existente entre el discurso oficialista y la situación de precariedad vivida por gran parte de las comunidades indígenas nacionales. Esa operación, al mismo tiempo simbólica y política, logró llevar de forma masiva las demandas indígenas al interior de la Capital Federal y, por tanto, del espacio por excelencia de las decisiones políticas de la nación, creando con ello precedentes importantes para que otras manifestaciones similares comenzaran a legitimarse ante la opinión pública. Ese ha sido el caso de los acampes promovidos por los indígenas qom en Formosa y Buenos Aires en el mismo año de 2010 y, más recientemente, en 2015, así como de las más recientes manifestaciones contra Roca que serán estudiadas en el próximo capítulo.

3

El conflicto simbólico alrededor de los monumentos al Gral. Roca en Buenos Aires y San Carlos de Bariloche (1997-2012)

De la inauguración de los monumentos entre los años 1930 y 40 a las conmemoraciones del Centenario de la "Conquista del Desierto" en 1979, Roca se tornó uno de los presidentes con mayor número de homenajes oficiales introducidos en los espacios públicos[99]. En efecto, no sería exagerado si afirmáramos aquí que todas las ciudades grandes e intermedias del territorio nacional tendrían hacia los 1990 alguna calle, avenida, plaza o escuela pública con su nombre; también hemos visto que no son pocas las estatuas, bustos y placas recordatorias que le hacen referencia actualmente, contabilizándose cerca de 36 homenajes del estilo (Petralito, 2010).

Aunque sus detractores afirmen que gran parte de ellos han sido inaugurados durante la "década infame", cuando ejerció la vicepresidencia su hijo, Julio Roca (h), el personalismo allí sugerido no explica la amplia difusión pública conseguida por el imaginario conservador acerca del período roquista. Por el contrario, como afirma Lenton (2012), si tal oleada de homenajes públicos extrapola todavía hoy

---

[99] No hallamos datos precisos sobre esa cuestión, sin embargo es bastante probable que los homenajes oficiales a Roca, principalmente en la toponimia urbana, sean superados solamente por los realizados en honor al gral. San Martín, gran héroe de la Independencia.

las características reales e imaginarias del individuo, eso se debe a que los monumentos responden antes al proyecto hegemónico exitoso llevado adelante por la oligarquía militarista de la década de 1930 que identificó a Roca con un Estado fuerte y próspero que a un mero capricho despótico de sus familiares.

Como resultado, Roca era hasta 1997 (cuando se empezaron a dar con sistematicidad las intervenciones callejeras en los monumentos y ocurrieron los primeros pedidos de remoción) una figura consolidada en la memoria y poco cuestionada por los argentinos; su presencia cotidiana en el paisaje urbano pasaba casi inadvertida a los transeúntes, en tanto habitual y naturalizada. Quizá no había, en efecto, motivos para cuestionarlo hasta aquel momento: el gran clivaje de la política nacional en el siglo XX había sido el peronismo, y las otras figuras polémicas de la historia nacional, por más homenajes o críticas que hubiesen recibido en su tiempo, quedaron suficientemente opacadas por Perón después de la década del 1950.

Además, hemos visto que los monumentos tienen una capacidad totalizadora que les permite consagrar en el espacio público una sola visión de los hechos, eclipsando después de instalados todo el proceso de construcción política y social que les ha originado[100]. Habitualmente, solo en momentos de cambios profundos las "verdades" que ellos comunican suelen ser puestas en jaque de forma sistemática; por ello, una de las hipótesis iniciales de nuestra tesis es que los tres factores analizados en el Capítulo 2 —el sentimiento antimilitarista, la difusión ampliada de los derechos humanos y la organización política de los pueblos indígenas— confluyeron durante las décadas del 1980, 1990 y 2000 para:

a) Operar una serie de cambios en la forma de interpretar los relatos históricos sobre el gral. Roca y la "Conquista del Desierto";

---

[100] Ver la introducción del primer capítulo y Vecchioli (2001).

b) Cuestionar la pertinencia de mantener en los espacios públicos estatuas que simbolizan un hecho violento y humillante para algunos sectores de la población argentina. Sin embargo, vale resaltar que esas nuevas lecturas del pasado aún están lejos de significar una crítica generalizada a Roca; no se trata de un proceso ya finalizado de revisión que, habiendo rompido ciertos mitos[101], se ha convertido en relato dominante y cerrado su ciclo. Más bien son interpretaciones en desarrollo, cuyo alcance no podemos todavía comprender del todo y que por ahora persisten como contrapunto del relato histórico oficial, ese sí hegemónico. No nos podemos olvidar que la imagen de Roca se sostiene aún hoy por todo un aparato hegemónico construido desde los manuales escolares, museos, toponimia urbana, además de los mismos monumentos, lo que hace que la gran mayoría de la población la reproduzca pasivamente sin mayores cuestionamientos. Siendo así, se consideran aquí las propuestas de remoción de los monumentos a Roca como parte de un proceso de quiebre en el consenso público sobre ese importante personaje de la historia nacional, en el cual nuevos relatos empezaron a ganar voz en las calles y en los medios masivos de comunicación[102].

---

[101] Masotta (2006) interpreta las indagaciones recientes sobre Roca como un fenómeno de impugnación del "mito de origen" de la Argentina moderna. Para comprender un poco más esa cuestión, recurrimos a la noción de mito presentada por Williams (2007), para quien uno de los usos modernos del término, derivado de la antropología, se refiere a los relatos de origen de un pueblo o sociedad. Según esa interpretación —que retomo—, los mitos adquieren un rol activo en la organización social y la reproducción de identidades colectivas. Por ende, el "mito de origen" referido por Masotta (2006) es aquel que tomó la "Conquista del Desierto" como hito del "proceso civilizador", y que por más de un siglo fundamentó los relatos que niegan de la presencia indígena en la Argentina moderna (véase "El lugar de los indígenas en el espacio público democrático", en el Capítulo 2).

[102] Siguiendo a Habermas (1984; 1999), muchos autores usan los conceptos *espacio público* y *esfera pública* como sinónimos, pero aquí las distinguiremos para evitar confusiones. Utilizaremos la expresión esfera pública para el ámbito más general en donde los temas de interés público son discutidos por los actores sociales públicos y privados, sin anclarse necesariamente a espacios físicos específicos. Y la expresión espacio público será utilizada

De un lado, de esa disputa de sentidos, están quienes defienden activamente la imagen histórica consolidada sobre Roca, resaltando su *status* de gran prócer del Estado moderno: son sobre todo militares, historiadores ligados a la historia oficial, periodistas de diarios conservadores, estudiantes e intelectuales afines con el pensamiento liberal-positivista, para los que Roca se recuerda por sus habilidades de estratega y como un brillante estadista que merece los homenajes públicos erigidos. Mientras que del otro lado, se agrupan los movimientos indígenas, políticos e intelectuales de izquierda y gente ligada a los organismos de derechos humanos, que resaltan la faceta centralizadora del general, la violencia en el trato con los indígenas y, según algunas interpretaciones, el genocidio perpetrado en contra de esos pueblos —justificando con ello la necesidad de terminar con tales homenajes de los espacios públicos—.

Una de las características principales de la polémica es que ambos lados buscan sostener sus puntos de vista subrayando ya sean las virtudes o defectos de carácter de Roca, así como los hechos históricos positivos o negativos de su actuación en la vida pública. Llama la atención, sin embargo, que las variables espaciales allí involucradas —las plazas y los objetos monumentales en sí mismos— sean todavía poco abordadas como parte importante del problema; sobre todo en las notas publicadas sobre el tema en los últimos años, se suelen disociar las memorias disputadas de los problemas específicos que esos monumentos localizados en espacios públicos acarrean. Es decir, las formulaciones argumentativas que intentan hacer valer sus relatos y sus memorias sobre las otras tienden a darse con más frecuencia en los medios de comunicación entre intelectuales interesados en el tema, sin que se contemplen o

---

sobre todo para referirnos a las acciones ocurridas en las calles y plazas, aunque no excluyamos de esa categorización los debates entablados en las legislaturas, en el Congreso de la Nación u otras instituciones de representación política espacialmente bien determinadas. Empero, en esos casos, dejaremos claro en qué instancias ocurrió cada debate.

problematicen las especificidades propias de los sitios, de los actores locales, sus historias particulares, etc. Por ende, no raras veces en esas discusiones las estatuas se confunden con el ser allí representado, perdiéndose de vista que, más que reinterpretar a Roca, están en disputa los espacios donde están las estatuas y la pertinencia del uso de los mismos como soporte material para determinadas memorias[103].

Sostenemos aquí, por lo tanto, que la excesiva personalización de Roca en el debate —vista, por algunos críticos, como un "error" historiográfico (Lenton, 2012; Hiriart, 2014)— es justamente lo que explica y caracteriza la polémica en los términos de una disputa simbólica que tiene como elemento problemático la materialización de un conjunto de memorias dominantes en los espacios públicos urbanos bajo la forma monumental.

La producción de memorias que se viene dando en los medios de comunicación parece reducir la discusión historiográfica —bien como la etnográfica y la antropológica— a un personalismo que, de ambos lados, termina no raras veces por exaltar solamente virtudes o vicios morales en la figura de Roca: si las memorias roquistas tienden a elogiarlo en sus virtudes de estadista y a condenar, por antinomia, a los pueblos indígenas por lo que contenían de "bárbaro", del lado de las memorias contraroquistas la operación se invierte, condenando moralmente a Roca y poniendo a los indígenas muchas veces en una posición de víctimas pasivas de la "Conquista".

En ese sentido, en cuanto personificación de Roca, los monumentos en su honor se configuran como imágenes fetichizadas de él que, tras haberse fijado en los espacios públicos, pasaron a imponerse continuamente en el paisaje urbano hasta que el discurso sobre el pasado allí representado fuese naturalizado por los ciudadanos. Gracias a esa especificidad, la problematización histórica del pasado

---

[103] Como veremos más adelante, las formas de apropiación del espacio diferencian, en efecto, las acciones ocurridas en Buenos Aires y en Bariloche.

y del personaje no deben verse de forma aislada de las representaciones subjetivas que se evocan a través de los monumentos.

Recordemos que no se está discutiendo simplemente quien fue Roca en términos históricos; está en jaque si las memorias positivas por ahora vigentes sobre él merecen o no seguir siendo representadas en espacios públicos pertenecientes no al Estado, sino a toda la sociedad argentina, incluyendo a los grupos indígenas afectados por la "Conquista del Desierto".

Por eso, aunque las discusiones en los medios y en las calles estén relacionadas, hemos juzgado necesario dividir nuestro análisis en dos partes: la primera está dedicada a explorar las vertientes de memoria que se enfrentan públicamente en los medios de comunicación. Buscaremos mostrar quiénes son los principales formadores de opinión que construyen hoy esos diferentes recuerdos públicos sobre Roca y la "Conquista del Desierto", sosteniendo la polémica en el plano discursivo; también indagaremos cuáles son los argumentos que ellos utilizan, qué intereses reflejan y cuáles son sus contradicciones básicas.

Luego, nos centraremos en las acciones y los actores que intervienen directamente los espacios donde están las estatuas, bien como en los espacios políticos institucionalizados por el Estado, como las Legislaturas y Consejos Deliberantes, persiguiendo así recuperar el carácter espacial y urbano del conflicto. Como resultado final, esperamos aportar un panorama más complejo sobre el tema, en que tanto sus aspectos compartidos —las memorias colectivas—, como sus elementos específicos —los diferentes contextos urbanos y espaciales en donde tal conflictividad tiene lugar—, sean contemplados.

Parte 1. Memorias en disputa

Respecto a las memorias colectivas en disputa, hemos insinuado que existe una polarización de los relatos históricos referentes a Roca, con básicamente dos corrientes opuestas que confrontan y buscan afirmarse como socialmente dominantes:

a) La primera se caracteriza por defenderlo como prócer, basándose en gran medida en los relatos largamente difundidos por la historia oficial; por ese motivo, para criterios analíticos, será denominada aquí como "memoria roquista".

b) La segunda, que lo condena por genocida, se estructura en contraposición directa a los argumentos referidos anteriormente y por ello será referida aquí como "memoria contraroquista".

Como sostiene Hilda Sabato (2014), la controversia surgida en las últimas décadas tiene que ver más con un debate político y moral entablado en los espacios públicos y en los medios de comunicación sobre qué es lo que los argentinos quieren recordar del pasado nacional que con una discusión académica o historiográfica respecto a ese personaje. O sea, aunque los argumentos que hoy caracterizan el debate alrededor de Roca se retroalimenten de ambos lados de documentos históricos e investigaciones realizadas en distintos campos (historia, antropología, arqueología y hasta la genética), lo que caracteriza de hecho la polémica es, finalmente, el conjunto de operaciones ideológicas que recortan y despegan a Roca del contexto de época según el juicio personal que cada uno de los involucrados tengan respecto a esa figura del pasado nacional.

Por ello, nos interesa aquí menos discutir la validez historiográfica de las ideas expuestas de ambos lados y más su instrumentalización para fines políticos y sociales distintos. Dicho eso, pasaremos ahora a la descripción de ambas corrientes, centrándonos sobre todo en los argumentos que utilizan y los actores que a ellas se vinculan.

Las memorias roquistas

En el primer capítulo, vimos que los relatos oficiales sobre el gral. Roca se han sostenido desde el principio por las fuerzas armadas (en especial por el Círculo Militar) y por los sectores sociales vinculados al liberalismo económico y al pensamiento político nacional-conservador de fines del siglo XIX e inicios del XX. Pero al imbricarse a una visión hegemónica del Estado, de Nación y de Progreso, esa memoria se ha difundido ampliamente por los espacios públicos e institucionales del país, configurándose con el pasar de las décadas en memoria dominante y, por tanto, reproduciéndose activa o, gran parte de las veces, pasivamente por todo el conjunto social.

Dos ejemplos interesantes de su difusión reciente fueron la publicación de la biografía histórica *Soy Roca* (1989) de Félix Luna y la elección en 1992 de la efigie del general para el billete de máxima denominación de 100 pesos (con la "Conquista del Desierto" en el anverso), curiosamente el mismo año de los contrafestejos indígenas al V Centenario de la llegada de Colón a las Américas.

En el caso de los billetes, Roca es el último de una serie compuesta por los retratos de importantes nombres de la historia nacional decimonónica: los "padres de la patria": el general San Martín (AR$5) y general Belgrano (AR$10), además de los presidentes Rosas (AR$20), Mitre (AR$2), Sarmiento (AR$50). No exploraremos aquí los debates políticos que seguramente animaron la elección de esa serie ni sus posibles significados; más bien nos interesa señalar la posición de Roca en ella: además de ser el billete de máximo valor, el general sella el fin cronológico —y simbólico— del turbulento siglo XIX argentino. Y, aunque sea difícil comprobar la intencionalidad detrás de ese hecho, sí podemos afirmar que refleja la naturalidad con que, década tras década, la imagen de Roca siguió reproduciéndose en correspondencia directa con la noción de formación del Estado nacional.

Una identificación que se explicitó también en *Soy Roca*, del director y fundador de la revista *Todo es Historia*, Félix Luna, lanzada más o menos en la misma época. Luego de una serie de publicaciones dedicadas a personalidades de la política nacional[104], ambicionando escribir una novela biográfica del peso de *Memorias de Adriano* (1951/2003) de Marguerite Yourcenar y *El joven César* de Rex Warner (1958/1998), pero "con un contenido rigurosamente histórico", optó por Roca bajo el argumento de que "el auténtico constructor del Estado argentino" (Luna, 2003: s/p) era la figura más apropiada para un escrito de esa envergadura.

Pese a que *Soy Roca* antecedió en casi 10 años la polémica que nos atañe —en la cual, vale señalar, Luna no llegó a participar activamente— el libro es hasta hoy una de las principales referencias de los argumentos roquistas, mereciendo que recuperemos de él algunos puntos.

Animado en escribir "un libro de historia planteado como novela" (Luna, 2003: s/p), Luna realizó una cuidadosa compilación de hechos retirados de la historia oficial, con los cuales mezcló anécdotas personales poco conocidas de la vida del protagonista. Siguiendo una vez más a Yourcenar, optó también por la narrativa en primera persona, por lo que es el propio Roca quien habla al lector. Es allí que la obra gana relevancia porque gracias a ese curioso artificio literario, el autor provocó la inevitable complicidad entre lector y personaje, al mismo tiempo en que

---

[104] Félix Luna ganó notoriedad tras fundar y dirigir *Todo es Historia* en 1967, la cual buscó entonces confrontar directamente la censura política impuesta por la dictadura de la "Revolución Argentina" (1966-1973) que derrocara al presidente Arturo Illia, del mismo partido político de Luna (UCR), en el año anterior. Aunque por medio de la revista Luna haya ayudado a promover historiadores revisionistas, él mismo se mantuvo acorde a diversos preceptos de la historiografía oficial. Ha dado muestras de interés por una línea de investigación centrada en las biografías políticas desde los años 1950 —cuando publicó *Yrigoyen* (1954) y *Alvear* (1958)—; posteriormente, publicó aún *Ortiz* (1978), dando continuidad a las obras sobre presidentes radicales, y los tres volúmenes sobre Perón titulados *La Argentina era una fiesta* (1984), *La comunidad organizada* (1985) y *El régimen exhausto* (1986).

combinaba hábilmente sus propios juicios subjetivos a descripciones históricas consensuadas, dificultando el discernimiento entre uno y otra. Como resultado, pudo tejer una biografía bastante elogiosa del periodo roquista sin que el conjunto sonara netamente apologético como fue su antecesor, el *Roca* (1938) de Leopoldo Lugones.

Empero, como mencionamos, Luna escribió *Soy Roca* cuando los relatos oficiales sobre el general recién comenzaban a ser tímidamente debatidos. La primera edición del libro data de 1989; el país atravesaba la grave crisis económica que terminó en la renuncia del presidente Raúl Alfonsín (UCR), en un contexto delicado en que el propio régimen democrático necesitaba fortalecerse institucionalmente. Que Roca fuera recuperado allí como emblema de estabilidad política por un historiador acorde a la historia oficial no es, así, del todo sorprendente.

Además de ilustrar la situación de las memorias roquistas previa a los años trabajados en esta tesis (1997-2012), lo notorio de estos dos ejemplos es que muestran lo efectivo que fueron las operaciones simbólicas que terminaron por interiorizar a Roca en el imaginario social argentino, haciendo que los discursos hegemónicos sobre él llegasen a los 1990 y fueran reproducidos activamente por algunos sectores, y hayan sido asimilados pasivamente por muchos otros, como una experiencia histórica esencialmente positiva. En lo que atañe a esta tesis, sostenemos, por tanto, que fue con los primeros intentos formales de remoción de los monumentos en 1997 que los defensores de la memoria roquista empezaron realmente a sentir la necesidad de reafirmarla públicamente. Hasta entonces, no era algo necesario. Y, cuando eso se dio, los medios masivos, en especial el diario *La Nación*, tradicional vocero del liberalismo conservador en Argentina, se tornaron los principales productores y difusores de relatos positivos sobre el ex presidente.

Aunque *Clarín* y varios diarios provinciales de menor tirada se manifestaron abiertamente contrarios a las propuestas de remoción, fue *La Nación* quien asumió la defensa pública más importante sobre Roca desde 1997, publicando con periodicidad escritos directa e indirectamente ligados a la figura del General: de anécdotas cortas sobre su vida familiar a largos editoriales sobre su relevancia para la política nacional, pasando por descripciones aterradoras de los malones decimonónicos[105]. Es decir, si los demás diarios tratan de responder puntualmente a una u otra iniciativa contramonumental, *La Nación* parece, por su parte, haber tomado el encargo de conservar y defender los recuerdos roquistas como memoria colectiva de los argentinos.

Vale recordar que el diario surgió en 1870 de la mano de Bartolomé Mitre, militar, intelectual y ex presidente a quien tampoco podemos desvincular del proceso de construcción del país, correspondiéndole no solo la primera de las llamadas "presidencias históricas"[106] como también un papel fundamental en el desarrollo del método historiográfico que caracterizó en sus orígenes la llamada historia oficial. Así, cuando fundó *La Nación* una de las preocupaciones centrales de Mitre era, justamente, crear una poderosa herramienta de comunicación que contribuyera a consolidar la organización nacional tras su salida del gobierno en 1868 (Ulanovsky, 2005). Estructuró para eso una línea editorial acorde a los valores políticos y económicos del liberalismo y coherente, en los discursos, con ciertas tendencias

---

[105] Entre las numerosas notas publicadas por el diario, citamos como ejemplos "El fantasma Roca" por Daniel Balmaceda y "Los Roca" por Rosendo Fraga, de contenido biográfico; "El mejor presidente de la historia nacional" por Ceferino Reato, "Roca y el mito del genocidio" de Juan José Crespo y "La demonización de Roca y el olvido de Sarmiento" de Mariano Grondona, sobre la importancia histórica del período roquista y, finalmente, "La Argentina acorralada", "La cuestión mapuche" y "¿Quiénes son los mapuches?", todos de Rolando Hanglin, sobre los indígenas mapuche del pasado y de hoy.

[106] Denominación que se da en la historiografía oficial al período que abarca las presidencias de Mitre (1862-1868), Sarmiento (1868-1874) y Avellaneda (1874-1880) y que antecedió, justamente, la llamada "República Conservadora" inaugurada por la primera presidencia de Julio Roca (1880-1886).

ya exploradas por él en la historiografía (por ejemplo, el énfasis en la nación como protagonista y el fin de los procesos históricos).

En ese sentido, si en su tiempo Mitre y Roca fueron importantes adversarios políticos, durante el proceso de construcción de las memorias referentes al fin del siglo XIX ambos terminaron por incorporarse y subsumirse en un único relato sobre la consolidación del Estado nacional, lo cual se ha sostenido activamente por *La Nación* a lo largo de más de 100 años[107]. Por consiguiente, cuando a partir de 1997 los cuestionamientos contraroquistas pasaron a criticar ciertos valores básicos implicados en el relato oficial del origen del Estado nacional —como el racialismo[108],

---

[107] Sobre la influencia actual de Mitre y la doctrina liberal en el diario, seguimos a Ulanovsky (2005: 24): "Y aunque no siempre dirigió el diario [Mitre], su influencia fue considerable, en especial, acerca de los sentimientos e intereses bonaerenses', dice en 1996 el secretario general de redacción de La Nación, José Claudio Escribano [actualmente en el cargo de subdirección], quien además asegura que son numerosos los vestigios de la doctrina del fundador que aún permanecen en la institución y en el periódico. 'La presencia de Mitre perdura en lo que concierne al uso de la libertad, la defensa de las garantías individuales, la independencia de los poderes públicos y el ejercicio de un criterio pluralista en todos los órdenes. Si alguien nos dijera: 'Ustedes hacen un diario conservador y liberal', contestaríamos: 'Está bien; no hay nada que corregir en su afirmación'. Ahora, si en cambio, la expresión fuera: 'Ustedes hacen un diario elitista', nosotros diríamos: 'Qué mal nos ha entendido usted o qué mal hacemos nosotros las cosas para que usted nos entienda de ese modo', opina Escribano. Acerca de la cuestión de si todavía en 1996 hay 'mitrismo' en La Nación, Hugo Caligaris -en el diario desde 1978 y actual editor de la revista de los domingos- responde: 'El espíritu de Mitre persiste, en especial en los editoriales, en donde siempre trató de mantener principios del liberalismo bien entendido, polifacético'". Se sugiere además la lectura de Sidicaro (1993).

[108] En el libro *Nosotros y los otros* (2010) Tzvetan Todorov diferencia racismo y racialismo; aunque ambas categorías se configuran como herramienta analítica para entender la cuestión racial, el racismo es más bien un sentimiento de menosprecio a grupos físicamente diferentes, mientras que el racialismo es una doctrina con ideas propias, que reproduce un conjunto coherente de proposiciones científicas, sociales, económicas, morales, etc., propias de la modernidad occidental positivista decimonónica. Siguiendo a Todorov, Ansaldi y Funes (2004) sostienen que los presupuestos del racialismo como doctrina son: "la existencia de razas y la preeminencia de unas sobre otras; la continuidad entre lo físico y lo moral y la sobredeterminación de la biología

la homogeneidad cultural, el personalismo político, entre otros—, *La Nación* posiblemente los ha tomado como un ataque a sus valores políticos e ideológicos fundacionales.

En la actualidad, los defensores de Roca en este diario suelen destacarlo como emblema del militar profesional; de rápida ascensión y carrera brillante, él tuvo la visión estratégica que garantizó la ocupación definitiva de la Patagonia y puso fin al conflicto histórico entre el poder central, estancieros, malones y pueblos indígenas que entonces dominaban aquél amplio territorio. Ya en el cargo de presidente, consolidó definitivamente las fronteras nacionales a través de acuerdos de paz con Chile y Brasil, terminó los conflictos políticos internos entre Buenos Aires y las provincias del interior y cerró, con ello, el ciclo de guerras civiles que habían desestabilizado el país por más de 70 años.

Económicamente, aseguró los intereses de clase de la oligarquía agroexportadora en el preciso momento en que la Argentina se afirmaba en el mercado internacional como el "granero del mundo", garantizando, asimismo, la entrada de inversiones extranjeras y de tecnologías modernas que sentaron las bases para la efervescencia cultural y urbana que llevó el país —y la Capital Federal en especial— a vivir su *belle époque* de los años 1910 y 20.

Tales procesos, a que también se suma el establecimiento del sistema público de enseñanza, de la creación de escuelas técnicas y de la institución del servicio militar obligatorio (con la profesionalización y burocratización de las fuerzas armadas en el país) fueron determinantes para la ciudadanización forzada de los indígenas y de los cada vez más numerosos inmigrantes, posibilitando la construcción efectiva de lo que hoy se conoce como el moderno Estado argentino.

---

sobre la cultura; la acción del grupo sobre el individuo; una jerarquía única y etnocéntrica de valores y una política fundada en el saber. Este último rasgo es la clave de bóveda de la relación entre poder y biología o entre 'poder' y 'ciencia'" (Ansaldi y Funes, 2004: 452).

Esos datos históricos extensamente difundidos a través de la historiografía oficial son la base de las notas divulgadas a favor del ex presidente en los medios de comunicación. Son operados allí para respaldar la imagen ya consolidada de Roca como constructor del Estado nacional y símbolo del estadista moderno en Argentina, así como para legitimar la permanencia de los monumentos en sus ubicaciones originales. Recuperamos algunos fragmentos de texto que explicitan esa visión:

Con Roca, se organizó el Estado nacional; se acabó la anarquía y comenzó un período de paz y administración, de paz y progreso, en el que el país se convirtió en una de las economías más pujantes del mundo. Un país en el que cambió el ciclo económico, donde pasaron a predominar los granos y la carne. ¿Gracias a qué? Gracias a la disposición de tierras fértiles y a la llegada de inmigrantes (Ceferino Reato, licenciado en Ciencias Políticas y periodista de *La Nación*: "El mejor presidente de la historia nacional", publicado en *La Nación* el 17 de octubre de 2014).

Es el que perpetúa las tradiciones argentinas, permite el cumplimiento de los objetivos de la organización nacional y hace que la Argentina pueda ser hoy una nación independiente y próspera. De lo contrario no hubiera sido posible. (Juan José Cresto, historiador y ex director del Museo Histórica Nacional: "Después de los próceres de la independencia, Roca es la gran figura de nuestra historia", entrevista concedida a *Infobae* en el 18 de octubre de 2014).

También cabe mencionar que durante sus dos presidencias la educación fue un área de gobierno prioritaria. Durante su primera presidencia se sancionó la Ley 1.420 de enseñanza laica, gratuita y obligatoria, y en su segunda período presidencial se puso especial énfasis en mejorar la educación en los entonces territorios nacionales, entre los que se encontraban las provincias patagónicas (Rosendo Fraga, abogado, miembro de la Academia Argentina de la Historia y columnista de *La Nación*: "Las campañas al desierto de Roca y Rosas", publicado en *La Nación* el 26 de junio de 2014).

En su segunda presidencia, Roca crea el servicio militar obligatorio, para unir en la civilización a todos los jóvenes criollos, indios... y gringos, que empezaban a llegar. En este período se incorpora al Congreso el primer diputado socialista de América, don Alfredo Palacios. Roca sostuvo un concepto estratégico del territorio nacional: ocupar la Patagonia hasta la Tierra del Fuego, integrar el país mediante una red ferroviaria (que hoy está destartalada), resolver todo conflicto de límites y modernizar a la nación para insertarla en el mundo (Rolando Hanglin, periodista y columnista de *La Nación*: "Roca, el grande", publicado en *La Nación* el 27 de mayo de 2014).

Empero si hasta aquí los autores citados retoman en gran medida los consensos historiográficos construidos alrededor de Roca a lo largo del siglo XX, en lo que se refiere a la actuación del general en la "Conquista del Desierto" las opiniones suelen dividirse.

De un lado, están los que sostienen que Roca debería interpretarse según los parámetros y valores propios a su tiempo, entre quienes podemos citar Juan José Sebreli, Luis Alberto Romero y, si se quiere, el propio Félix Luna, que a pesar de haberse mantenido alejado de la polémica hasta 2009, año de su fallecimiento, es indudablemente la referencia central de ese razonamiento. Para estos autores, hablar en genocidio es anacrónico. El tratamiento despectivo hacia los indígenas debería ser entendido no como una característica individual de Roca sino según los criterios de la época, es decir, como parte del pensamiento positivista hegemónico a fines del siglo XIX que asumía la existencia de razas superiores e inferiores. Eso explica, además, que el destino dado a los prisioneros indígenas obedeciera una lógica de guerra y ciudadanización que buscó solucionar la "cuestión indígena" transformando a los presuntos "bárbaros" en verdaderos "argentinos", en un momento histórico en que el propio concepto de Nación supuso la homogeneidad cultural de todos los habitantes del territorio nacional:

> Hay que considerar el contexto de aquella época en que se vivía una atmosfera darwinista que marcaba la supervivencia del más fuerte y la superioridad de la raza blanca (...) Con errores, con abusos, con costos hizo la Argentina que hoy disfrutamos: los parques, los edificios, el palacio de Obras Sanitarias, el de Tribunales, la Casa de Gobierno (Félix Luna *apud*. Petralito, 2010: 309).

Roca fue un militar profesional que guerreó para construir el Estado nacional. Peleó en la Guerra del Paraguay, combatió a los poderes provinciales que cuestionaban la autoridad nacional, derrotó a los imperios aborígenes del Sur y definió las fronteras argentinas, ocupando un territorio que por entonces también pretendían los chilenos. No hay nada de excepcional en esta historia, similar a la de cualquier otro Estado nacional construido con los métodos que por entonces eran considerados normales (Luis Alberto Romero, historiador: "Bajen a Roca, alcen a Néstor" publicado en *La Nación*, el 5 de octubre de 2011).

No obstante, cuando tomamos las opiniones de Romero y Sebreli sobre el tema se evidencia que la crítica se dirige más bien a la instrumentalización para fines políticos de la imagen de Roca (o, mejor dicho, de la "anti imagen" que se quiere consolidar). En otras palabras, esos autores no están interesados en defender las memorias roquistas en sí mismas, sino en discutir la apropiación que hizo el gobierno de Cristina Kirchner (2007-2015) de los argumentos en su contra para la promoción de intereses político-partidarios específicos:

> Algo de todo eso se insinúa hoy, con la presidenta viuda. Calles, barrios, campeonatos y becas reciben el nombre de Néstor Kirchner. Son muchas las prácticas, interpelaciones, apelaciones y representaciones que esbozan la colocación de

Kirchner en una esfera sobrenatural, más pagana que cristiana, desde donde motiva a sus seguidores y legitima e inspira a Cristina. Una operación similar a la que Augusto hizo con Julio César. El relato mítico del kirchnerismo está en pleno proceso de construcción, y por ahora suma motivos que no siempre encajan. Esta suerte de beatificación de Kirchner se une ahora con la execración de Roca . La cuestión pasa de lo sobrenatural al combate por la apropiación del pasado (Luis Alberto Romero, historiador: "Bajen a Roca, alcen a Néstor" publicado en *La Nación*, el 5 de octubre de 2011).

Discutiremos las formas en las que se ha dado la apropiación por parte del kirchnerismo de la disputa contramonumental en la segunda parte del presente capítulo, en donde abordaremos las acciones llevadas a cabo en los espacios públicos urbanos. Por ahora diferenciaremos ciertos matices que son parte de lo que hoy llamamos memorias roquistas.

Mientras que Félix Luna estuvo desde el principio alineado al pensamiento historiográfico oficial, Juan José Sebreli y Luis Alberto Romero entraron en la polémica solamente cuando el kirchnerismo también lo hizo, pues para esos autores la disputa en torno a esas memorias se debía al oportunismo político de un gobierno que se ha caracterizado, entre otros factores, por "adueñarse" de la bandera de los derechos humanos. Una versión de los hechos que ignora la influencia directa de los movimientos indígenas contemporáneos en la polémica, al mismo tiempo en que reproducen el sentido común que toma a esos pueblos como sujetos pasivos y fácilmente manipulados por el Estado —e incapaces, por ende, de sostener demandas políticas independientes—.

Pero si hasta aquí hemos tratado de intelectuales que interpretan la "Conquista del Desierto" y Roca según la versión extensamente difundida por la historia oficial, del otro lado están aquellos que buscan legitimarlos a través de una estrategia más radical de negación de los grupos indígenas conquistados, la cual se basa en una estructura de pensamiento similar a la del positivismo que sostuvo la guerra de 1879. Entre ellos se destacan, ya sea por la cantidad de notas publicadas o por las controversias que éstas han generado, el ex director del Museo Histórico Nacional, Juan José Cresto y los columnistas de La Nación Rosendo Fraga, Mariano Grondona y Rolando Hanglin. Sus opiniones se basan en tres argumentos principales:

a) Los malones, en cuanto figuras criminales y violentas, eran el principal factor de desestabilización de las débiles fronteras nacionales e impedían la expansión productiva agraria más allá de la pampa húmeda:

> No se entiende que haya en nuestros días personas que afirman que, so pretexto de adjudicar al indio el rótulo de primer poblador se empeñen en defender a quienes significaban el retraso económico, la entronización de la barbarie, de la fuerza bruta y del delito (...) El general Julio Argentino Roca fue el más importante factor de radicación de nuevos pobladores; a su amparo nacieron y crecieron aldeas que hoy son prósperas ciudades, dispersas en nuestra vasta geografía, que brinda trabajo honrado a cientos de miles de chacareros y sus frutos se extienden sobre las mesas de pobres y ricos de todo el mundo (...) Hacia 1880 una nación extensa y vacía pensó ocupar sus espacios y respetar a sus ciudadanos indios. Eran los hombres que hicieron la grandeza del país. Volvamos a las fuentes (Juan José Cresto *apud*. Petralito, 2010: 307).

*

> En la Argentina de 1877 había un consenso prácticamente unánime por librar a los colonos del flagelo del malón, y Roca lo instrumentó no sólo con solvencia militar, sino también con mesura política, reduciendo su acción militar a batir en combate a los pocos miles de lanzas que, pese a sus ofertas de paz, lo desafiaban (Mariano Grondona, columnista de *La Nación*: "La demonización de Roca y el olvido de Sarmiento" publicado en *La Nación* el 2 de octubre de 2011).

b) El pueblo mapuche, principal nación indígena afectada por la conquista territorial de 1879, era un pueblo invasor venido de Chile y, por tanto, ilegítimo habitante del territorio argentino:

> La etnografía da cuenta de diversas tribus originarias de la Patagonia argentina. Ninguna de ellas bajo el nombre de "mapuche". Los mapuches a los que derrotó Roca no eran "pueblos originarios" de la Patagonia, sino "invasores": eran araucanos que provenían de Chile y que habían aniquilado a los verdaderos pueblos originarios, los tehuelches. Recordemos, además, que Roca negoció la paz con la mayoría de las tribus, lejos de exterminarlas y que, fruto de su astucia, logró posteriormente de manera incruenta el reconocimiento chileno de nuestra soberanía en el Sur (*La Nación*: "Militancia e ignorancia", editorial publicado el 5 de enero de 2014).

*

> Pero atención: en esa historia, que tiene muchos capítulos y muchos matices, no hay buenos y malos. No hay ángeles. No hay víctimas. No hay "mapuches". No hay "genocidio". No hay habitantes originarios, o mejor dicho sí los hay: originarios de Chile. Nuestros indios amigos, nuestros paisanos que sobrevivieron como pudieron, hoy están esperando una reparación histórica, cultural, territorial, económica, en sus pagos de origen dentro de la República Argentina, como ser Toay, Los Toldos, Ñorquinco. A los araucanos chilenos que, a lanza y bola, derramaron su sangre en nuestro país, les toca (a través de sus descendientes) lo mismo que a cualquier argentino. Una oportunidad para estudiar y trabajar, el respeto de todos mientras se acate la Constitución (Rolando Hanglin: "Historia mapuche" publicado en *La Nación* el 10 de junio de 2014).

*

> los mapuches a los que derrotó Roca no eran "pueblos originarios" de la Patagonia sino pueblos "invasores", ya que eran araucanos que provenían de Chile y que habían aniquilado a los verdaderos pueblos originarios, los tehuelches, antes de que llegara Roca (Mariano Grondona: "La demonización de Roca y el olvido de Sarmiento" publicado en *La Nación* el 2 de octubre de 2011).

Finalmente, vinculado al argumento anterior:
c) No existían pueblos originarios en la Patagonia argentina a la época de la "Conquista del Desierto":

> ¿Estaba Roca ocupando tierras de indios? La respuesta es categóricamente negativa. Esas tierras desiertas comenzaban a ser ocupadas con las expediciones pobladoras de la España colonizadora del siglo XVI. Los indios iniciaron su ocupación 180 años después. Todo el país, toda la población de la Nación, quería terminar con este oprobio, desde el Congreso y los gobiernos provinciales hasta los periódicos, sin excepción (Juan José Cresto *apud.* Petralito, 2010: 307).

En los discursos presentados arriba se evidencia la continuidad del binomio civilización/ barbarie como justificación teórica, moral y política para la "Conquista del Desierto" y, por tanto, como uno de los principales elementos legitimadores de esa memoria en la actualidad. En consonancia con el pensamiento positivista que enmarcó el liberalismo decimonónico, esos defensores de la memoria roquista siguen, así, presentando un discurso de la alteridad basado en una "otredad" inferior que se utiliza de una formula bastante generalista sobre qué son los indígenas.

Eso se evidencia en la identificación casi directa que hacen entre malón, mapuche e indígena derrotado, bien como en su insistencia en referirse aún hoy al territorio incorporado militarmente como "desierto"[109]; como consecuencia, se niegan las víctimas indígenas (pues ¿cómo hablar en muertos y prisioneros en un desierto despoblado?) a la

---

[109] La construcción ideológica del "desierto" como espacio de la no-civilización o, para utilizar la expresión sarmientiana, de la "barbarie", bien como su paulatina deconstrucción en los últimos 30 años merecerían un análisis a parte. Empero, en la medida que esa discusión se ha dado de forma paralela e independiente a la discusión pretendida aquí (aunque con claros puntos en común) decidimos no desarrollarla en el presente escrito. Recomendamos, en su lugar, las lecturas de a) Masotta (2006) en donde el autor aborda una serie de iniciativas en el campo de las artes plásticas en donde el "desierto patagónico" figura como protagonista; b) Quijada (2000), sobre los conceptos decimonónicos de "territorio", "frontera" y "desierto"; c) desde la crítica

vez que se borran los matices étnicos, lingüísticos y el propio mestizaje que caracterizó el complejo territorio patagónico, reproduciéndose en esa esquematización la misma invisibilización por homogeneización que ha marcado la relación con los pueblos indígenas durante la construcción del Estado Moderno.

Esa operación discursiva que doblemente invisibiliza y niega el elemento indígena mediante el uso de las palabras "extranjero", "indio" y "malón"[110] cumple además, en nuestra opinión, una estrategia política sutil en la disputa: al descalificar y negar a esas otredades el *status* constitutivo de la "argentinidad", esos autores terminan asimismo por deslegitimar simbólicamente el derecho, asignado solamente a los ciudadanos argentinos, de exigir legalmente la remoción de los monumentos.

No pretendemos discutir la vigencia de las hipótesis que defienden hoy que esos grupos no eran "originarios" de la Argentina[111], sino destacar que, al insistir en ello, la defensa de la memoria positiva de Roca sigue asentándose en una concepción homogénea del Estado nacional para la cual la presencia de grupos indígenas políticamente actuantes y con propuestas propias de autodeterminación representan una amenaza a los valores que sostienen la "unidad nacional".

---

literaria, F. Rodríguez (2010), en que el "desierto" es interpretado como el primer mecanismo de invisibilización del indígena en la Argentina moderna.

110 En relación al uso de la categoría "indio" por parte de todos los autores aquí citados, vale recordar que por el origen europeo y colonial del término, ha ganado una connotación peyorativa entre las comunidades y pueblos indígenas argentinos, los cuales prefieren el uso de la denominación "pueblos originarios". La insistencia por el uso de esa categoría refleja, así, la opción deliberada de esos autores por el uso de una categoría vinculada directamente a la derrota y sumisión de esos pueblos durante el período de conquista y colonización.

111 Entre los principales investigadores a sostener esa hipótesis estaba el paleontólogo Rodolfo Casamiquela. Entre otras publicaciones, recomendamos la lectura de su artículo *El poblamiento de la Patagonia* (2007).

Los argumentos "pro Roca" se caracterizan, así, sobre todo por la defensa de una noción de Estado nacional y de progreso que han sido progresivamente idealizados como sinónimo de "paz" y "administración" eficiente —lema, en efecto, de la primera presidencia de Roca—.

Las memorias contraroquistas

Gestadas en la trama compleja de cambios que analizamos en el capítulo anterior, las memorias contraroquistas se vinculan actualmente con grupos bastante heterogéneos. Entre sus voces más activas figuran académicos y periodistas, a los cuales se han sumado paulatinamente estudiantes, militantes políticos de izquierda y del kirchnerismo (en el gobierno hasta 2015)[112], artistas, activistas de derechos humanos, agrupaciones anarquistas y, especialmente en Bariloche, militantes jóvenes mapuche.

Empero, sin duda el principal nombre detrás de esa producción contramemorialista es el escritor "anarquista y pacifista a ultranza", como le gusta autodenominarse, Osvaldo Bayer. Utilizando distintas plataformas de comunicación —charlas públicas, video-documentales y, principalmente, la prensa escrita— él tiene el mérito de haber conjuntado una serie de estudios críticos sobre el período roquista, antes difusos, y estructurarlos en una crítica directa y frontal a la memoria dominante sobre ese personaje.

Egresado de la carrera de Historia de la Universidad de Hamburgo, Alemania, Bayer es un importante investigador del movimiento anarquista en Argentina y un periodista combativo, cuya relación con los temas sociales de la Patagonia deviene, en parte, de su trayectoria profesional

---

[112] El partidismo presente hoy en las memorias analizadas es un factor importante a considerar, principalmente en el análisis centrado en Capital Federal. En nuestra opinión, aunque no determine en sí mismo la disputa y haya surgido de forma paralela a ella, ese involucramiento partidario agregó nueva complejidad, nuevos argumentos y asimismo contradicciones al planteo original, las cuales se expondrán en el siguiente apartado.

realizada en periódicos de la región —*Esquel* y *La Chispa* (fundada por él en 1958)— y, en parte, por su propia militancia política.

En efecto, comenzó a ocuparse de las campañas militares decimonónicas y de las condiciones precarias de vida experimentadas por la población indígena en 1958, cuando apoyó abiertamente la lucha de las comunidades de Cerro Cuche y Nahuel Pan en contra de hacendados locales (episodio que llevó a su despido del diario *Esquel* y a la fundación de *La Chispa*, en donde pasó entonces a publicar notas en defensa de las comunidades mapuche patagónicas). Una temática que volvió a tocar años más tarde, en 1963, cuando fue invitado a dar una charla en la localidad bonaerense de Rauch y, sin saber qué otro tema abordar, optó por cuestionar la toponimia local, recordando a los presentes que el coronel prusiano Federico Rauch había sido contratado por Bernardino Rivadavia, entonces presidente de las Provincias Unidas del Río de la Plata (1826-1827), para expulsar de manera violenta a los indígenas ranqueles de aquél territorio.

Sin embargo, el momento político no era favorable para ese tipo de discusión. Ocupaba el cargo de ministro del Interior el bisnieto del coronel, el gral. Juan Enrique Rauch. Valiéndose del estado de sitio declarado por la dictadura cívico-militar de José María Guido (1962-1963), las fuerzas policiales pudieron detener a Bayer en una *razzia* al Sindicato de Prensa, en donde él ejercía la función de secretario general. De allí en adelante, la escalada de la represión estatal y de la violencia parapolicial de extrema derecha le dejarían un saldo de nuevos encarcelamientos, dos obras censuradas y amenazas de muerte por la Triple A[113], llevando a que decidiera, en 1975, exiliarse en Berlín, en donde permaneció hasta el fin de la última dictadura militar.

De regreso al país en 1983, pudo estrechar lazos con los organismos de derechos humanos nacidos en los años de plomo, sobre todo las Madres de Plaza de Mayo[114], y volver a la labor como periodista, en la cual se mantiene hasta hoy. Es aquí que la trayectoria de Bayer se cruzó definitivamente con la del diario que se tornaría a partir de 1997 el principal interlocutor de *La Nación* del lado de las memorias contra-roquistas: el *Página/12*.

Este periódico fundado en 1987 por intelectuales de la izquierda nacional (algunos de los cuales también recién regresaban del exilio)[115] acogió a Bayer en un momento en que, tal vez debido al espíritu conciliador que caracterizó la política nacional entre los años finales del alfonsinismo y la década menemista, había poco espacio en los grandes medios para personas de convicciones tan inquebrantables como las de ese anarquista. Desde allí, Bayer viene dividiéndose en las últimas décadas entre escritos sobre el anarquismo histórico en Argentina, los derechos humanos, la vida de personajes poco conocidos de la historia nacional y la deconstrucción de otros ya bastante consolidados —entre los cuales está Roca—. Por tanto, podemos situar

---

[113] El primer libro publicado por Osvaldo Bayer, *Severino Di Giovanni, el idealista de la violencia* (1970/2011) fue prohibido por el gobierno de Raúl Alberto Lastiri (julio de 1973-octubre de 1973). Luego, los tres primeros tomos de *La Patagonia rebelde* (lanzados entre 1972 y 1974) y la película homónima de 1974 fueron censurados por el gobierno de María Estela Martínez de Perón (1974-1976). Esta última obra, en especial, llevó a que Bayer y todo el elenco principal entraran para la lista de la Triple A, grupo paramilitar que fue responsable del el asesinato y desaparición de casi 700 militantes, intelectuales y artistas de izquierda entre 1973 y 1976.

[114] Bayer colaboró desde 1983 activamente con las Madres, en sus dos organismos distintos (Línea Fundadora y Asociación). Sin embargo, se ha distanciado de la Asociación liderada por Hebe de Bonafini cuando ésta declaró su apoyo a los gobiernos kirchneristas (2003-2015).

[115] Fue el caso de Osvaldo Soriano (1943-1997), escritor, periodista y gran amigo de Osvaldo Bayer.

su "cruzada" actual en contra de las memorias roquistas en el eje central de una propuesta más amplia de reevaluación ética de la historia nacional que, en su visión, es esencial a la conducción de una sociedad más justa.

En ese marco, Bayer sostiene que la "Conquista del Desierto" exterminó a las poblaciones indígenas que habitaban la zona patagónica liberando con ello más de 40 millones de hectáreas de tierra que fueron repartidas por el Estado entre pocos terratenientes, un proceso que inauguró el moderno latifundio pecuario y, por ende, la especulación de tierras agrarias en la región sur:

> la citada "campaña del desierto" significó para los grandes estancieros bonaerenses una ganancia absoluta en tierras. Por ejemplo, el entonces estanciero Martínez de Hoz recibió nada menos que 2 millones de hectáreas. 2 millones. Y el propio general Roca obtuvo como regalo por su hazaña la estancia "La larga", mientras que al perito Moreno —fundador de la organización de extrema derecha "Liga Patriótica Argentina"—, por su parte, le tocó en suerte recibir varias leguas cuadradas en la región más hermosa del país (Osvaldo Bayer: "El primer triunfo", publicado en *Página/12* el 21 de mayo de 2005).

Viñas ya había expuesto el problema del reparto de tierras en *Indios, ejército y frontera* al cruzar el denominado "proyecto civilizador" positivista con datos más precisos sobre la especulación agraria post campañas militares:

> En 1840, en la céntrica provincia de Buenos Aires, 825 haciendas controlaban 13 millones de hectáreas y hacia 1880 quizá las mejores tierras de toda Argentina eran de propiedad privada. Hay una forma más gráfica para ejemplificar los efectos locales de la demanda externa de curtidos, ganados y lana argentina. En 1836, una legua cuadrada de tierra en la provincia de Buenos Aires valía alrededor de 5.000 pesos, mientras que 43 años más tarde había subido a 200.000 pesos y no se habían realizado mejoras en el ínterin (J. Stanley y B. H. Stein *apud*. Viñas, 2013: 99).

Empero, si en la década del 1980, cuando se publicó la obra, los conflictos agrarios que involucraban a la población indígena nacional se mostraban poco relevantes a los grandes medios, su profundización en los 1990 (llegando al límite durante la recesión económica de los años 2000) impulsó de parte de los intelectuales y militantes de izquierda nuevas críticas a la estructura latifundista y, por consiguiente, nuevas miradas retrospectivas como la insinuada por Viñas, siendo por ello comprensible su incorporación de forma enfática en los relatos contraroquistas.

Una operación similar se observa también en la primera denuncia hecha por Bayer en la cita que seleccionamos, a saber, el exterminio intencional de personas en la "Conquista". Ese elemento es lo más aceptado por los actores involucrados en la construcción de las memorias contraroquistas y ciertamente constituye el núcleo de toda la polémica, debiendo su relevancia actual ser entendida en correlación con:

a) La valoración de los derechos humanos después de 1983 —inclusive mediante su transformación en política de gobierno durante el decenio comandado por los Kirchner (2003-2015)—;

b) La nueva escalada de violencia policial y parapolicial en contra de las comunidades indígenas organizadas políticamente en el norte y en el sur del territorio nacional.

En ese marco, las memorias contraroquistas asimilaron nuevos estudios en desarrollo en el campo de la antropología que indagan el concepto de genocidio, su posible aplicación a los procesos de ciudadanización forzada de los indígenas en el siglo XIX y sus consecuencias en el presente. Los integrantes de la Red de Investigadores en Genocidio y Política Indígena en Argentina, radicada desde 2005 en la Facultad de Filosofía y Letras de la UBA (FFyL)[116], por

---

[116] Según Alexis Papazian, investigador vinculado a la Red, ésta surgió entre 2005/06 animada justamente por una serie de inquietudes que hacia aquellos años fueron apareciendo en seminarios de la FFyL sobre la cuestión

ejemplo, sostienen que si en la guerra de conquista se ha terminado la vida de cerca de 1300 guerreros, mejor suerte no han tenido los sobrevivientes. Ellos, en su mayoría mujeres y niños, fueron divididos y repartidos entre las familias de la élite porteña para luego ser utilizados como trabajadores domésticos. Otros tantos fueron hechos prisioneros en la Isla Martín García para ser después transferidos a los ingenios azucareros del norte del país, donde fueron obligados a trabajar en condiciones precarias muy similares a la esclavitud[117].

Para estos investigadores, no fue la cantidad de víctimas fatales lo que caracterizó la "Conquista del Desierto" como un genocidio sino la intencionalidad de eliminar a los indígenas en cuanto pueblos, ciudadanizándolos a fuerza, rompiendo sus redes familiares e impidiendo la reproducción de los elementos que componían sus culturas[118]; argumentos que, según Bayer, son de por sí suficientes para que se quite a Roca del pedestal que lo ha consagrado como prócer por tantas décadas:

indígena en el siglo XIX, la existencia o no de un genocidio y sus consecuencias en la actualidad. Para más información sobre la Red, sugerimos la entrevista "Los pueblos originarios sufren las consecuencias del genocidio que fue invisibilizado, ocultado o negado" cedida al periódico *Agencia Paco Urondo* el 17 de junio de 2014.

[117] El tratamiento despectivo de los vencidos también es recordado en la construcción del Museo de Historia Natural en la ciudad de La Plata. Fundado durante la primera presidencia de Roca y bajo la dirección de Francisco P. Moreno (el "perito Moreno" del que habla Bayer) él no albergó solamente artefactos conseguidos en la guerra, sino también prisioneros ilustres de ella, como el cacique rendido Inakayal y su familia, quienes fueron estudiados mientras vivían y cuyos restos mortales se han tornado parte del acervo etnográfico. Sobre este tema, se recomienda la lectura de Endere (2011) y la película documental *Inacayal: la negación de nuestra identidad* de Myriam Angueira y Guillermo Glass (2013).

[118] Sin embargo, no existe un consenso general entre los investigadores académicos sobre la validez de esa categoría cuando es aplicada a las campañas militares decimonónicas. Ver, entre otras publicaciones, el debate *Genocidio y política indigenista: debates sobre la potencia explicativa de una categoría polémica* coordinado por Diana Lenton en 2011 y la entrevista *Imágenes de la masacre y el genocidio* concedida por el historiador José Emilio Burucúa al periódico *Página/12* en 2009.

> Recuerdo cuando hace años comenzamos los jueves al anochecer, junto al monumento al general Julio Argentino Roca, demostrando que, documento tras documento, los argentinos honrábamos a un genocida, a un racista y a quien había restablecido la esclavitud en la Argentina, en 1879, esclavitud a la cual nuestra increíblemente progresista Asamblea del Año XIII había eliminado adelantándose en décadas a Estados Unidos y a Brasil (Osvaldo Bayer: "Desmonumentar", publicado en *Página/12* el 16 de mayo de 2010).

*

> En el primer congreso de "Desmonumentando a Roca" que comenzaremos el sábado próximo en Junín sentaremos las bases para una propuesta de profundo sentido ético, terminar con el endiosamiento del genocidio y propender a que se quiten los monumentos a la persona de Roca, se reemplace su nombre a todas las calles que lo ostentan en nuestras ciudades (Osvaldo Bayer: "Desmonumentar", publicado en *Página/12* el 16 de mayo de 2010).

Según esa interpretación de los hechos, Roca representa así la ya no más tolerada violencia racista detrás de los ideales de progreso y civilización que animaban la oligarquía nacional decimonónica:

> no sólo los exterminó (como dice el mismo Roca en su informe final ante el Congreso de la llamada "campaña del desierto"), sino que los humilló constantemente calificándolos de "los bárbaros, los salvajes", denominando a sus mujeres "chinas" y calificando al conjunto de sus mujeres e hijos de la "chusma", como tantos racistas de esa época. Y más todavía, fue el militar que restableció la esclavitud al enviar a los indios prisioneros a trabajar a las fortificaciones de la isla Martín García o a morir de puro trabajo forzado a los cañaverales tucumanos, de los cuales era dueño Posse, su pariente (Osvaldo Bayer: "El primer triunfo", publicado en *Página/12* el 21 de mayo de 2005).

Una postura racista y violenta que, contrariando los argumentos "pro Roca", no se puede justificar por el contexto de época:

Respecto del racismo de Roca están todos sus discursos en los que siempre emplea los mismos términos calificándolos de "los salvajes, los bárbaros", mientras San Martín varias décadas antes siempre hablaba de "nuestros paisanos los indios". Una diferencia abismal (Osvaldo Bayer: "Desmonumentar", publicado en *Página/12* el 16 de mayo de 2010).

Aunque Bayer pueda ser criticado por operar discursivamente evocando a un héroe bastante más consensuado por la derecha y por la izquierda, aislándolo igualmente de su época y confiriéndole un carácter casi idílico (cuando sabidamente el posicionamiento de San Martín frente a los indígenas fue más bien parte de una estrategia política y militar que buscó sumar aliados a la causa independentista), para el historiador Gabriel Di Meglio y el antropólogo Carlos Martínez Sarasola,

> si bien la campaña de 1879 reunió mucho consenso también hubo voces que condenaron sus atrocidades, al igual que ocurrió antes con las matanzas de la Guerra del Paraguay; no es que era "natural" ejercer tal grado de violencia (...). Y la competencia geopolítica con Chile no obligaba a lo que se hizo: confinamiento de indígenas en centros de detención en condiciones terribles y donde casi no los alimentaban; violaciones de mujeres por los soldados; separación de los niños de sus familias, cristianización forzada y cambio de sus nombres por otros en español. Muchos fueron repartidos por distintos lugares del país como mano de obra forzada, casi esclava. Estas medidas causaron muchas más muertes que las campañas militares y muestran una clara voluntad de terminar con las comunidades indígenas. El general Roca fue responsable (Gabriel Di Meglio, historiador: "Roca y la nostalgia aristocrática, publicado en *Télam* el 20 de octubre de 2014).
>
> *
>
> El historiador Félix Luna, por ejemplo, hablaba del espíritu de la época. Una vez, me acuerdo que tuvimos un diálogo por televisión y él me dice: "Pero bueno, Sarasola, lo que pasa es que era el espíritu de la época". Yo le dije que no, del "espíritu de la época" no todo el mundo participaba. En el momento que se produce la conquista del "desierto" había gente que no

estaba de acuerdo. Incluso, si vos lees el diario *La Nación* de aquellos años, denunciaba los desastres que estaban haciendo con los indígenas prisioneros. Es evidente que lamentablemente triunfó un proyecto de nación encabezado por Roca en la década de 1880. Hoy podemos empezar a escribir una historia diferente, creo que es posible reconstruir cosas que se han perdido (Carlos Martínez Sarasola, antropólogo: "Los argentinos somos de una gran diversidad cultural, pero tenemos inconvenientes en reconocerlo", entrevista concedida al colectivo *Derrocando a Roca* el 19 de agosto de 2014).

En contraste con los argumentos que justifican a Roca y la "Conquista del Desierto" por el "espíritu de época" decimonónico, las memorias contraroquistas muestran, así, que la violencia hacia los indígenas no fue aceptada por todos, ni siquiera en el siglo XIX. Y, aunque lo fuesen, Osvaldo Bayer plantea que en el presente, tomándose por base los valores éticos actuales, no se justifica mantener tal memoria, humillante de los pueblos indígenas, en los espacios públicos. Si bien Bayer no recurre en sus escritos explícitamente a la asociación entre la violación de los derechos humanos en la última dictadura militar y en la "Conquista", lo que sí se entrevé es que opera discursivamente para legitimar, ante la sociedad en general, los reclamos históricos de una parte de la población aún marginada:

> D.A.: Se avanzó mucho en la denuncia de los derechos humanos violados en la última dictadura. Pero no en los derechos indígenas...
> O.B.: No se avanzó en nada. No se les da valor a los pueblos originarios, no se les reconoce nada.
> D.A.: ¿Por qué?
> O.B.: Los argentinos están acostumbrados a no reconocerles nada a los pueblos indígenas. Desde el origen de la Argentina, se los echó de todos lados, nunca se les reconoció nada. Roca pareciera un héroe para muchos argentinos, siguen creyendo que la Campaña del Desierto fue un progreso.
> D.A.: ¿Qué responsabilidad tiene la sociedad?

O.B.: Todos miran para otro lado. Formosa es el ejemplo. El Gobernador les quita la tierra, les hace juicios y nadie dice nada. La Corte Suprema se calla la boca, el Gobierno, la Iglesia lo mismo. Y las organizaciones de derechos humanos no intervienen porque son indígenas.
("Los Roca de hoy son las grandes estancias y las empresas transnacionales", entrevista cedida por Osvaldo Bayer al periodista Darío Aranda para la revista *ComAmbiental* el 18 de febrero de 2015).

No por coincidencia muchos de los que colaboran con él en el sostenimiento de esos nuevos relatos están vinculados de alguna manera a la bandera de los derechos humanos. Es el caso del psicólogo dedicado a la investigación antropológica Marcelo Valko, quien por muchos años dio clases en la Universidad Popular Madres de Plaza de Mayo y hoy es el "brazo derecho" de Bayer en la producción de memorias contraroquistas, inclusive con dos libros dedicados al tema: *Pedagogía de la desmemoria* (2010) y *Desmonumentar a Roca* (2013). También del autor del polémico proyecto escultórico que pretende remplazar el gral. Roca de Capital Federal[119], el artista plástico Andrés Zerneri, que durante la juventud vivida en la ciudad de Neuquén acompañó la actuación del obispo Jaime de Nevares, militó en la agrupación local de H.I.J.O.S[120] y, desde esa época, viene apoyando los reclamos sociales y políticos sostenidos por las comunidades mapuche patagónicas.

---

[119] El llamado Monumento a la Mujer Originaria (MMO), que abordaremos a detalle en el próximo apartado.
[120] La agrupación Hijos e Hijas por la Identidad y la Justicia contra el Olvido y el Silencio (H.I.J.O.S) fue fundada originalmente por hijos e hijas de desaparecidos durante la última dictadura militar; surgió en la ciudad de La Plata en 1994 y desde entonces se dedica a denunciar casos de violencia e impunidad vinculados al terrorismo de Estado. Su actuación ha llamado la atención de militantes en todo el territorio nacional (donde cuenta con aproximadamente 20 delegaciones regionales) y también en el extranjero, habiendo hoy brazos de H.I.J.O.S en diversos países latinoamericanos y europeos.

La correlación discursiva con los derechos humanos —y su violación desde el Estado— se puede observar también en la crítica contraroquista a la Ley de Residencia (Ley No. 4144/ 1902) según la cual podrían ser expulsos del país sin juicio previo a los inmigrantes involucrados en actividades sindicales o protestas políticas:

> Ese monumento es aún más injusto porque el general Roca, siendo presidente, aprobó la ley más cruel de la legislación argentina, la 4144, la llamada "Ley de Residencia", por la cual se expulsaba a todo extranjero que perturbara el orden público. Que se aplicó principalmente a obreros que promovieron el avance de la justicia social, luchando por las 8 horas de trabajo. Pero la maldad de esta ley era que se expulsaba sólo al hombre y se dejaba aquí a su mujer y a sus hijos. Eso se hacía para que las esposas les aconsejaran a sus maridos no comprometerse en las luchas obreras porque corrían el peligro de ser expulsados y ellas quedaban aquí solas, con sus hijos, ¿y cómo podrían alimentarlos? También Roca fue el primer presidente que reprimió con extrema violencia un acto obrero del 1º de marzo, en memoria de los mártires de Chicago. Fue el 1º de mayo de 1904 y allí fue muerto el marinero Juan Ocampo, de 18 años de edad. El primer mártir del movimiento obrero argentino (Osvaldo Bayer: "Desmonumentar", publicado en *Página/12* el 16 de mayo de 2010).

Por último, cerrando el núcleo de los argumentos sostenidos por Osvaldo Bayer, está la cuestión de la excesiva centralización política de las presidencias de Roca, la violenta represión a las huelgas obreras, los escándalos de corrupción y el nepotismo, cuya principal herencia fue, justamente, las grandes extensiones de propiedad rural en las manos de pocos estancieros:

> Sí, tal cual. Por ejemplo, las colonias santafesinas de los inmigrantes les fueron compradas a Ataliva Roca. Es decir, Julio Argentino le daba las tierras fiscales a su hermano Ataliva y éste las vendía por supuesto con la ganancia esperada. Todo fue un gran negociado. El mismo Sarmiento lo repitió varias

veces (textual): "Quieren que el Estado, quieren que nosotros que no tenemos una vaca, contribuyamos a duplicarles o triplicarles su fortuna a los Anchorena, a los Unzué, a los Pereyra Iraola, a los Luro y a todos los millonarios que pasan su vida mirando cómo paren las vacas". Los apellidos de siempre (Osvaldo Bayer: "Debatir la historia, en asamblea", publicado en *Página/12* el 21 de noviembre de 2009).

*

¿qué se hizo con las tierras? En Estados Unidos por ejemplo, no hubo latifundios, ningún colono inglés se queda con 400.000 hectáreas como los Peralta Ramos, o el 1.200.000 de los Unzué o los Martínez de Hoz. Esas tierras se denominaron "ociosas", y los terratenientes las van a vender quintuplicadas en su valor. Ellos siempre fueron especulativos, no invierten nada, el incremento de la producción ganadera, se decía que quedaba librada a la "pasión del toro" (Marcelo Valko: "El paradigma de Roca como prócer se está resquebrajando", entrevista concedida al colectivo *Derrocando a Roca* el 16 de marzo de 2012).

*

Distintas investigaciones, como las de los historiadores Roy Hora e Israel Lotersztain, mostraron que los gobiernos de la década de 1880, el de Roca y después el de su concuñado Miguel Juárez Celman (que pasó de aliado a rival de su predecesor) fueron extremadamente corruptos, en particular por el auxilio de los bancos oficiales a los amigos de los dirigentes. Además, en agradecimiento por sus acciones, los partidarios del general en la legislatura bonaerense le donaron una gran extensión de tierra pública, la estancia La Larga, en un acto que sin dudas muchos de los recientes defensores de Roca –quien aceptó el regalo– censurarían en otros contextos (Gabriel Di Meglio: "Roca y la nostalgia aristocrática, publicado en *Télam* el 20 de octubre de 2014).

Por lo tanto, son tres operaciones discursivas que se mezclan en la producción de esos relatos. En primer lugar, la percepción vinculada a los derechos humanos de que la guerra contra los indígenas patagónicos ha sido el primer genocidio practicado por el Estado argentino en contra de sus propios ciudadanos. Luego, está la percepción vinculada a la experiencia indígena de que la marginación, la invisibilización social y los conflictos agrarios vividos por esos pueblos actualmente son consecuencia del proyecto de país estructurado por Roca, de modo que la revisión de esa figura se torna parte de un proceso de reparación histórica. Por último, la noción de que las presidencias roquistas no dejaron de legado sólo la enseñanza laica, la migración y la integración del territorio nacional, sino también el racismo, la lógica del enemigo interno y el favorecimiento político de la oligarquía terrateniente (ésta última no necesariamente por medios legales).

En este sentido, observamos que las memorias negativas de Roca aquí presentadas pueden muchas veces recaer en un personalismo excesivo, que tiende a conferirle un carácter superficial, extremadamente racista y corrupto. Por consiguiente, terminan por despegarlo del proceso histórico y político, transformándolo casi en una excepcionalidad histórica y tomándolo como el virtual origen de una serie de vicios políticos que extrapolan en mucho su actuación real.

Sin embargo, entendemos que esa operación atiende a una estrategia de acción y militancia que no puede ser ignorada:

> hablamos de Roca como una especie de logotipo. Derrocar a Roca es derrocar el símbolo de lo que no queremos seguir sosteniendo ¿Cómo vamos a desear un mejor mundo posible si seguimos sosteniendo estos monumentos? Los monumentos parecieran ser una cosa obsoleta, pero hace cien años era un gran método de comunicación y una forma pedagógica medio nefasta, propuesta casi siempre por el Estado (Andrés Zerneri, escultor responsable por el proyecto en desarrollo del Monumento a la Mujer Originaria: "Es fácil ser de derecha, son pensamientos cortitos del estilo 'Roca trajo el progreso'", entrevista concedida al colectivo *Derrocando a Roca* el 30 de septiembre de 2014).

Se enfrenta, así, la memoria dominante utilizando sus propias estrategias: ante la sobrevaloración por determinada élite de un relato que sostiene a Roca como el gran nombre de la construcción del Estado nacional, la estrategia utilizada para desnaturalizarlo se basa sobre todo en destacar aquello que él ha tenido de cruel o antiético, así como recordar a la sociedad en general que su legado a la población indígena fue -y sigue siendo- la negación identitaria, la pobreza, la violencia y el racismo.

Llama la atención en ese sentido que en las memorias contrarroquistas producidas y difundidas a través de la prensa masiva no se destaquen autores indígenas. Eso puede sonar más curioso aún si observamos que existen periódicos potentes en manos de los mapuche, como el *Azkintuwe*, de circulación regional en Chile y el sur de Argentina; empero, son raras las notas allí publicadas dedicadas a atacar directamente la figura de Roca. En relación a lo que hemos visto en las notas publicadas por Bayer en *Página/12*, pensamos que, al público lector de *Azkintuwe*, la deconstrucción histórica de Roca no le parece algo necesario. Es decir, los mapuche no necesitan informar a sus comunidades sobre las consecuencias negativas de la "Conquista del Desierto": es principalmente en y para la sociedad no indígena que esa deconstrucción se está realizando.

Vinculado a lo anterior, nos interesa recuperar un último caso que, con algunas reservas, podemos insertar en el cuadro general de producción de memorias contrarroquistas. Se trata del trabajo desarrollado en Bariloche por el periodista y licenciado en Ciencias Políticas, Adrián Moyano, quien publica en periódicos de tirada local como el mencionado *Azkintuwe* y también el diario *El Cordillerano*. Comprometido con la causa mapuche, Moyano viene publicando con cierta sistematicidad en esos medios notas sobre las sociedades mapuche, tehuelche y ranquel anteriores a la conquista territorial de 1879, así como sobre los diversos liderazgos indígenas derrotados, como Sayhueque, Pincén, Foyel e Inakayal. Con ello, recupera acontecimientos poco conocidos de la "Conquista del Desierto" y dota a estos personajes de una complejidad histórica y social que extrapola el esquema bipolar que suele dividir los indígenas derrotados entre malones crueles o víctimas pasivas.

A diferencia de las memorias contraroquistas divulgadas por Bayer, Valko y otros escritores ubicados en la Capital, en Moyano notamos una búsqueda por la valorización (y, en cierto sentido, por la construcción histórica) de los indígenas que estaban presentes en la "Conquista del Desierto", más que por la deconstrucción de los relatos ya consolidados sobre Roca.

Ese posicionamiento se dirige más claramente a los lectores e interlocutores indígenas de la región patagónica que, como veremos con más detalle en el próximo apartado, están interesados en afirmar su identidad y, por tanto, presentarse ante la sociedad en general como un pueblo que, habiendo sido derrotado y sometido por el Estado argentino en el siglo XIX, sigue vivo, actuante y luchando por hacerse oír.

Aunque esos relatos participen de forma marginal en la producción memorialista sobre el gral. Roca y la "Conquista del Desierto", juzgamos necesario citarlos aquí por dos razones en especial. En primer lugar, en ellos se entrevé una interesante crítica política que busca fortalecer la noción del indígena como sujeto de cambios sociales -contrastando con la producción mayoritaria de memorias contraroquistas descrita, en la cual esos pueblos figuran sobre todo como las víctimas olvidadas de un proceso histórico cruel. En segundo lugar, justamente porque esa aproximación complejiza a los sujetos indígenas, ayuda a aclarar importantes diferencias que enmarcan las disputas entabladas en los espacios públicos urbanos de Buenos Aires y Bariloche, tema del próximo apartado.

Parte 2: Acciones e intervenciones urbanas

A diferencia de la polémica entablada en los medios de comunicación, que es alimentada por unos pocos intelectuales y periodistas, las acciones llevadas a cabo directamente en los espacios públicos urbanos, legislaturas y consejos deliberantes involucran un número mayor y más diversificado de participantes. Allí, las estrategias de acción son más variadas, destacándose:

a) Las acciones colectivas anónimas, caracterizadas en su mayoría por pintadas, afiches, escraches e intentos de destrucción de los monumentos cuya autoría no suele ser reclamada públicamente por sus actores; suelen ser acciones nocturnas y caracterizadas como "vandalismo" por el orden. Muchas de ellas son realizadas por colectivos de estudiantes, anarquistas o simpatizantes de la causa indígena;

b) Las acciones performáticas vinculadas a colectivos artísticos, en las cuales se puede intervenir directamente o no en el monumento, pero dentro del marco legal;

c) Las charlas, debates y recitales organizados con el objetivo de llamar la atención de la opinión pública sobre los monumentos, utilizándolos como atractivo para la propagación de sus ideas y opiniones sobre Roca;

d) Las acciones de carácter normativo, como la recolección de firmas o la elaboración de proyectos de ley.

En Buenos Aires, gracias a la actuación nuclear de Osvaldo Bayer, no raras veces esas modalidades se vinculan a un conjunto único de actores. Algo distinto pasa en Bariloche, en donde no hay un liderazgo fuerte que centralice las acciones, predominando, por el contrario, el anonimato, las iniciativas consideradas vandálicas y los actos simbólicos de carácter efímero, siendo asimismo muy pocos los pedidos formales de remoción del monumento.

En nuestra perspectiva analítica, esa diferencia entre una actuación más estratégica y organizada, en el caso de Buenos Aires, y otra más anónima, espontánea y heterogénea, en Bariloche, se explica por las diferencias urbanas, demográficas e históricas que caracterizan a ambas ciudades, así como, en menor grado, por la morfología espacial específica de las plazas en donde se asientan cada uno de los monumentos. Una vez que recuperar a profundidad la historia de esas dos formaciones urbanas extrapolaría en mucho los objetivos de nuestro análisis, optamos por dividir esta sección en dos apartados, uno referente a cada ciudad, en los cuales nos ocuparemos en primer lugar de narrar las acciones llevadas a cabo entre 1997 y 2012, ya sean ellas comandadas por individuos o colectivos "pro Roca" o "contra Roca"; en segundo, especificar y describir, en la medida en que van surgiendo y organizando con el paso de los años, a los actores individuales o colectivos involucrados en esas acciones; y finalmente, problematizar esas acciones en sus alcances y límites, teniendo como telón de fondo justamente las condicionantes espaciales, demográficas, culturales y políticas que las justifican y explican en sus especificidades.

El monumento de Buenos Aires

Las iniciativas favorables a la remoción del monumento localizado en el centro de la ciudad de Buenos Aires se vinculan estrechamente a la militancia de Osvaldo Bayer, quien es considerado por muchos "el padre de la criatura" (Valko, 2013: 23). En efecto, ya sea como ideólogo, impulsor o actor directo, su figura es indisociable del proceso que él mismo acuñó de "desmonumentación" de Julio A. Roca.

Aunque profesionalmente Bayer haya centrado su atención mayormente en la temática de la opresión estatal y las formas populares de resistencia a ese poder, mientras trabajó en Esquel entró en contacto con la temática indígena y las formas específicas de opresión vividas por esa población. Hacia 1997, animado en exponer temas relacionados con la renovación ética de la historia nacional, centró su atención en la formación del Estado nacional, en los procesos violentos de allí derivados y, en especial, en la figura de Roca:

> ¿Qué nos pasó a los argentinos? ¿Por qué todo esto? Comencé a leer los valiosos documentos de Mayo y, por otro lado, a meditar sobre todo ese odio, el personalismo, Rauch, la Campaña al Desierto de Rosas, sobre la que nunca hablaron los historiadores rosistas, ese crimen horrendo. Y luego Roca... (Bayer citado por Valko, 2013: 26)

Fue a partir de ese estímulo inicial que Bayer empezó a dar clases públicas de historia los primeros jueves de cada mes, a las 17:30 horas, frente al monumento. La elección del horario se hizo entonces en franca correlación con la Ronda de los Jueves de las Madres de la Plaza de Mayo, con quienes colaboraba: una forma simbólica de referirse a la lucha común por los derechos humanos y, a la vez, valerse de la mayor visibilidad que las rondas proporcionaban aquél día en las cuadras próximas a la estatua.

En un ensayo sobre el tema, la antropóloga Diana Lenton (2012) cuenta que cuando le preguntó a Bayer sobre la "eficacia" de esas prédicas él sostuvo que era necesario llamar la atención, aún de sólo 4 o 5 transeúntes por semana, de modo que al cabo de 1 año tendría a varios cientos de ciudadanos informados y abiertos a nuevas perspectivas del problema. En efecto, si en la primera reunión el mismo Bayer recuerda que no pasaban de 3 personas, en las demás convocatorias ya hubo un mayor número de interesados y "al año siguiente hicimos un acto público allí, con centenares de personas, y logramos bloquear el tránsito de todas las calles que llevaban al monumento" (Lenton, 2012: 8).

Pero su "trabajo hormiga" tuvo que esperar un momento más oportuno para que el cuestionamiento del relato oficial sobre Roca tomase el rumbo deseado, lo cual vino con la crisis del 2001, y más específicamente, con la normalización política del país tras la elección de Néstor Kirchner para la presidencia, en 2003. Dos elementos potenciaron entonces las manifestaciones de resistencia simbólica como las propuestas por Bayer: de un lado, la institucionalización de políticas de la memoria por parte del gobierno nacional que impulsó los procesos de revisión ampliada del pasado que venían desarrollándose con ciertos altibajos políticos desde 1983; del otro, el cuestionamiento del consenso neoliberal mediante múltiples estrategias de resistencia popular —como han sido los movimientos piqueteros, las asambleas barriales, las fábricas recuperadas y el activismo artístico callejero— fortaleció las prácticas populares de enunciación y acción directa en los espacios públicos urbanos. Como resultado, en el periodo que se extiende de 2001 a 2004, Bayer pudo sacar provecho de la efervescencia social y articularse con distintos frentes de militancia que pasaron a manifestar públicamente su apoyo a la causa contrarroquista.

La progresiva notoriedad de las clases públicas llevó a convocatorias más amplias en las cuales participaron también líderes indígenas e investigadores de campos diversos: los historiadores David Viñas, Felipe Pigna y Miguel Mazzeo; los psicólogos sociales y docentes de la Universidad Popular Madres de Plaza de Mayo, Marcelo Valko y Gregorio Kazi; el periodista de *Página/12* especializado en la problemática indígena contemporánea Darío Aranda, entre otros.

Para reforzar esa idea, Bayer propuso que las clases de los jueves, los actos públicos y demás convocatorias que se organizasen de allí en adelante se hiciesen bajo el nombre *Awka Liwen* ("Rebelde Amanecer" en *mapuzugun*[121]) —homenaje a la niña mapuche homónima que Bayer había conocido en una de sus visitas a comunidades indígenas de la

---

[121] El idioma mapuche.

provincia de Neuquén—[122]. Se trataba con ello de dar un paso hacia adelante y conferir a las prédicas, antes individuales, el carácter de acción colectiva; así, lo que parecía ser en 1997 un proyecto aislado de Bayer empezó a mostrarse hacia 2003 relevante a un grupo más numeroso de intelectuales, estudiantes, artistas, en fin, "gente muy interesada en el tema" (Bayer citado por Petralito, 2010: 315) que pasó a reunirse quincenalmente en la plazoleta del monumento para debatir y fortalecer el reclamo colectivo. Marcelo Valko, por ejemplo, les debe a esos primeros años de prédicas los vínculos de amistad y militancia que mantiene hasta hoy con Osvaldo Bayer.

También las paredes del microcentro denotaron la ampliación del debate sobre la figura de Roca: hacia esa época, se habían multiplicado las intervenciones anónimas en el pedestal del monumento y en los muros próximos, donde pasaron a figurar con mayor frecuencia carteles y pintadas con las frases "Roca=Videla", "Roca Genocida" y "Mejor un Mayo Francés que un Julio Argentino", además de numerosas manchas y manos rojas representando marcas de sangre, en alusión a la masacre indígena acallada por la historia y la memoria oficial.

Esa asociación visual que evoca la "Conquista del Desierto" a la luz de la violencia y de la experiencia del terrorismo de Estado de los 1970 fue fruto en gran medida de la colaboración del Grupo de Arte Callejero (GAC). Este colectivo fue formado en 1997 por las estudiantes Lorena y Vanesa Bossi, Fernanda Carrizo, Mariana Corral y Nadia Golder de la Escuela Nacional de Bellas Artes "Priliadiano Pueyrredón", con el objetivo de crear un espacio de producción artística que escapara al circuito comercial de exhibición y que tomase como eje la acción directa en los espacios

---

[122] Existen actualmente más agrupaciones por el país con ese mismo nombre, pero no se vinculan a Bayer o a los planteos contrarroquistas trabajados aquí. Está, además, la película homónima lanzada por Bayer en conjunto con los cineastas Mariano Aiello y Kristina Hille en 2010, asunto que abordaremos más adelante.

públicos. Inspirado en las experiencias performáticas que venían dándose en las protestas callejeras dirigidas por los organismos de derechos humanos a finales de la dictadura militar, el GAC propuso una militancia política desde la práctica laboral de sus integrantes como artistas plásticas; gran parte de su obra se caracteriza por el anonimato y por la acción colaborativa con otras agrupaciones, siendo particularmente conocidos del público los escraches que realizaron en conjunto con la agrupación H.I.J.O.S[123].

De modo que cuando empezaron a colaborar con Osvaldo Bayer las integrantes del GAC ya contaban con una producción anterior considerable cuyo lenguaje visual peculiar ellas decidieron aplicar también, de forma intencional, en las intervenciones realizadas sobre el monumento a Roca (Carras, 2009). Entre los elementos gráficos comunes estaban el uso recurrente de la palabra "genocida", la práctica de arrojar bolas de tinta roja en el elemento escrachado, bien como la creación de carteles gráficos que pudiesen confundirse fácilmente con las señales de tránsito oficiales. Con ello, el GAC no solo "firmaba" sutilmente su trabajo como subrayaba a los transeúntes que también los indígenas merecían que sus demandas propias por "Memoria, Verdad y Justicia" fueran atendidas.

Fue con ese espíritu que el GAC y algunos de los que participaban en las reuniones quincenales del Awka Liwen, decidieron profundizar el debate y fundar en 2004 la *Comisión Anti-monumento a Roca*. Tomando del Awka Liwen la metodología de divulgación oral de los hechos históricos a que hacían referencia y, del GAC, el activismo artístico urbano fundamentado en performances visualmente impactantes, la Comisión amplió el campo de acción anteriormente explorado por ambos grupos, llevando el debate tal como se venía desarrollando en la Capital Federal al conurbano bonaerense y localidades en otras provincias.

---

[123] Véase la página del colectivo en internet: *https://www.flickr.com/photos/gac-grupodeartecallejero/*

Entre 2004 y 2009 visitaron diversas comunidades originarias, contactaron familias que estaban en litigios judiciales y expropiaciones —el caso, por ejemplo, de Atilio Curiñanco y Rosa Nahuelquir— y participaron en varios de los festejos de "El Último Día de Libertad", 11 de octubre, organizados por agrupaciones indígenas esparcidas por el territorio nacional[124] —ocasiones en que tomaban la oportunidad para divulgar la acción contramonumental desarrollada por ellos en Buenos Aires—.

Empero su principal acción consistió en publicar en 2004 un texto-manifiesto[125] a que llamaron *Ley Antimonumento a Julio Argentino Roca*, en donde enlistaron los motivos que en su opinión justificaban la remoción de todos los homenajes públicos a Roca de los espacios públicos: el reconocimiento de la masacre indígena ocurrida en la llamada "Conquista del Desierto", la formación de grandes latifundios en el sur del país, la violenta represión al movimiento obrero durante las dos presidencias roquistas y la continuidad hasta el presente de los conflictos agrarios en el sur. Partiendo del supuesto que "el ejercicio de la memoria es una necesidad que no se restringe a los crímenes de lesa humanidad ocurridos en las últimas décadas, sino que debe abarcar a toda nuestra historia y llegar hasta el presente" (*Ley Antimonumento a J.A.Roca* en Carras, 2009: 306), el texto

---

[124] El 12 de octubre se conmemora la llegada de Colón a América y fue celebrado bajo el nombre de "Día de la Raza" hasta el año 2010, cuando el decreto presidencial 1584/2010 cambió la denominación del feriado para Día del Respeto a la Diversidad Cultural. Empero, durante los contrafestejos por el V Centenario en 1992 los pueblos indígenas de Argentina ya habían decidido en conjunto nombrar el día antecedente, el 11 de octubre, como "El Último Día de Libertad", fecha en que realizan una serie de actividades y protestas.

[125] A diferencia de los proyectos de ley impulsados por Osvaldo Bayer en años posteriores, la *Ley Antimonumento a Julio Argentino Roca* no llegó a presentarse formalmente en la Legislatura; para evitar confusiones, decidimos utilizar aquí la palabra "manifiesto" para referirnos a ella.

exigía, finalmente, la revisión general del relato histórico dominante sobre ese personaje, convocando a las personas interesadas para que se sumaran a la causa contraroquista.

Sobre el papel político cumplido por el arte público, principalmente por las "formas monumentales, que corporizan una representación (la mirada única) de la historia" (Carras, 2009: 301), las integrantes del GAC afirmaron que la *Ley Antimonumento* quería cuestionar el mantenimiento de ciertos modelos de memoria que, a su parecer, no coincidían con las revisiones del pasado reciente promovidas por los organismos de derechos humanos y, con más fuerza después de 2003, también por el Estado:

> El poder propone una versión del pasado donde no hay lugar para el disenso. Se funde el bronce para dar forma al héroe … y de esa manera cerrar la discusión sobre la posibilidad de apropiarnos de nuestra historia, y de elegir por nuestra cuenta a quiénes queremos recordar o reivindicar. El modelo de memoria que nos ofrece el poder es el de la memoria fetichizada: toda una vasta iconografía recortada como figuritas escolares de su contexto original, despojada de toda conexión con el presente.
> Hoy el Estado comienza a revisar y condenar los crímenes y las violaciones a los derechos humanos de la última dictadura, a la par que propone la construcción de espacios para la memoria.
> Pero, ¿qué tipo de memoria puede emanar de un Estado que se consolidó sobre la base de un exterminio? ¿De un Estado que se organizó aplastando a otros pueblos y que aún sigue lustrando los bronces de sus más obedientes asesinos? ¿Qué cosas tienen en común el Estado de 1880 y el de ahora? (Carras, 2009: 301-302).

El litigio sufrido por la familia de Atilio Curiñanco y Rosa Nahuelquir fue la respuesta ejemplar que la Comisión dio a esa última cuestión, demostrando a través del manifiesto que Roca era un tema actual que debía ser debatido por la sociedad. Empero el texto divulgado era visiblemente provocador y cuestionaba la exaltación de "figuras genocidas como héroes nacionales" (Carras, 2009: 306), razón por la que declaraba la ilegitimidad de los monumentos u otras referencias públicas a Roca, pidiendo su inmediata destrucción, la revisión de todos los manuales escolares y la expropiación y devolución de las tierras conquistadas a los pueblos que originalmente las habitaban.

La propia radicalidad de los reclamos allí redactados evidenciaba la intensión provocadora de los autores y, por ende, el tono combativo antes que propositivo del proyecto. Es decir, los autores buscaban visibilizar e instaurar definitivamente el debate sobre Roca en los medios masivos. Y, desde ese punto de vista, logró el resultado anhelado: a pocas semanas el diario *La Nación* inició un contra-ataque epistolar a Bayer, quien se encargó a su vez de contestarle desde sus contratapas semanales en *Pagina 12* —una polémica que se sostiene hasta el presente[126]—.

De allí en adelante la revisión de las memorias roquistas empezó a circular nacionalmente, llevando Osvaldo Bayer y otros intelectuales involucrados activamente en el tema, como Marcelo Valko, a promover conferencias por todo el país, en las cuales no sólo exponían las contramemorias propuestas, sino que presentaban alternativas legales por medio de las cuales los interesados podrían requerir la remoción de las referencias urbanas a Roca existentes en sus ciudades:

> Se ve que cuestionar a Roca y hablar sobre sus delitos llamó la atención en un momento en que nadie lo cuestionaba. Entonces comenzaron a llamarme de numerosos lugares cada vez más, y así comenzó esta locura de viajar de Calafate a Cafayate (Bayer citado por Valko, 2013: 28).

---

[126] Entre los artículos publicados en ese período, recomendamos especialmente la lectura de "La historia está para aprender" (Osvaldo Bayer, 2004), "Julio Argentino Roca: un organizador de la Nación" (Miguel Angel De Marco, 2004), "Roca y el mito del genocidio" (Juan Jose Cresto, 2004), "Desmonumentar" (Osvaldo Bayer, 2010), "La demonización de Roca y el olvido de Sarmiento" (Mariano Grondona, 2011), "Bajen a Roca, alcen a Néstor" (Luis Alberto Romero, 2011).

Si consideramos que hasta 2004 las iniciativas contramonumentales en Buenos Aires se limitaron a la difusión de informaciones e intervenciones directas en la estatua, la Comisión enmarcó el surgimiento de otra estrategia de acción enmarcada en la vía legal, la cual se tornó con el paso de los años la principal herramienta de los procesos contraroquistas impulsados por Bayer. En efecto, en el año 2005 ocurrió lo que él denominó "el primer triunfo" (Bayer, 2005) de su causa, cuando en la localidad neuquina de El Huelcú una iniciativa popular animada por las polémicas recientes logró cambiar la denominación de la avenida principal de Julio A. Roca por Mañke Cayucal bajo el argumento de que

> el cambio de nombre de la avenida además obedece a la revisión que los pueblos deben hacer de la historia escrita por los vencedores, vencedores que también habitualmente no defendieron los intereses de la Patria. Los pueblos que no revisan su historia son presas de un destino opresor (intendente Rodolfo Canini citado por Bayer en "El primer triunfo", *Página/12*, 21 de mayo de 2005).

Mientras tanto, las clases públicas promovidas por Awka Liwen en la capital disminuyeron de a poco sin que eso significase la disminución del activismo local: el pedestal siguió amaneciendo con pinturas siempre frescas a pesar de las rejas de protección y de las constantes limpiezas encomendadas por el poder público, al mismo tiempo de que nuevas agrupaciones independientes también se han sumado al reclamo, utilizando la estatua como pretexto para visibilizar denuncias variadas que se relacionaban con la cuestión indígena.

De hecho, en agosto de 2006 una nueva iniciativa anónima ha cubierto las rejas del monumento de carteles con las leyendas "esta historia nos toca, Roca fue uno, pero no el único genocida" y "los crímenes de lesa humanidad son imprescriptibles", mientras que en noviembre de ese mismo año una Jornada por la Resistencia de los Pueblos

Originarios, realizada en memoria del joven Alex Lemún, un mapuche de 17 años asesinado por carabineros en un conflicto agrario con la Forestal Mininco, en Chile, eligió el monumento a Roca de Capital argentina para un "escrache cultural" por considerarlo "el emblema del genocidio de las comunidades y de la entrega y usurpación de tierras, modelo que continúa aún hoy" (Pañuelos en Rebeldía, 2006).

Llama la atención que la Jornada haya sido impulsada por múltiples organismos entre los cuales estaban asociaciones barriales, grupos de investigación, centros culturales indígenas y no indígenas, asociaciones de derechos humanos y de educación popular[127], un espectro bastante más heterogéneo en sus orígenes sociales comparado con Awka Liwen y el GAC, en donde la mayoría de los involucrados eran jóvenes profesionales, estudiantes o intelectuales vinculados a universidades públicas.

Por tanto, a mediados del 2006, casi una década después de las primeras clases bajo el monumento, se notaba una cierta popularización del discurso contraroquista más allá del circulo de militancia centrado en Bayer. En la Jornada, esa popularización y diversificación se ha acompañado de nuevas operaciones discursivas, más radicales, tendientes a identificar directamente Roca con los intereses económicos del gran capital nacional y extranjero actuantes en las inmensas llanuras agrarias del territorio nacional:

> Los pueblos originarios seguimos resistiendo. Es la razón por la que estamos aquí. Resistimos 514 años condenados al despojo, a la muerte y al silencio. Resistimos a la imposición de este Estado Nación vertical y capitalista que nos niega.

---

[127] Los convocantes de la Jornada fueron la Fundación Che Pibe, organización de educación infantil localizada en Lomas de Zamorra, en donde se atiende sobre todo a niños en situación de calle, o víctimas de violencia doméstica; el Centro de Estudios Americanos (CEA); el Centro de Políticas Públicas para el Socialismo (CEPPAS); el equipo Pañuelos en Rebeldía de educación popular; el Frente Popular Darío Santillán; el Centro Cultural Los Querandíes; el Centro Cultural Alma Fuerte y el Movimiento Indígena de las Naciones Originarias (MOINO).

Que para su consolidación impuso el modelo "roquista" de desarrollo, para el cual el aniquilamiento de los pueblos originarios era condición. Un modelo que implicó la muerte física y simbólica de miles de hermanos y hermanas que fuimos despojados de nuestro territorio, de nuestro entorno, de nuestros medios de subsistencia y de nuestra cultura. Hoy el territorio sigue en manos ajenas. En manos de magnates, de empresarios nacionales y de corporaciones multinacionales, que guiados por la búsqueda constante de lucro impulsan la depredación de la tierra, el agua, los minerales y la biodiversidad, destruyendo nuestra soberanía alimentaria y devastando consigo pueblos y culturas. (documento elaborado para la Jornada de Resistencia de los Pueblos Originarios en memoria de Alex Lemún, 7 de noviembre de 2006).

Empero el monumento a Roca no fue tomado por los organizadores de la Jornada como objeto principal del debate, sino como un elemento simbólico más del sistema de dominación a ser cuestionado. Durante todo el período analizado, la tarea contramonumental en Buenos Aires se centró en las iniciativas nucleadas alrededor de Osvaldo Bayer.

Entre 2005 y 2012, tras la visibilidad conseguida por la polémica *Ley Antimonumento*, Bayer pasó a centrar sus esfuerzos cada vez más en la vía legal, buscando en la clase política nuevos aliados a la causa. La colaboración del GAC (con intervenciones que se aproximaban, en muchas ocasiones, a la ilegalidad) se ha tornado cada vez más esporádica. Una de las últimas intervenciones del GAC sobre el tema fue el "Antimonumento del Bicentenario" (2010), que consistió en un pasa-mensajes ubicado en la Av. Corrientes en donde se leía, entre otras frases, "destruya los monumentos a genocidas"[128].

---

[128] Para información adicional sobre esa intervención recomendamos la página del grupo en el Flickr:
https://www.flickr.com/photos/gacgrupodeartecallejero/albums/72157624491254947

Marcelo Valko justificó en el libro *Desmonumentar a Roca* (2013) la elección progresiva por la vía legal, a que él también se sumó, por una serie de factores. En parte porque las iniciativas anónimas que intervienen directamente la estatua suelen tener como reacción contraria tanto los gastos públicos con su posterior restauración como la condena penal del Estado ante lo que se consideran actos de vandalismo, haciendo que esas acciones sean deslegitimadas y pierdan la connotación política original. Asimismo, Valko opina que conseguir la retirada del monumento dentro del marco legal significa sobre todo el "obtener consenso" y, por ende, conseguir "el triunfo de la verdad sobre la desmemoria, la concientización de un sector cada vez más amplio que ya no acepta la maraña de falacias con las que la historia oficial arropó a Roca" (Valko, 2013: 30).

Esa estrategia legalista opera según los mismos trámites que habían resultado, décadas antes, en la consolidación del relato dominante del roquismo; pero aquí los utilizan para invertir los valores originalmente impuestos, neutralizándolos. Y, al hacerlo, logra evidenciar los mecanismos a través de los cuales las memorias dominantes son constantemente construidas y destruidas, naturalizadas o desnaturalizadas según los procesos de lucha y conflictividad social que caractericen el momento histórico dado.

Con ello, los que buscan hoy justificar la conservación del monumento por su condición de elemento urbano preexistente pueden ser confrontados por razonamientos que revelan la naturaleza política por detrás de ese tipo de obra: una vez que los monumentos obedecen al consenso social establecido, son susceptibles de revisiones siempre y cuando ese consenso sea puesto en jaque. En ese sentido, el mérito de las iniciativas legales reside en la deconstrucción que provocan del monumento en sí mismo, indagándolo en el marco general de las disputas por poder que le dan sentido.

En ese marco Osvaldo Bayer recurrió a una estrategia interesante que consistió en presentar básicamente el mismo proyecto de ley en años distintos, cada vez por un diputado diferente y con modificaciones puntuales en el texto según las necesidades señaladas en cada momento (véase el Cuadro 2 del Anexo). Una forma eficaz de mantener la problemática del monumento presente en los debates entablados en la Legislatura, en donde la renovación del cuadro de diputados por mitades cada dos años le garantizaba, además, que el proyecto volvería a ser discutido por una nueva bancada en un periodo de tiempo relativamente corto, a pesar de negativas anteriores.

En sus puntos comunes, los textos presentados bajo los Expedientes 494-D, 282-D y 413-D plantean que la estatua, más allá de su valor artístico e histórico, no es neutral y se dedica a la exaltación de una figura histórica conocida por "la forma belicista en que se exterminó al habitante de nuestras pampas", representando un insulto a sus descendientes y al "56% de la población argentina que tiene ascendencia de esos pueblos originarios[129]" (Proyecto de Ley Expediente n° 413-D, p.2). Por ese motivo, piden su remoción y traslado a la estancia La Larga (localizada en el partido de Daireaux, provincia de Buenos Aires): propiedad que fue donada a Roca por el Estado como premio poco tiempo después de terminada la primera parte de la"Conquista del Desierto", y que actualmente pertenece a sus bisnietos.

Pese la insistencia de Bayer, ninguna de las versiones del proyecto fue aprobada. Hay muchos factores que influyeron, entre los cuales la composición parlamentaria de la casa, que mantuvo entre 2007 y 2012 una proporción bastante similar en sus bancadas, con la predominancia de diputados del conservador PRO, partido del entonces jefe de gobierno de la ciudad (2007-2015) y actual presidente

---

[129] En 2005, el Servicio de Huellas Digitales Genéticas de la Universidad de Buenos Aires publicó un detallado estudio de Daniel Corach, profesor en la cátedra de Genética y Biología Molecular de la Facultad de Farmacia y Bioquímica, donde constaba que el 56% de la población argentina posee en el ADN mitocondrial genes de origen indígena.

del país (2015-), Mauricio Macri —quien, a propósito, se ha manifestado abiertamente contrario a las propuestas de remoción en el año 2012—.

Asimismo, no obstante la resistencia de muchos diputados, el proyecto enfrentó una oposición más bien técnica. Tras ser por fin debatido públicamente en mayo de 2012, la Dirección General de Cultura de la Legislatura lo ha archivado bajo la justificativa de que la estatua es una obra perteneciente al patrimonio público porteño y, por tanto, no se puede trasladar a una propiedad privada situada a las afueras de la Ciudad Autónoma, como seria la estancia La Larga.

Tendemos a interpretar estas trabas burocráticas como una estrategia utilizada por el poder público para mantener la estatua en donde está; recurriendo a una supuesta "neutralidad" de las decisiones técnicas se esconden motivaciones esencialmente políticas. Es decir, remover el monumento bajo la justificación presentada en ese proyecto de ley implicaría reconocer en el campo de lo simbólico que la "Conquista del Desierto" fue de hecho un genocidio y, consecuentemente, tener que aceptar la necesidad de una reparación histórica más profunda a los pueblos indígenas. Por otro lado, esa negativa refleja asimismo que el quiebre del consenso público positivo sobre Roca es todavía muy tenue y limitado a un círculo bastante acotado de ciudadanos: de no ser así, posiblemente la presión popular tendría efecto sobre la justificación final dada por la Legislatura y revertido la decisión sobre el mantenimiento de la estatua en su sitio original.

Tal vez por estar consciente de ello, Bayer haya decidido seguir sumando aliados entre personalidades de la escena política y cultural nacional. Como forma más eficiente de profundizar la lucha contraroquista más allá de la Capital Federal, además de promover charlas en universidades y escuelas de distintas localidades del país, apoyó en 2008 la propuesta de la diputada nacional Cecilia Merchán (Encuentro Popular y Social) de retirar de circulación los billetes de 100 pesos con la efigie de Roca y sustituirlos por otros con la imagen de Juana de Azurduy[130] y, más o menos por la misma época, empezó a filmar con el abogado especializado en derechos indígenas Mariano Aiello y la cineasta Kristina Hille la película documental *Awka Liwen*, sobre la "Conquista del Desierto".

Poco tiempo después, enterándose de la inauguración en Rosario (Santa Fe) del monumento a Ernesto "Che" Guevara que había realizado el artista plástico Andrés Zerneri, decidió llamarlo —todavía no lo conocía personalmente— y proponerle un proyecto ambicioso: construir una obra escultórica en homenaje a los pueblos originarios, la cual deseaba ver emplazada en el sitio en donde está la estatua de Roca, en Capital Federal:

> El proyecto comenzó luego de realizar la estatua de bronce del "Che" Guevara, con el aporte de 14.500 personas que donaron 75.000 llaves. Allí, el historiador Osvaldo Bayer, me propuso hacer con el mismo sistema [donación de bronce], y fortificado por la convocatoria popular de construirlo con llaves, un homenaje a nuestros pueblos originarios, a nuestra identidad (Andres Zerneri: "Es fácil ser de derecha, son pensamientos cortitos del estilo 'Roca trajo el progreso'", entrevista al colectivo *Derrocando a Roca*, 30 de septiembre de 2014).

A Bayer le interesó sobre todo el método de trabajo que Zerneri había aplicado en la estatua del "Che". El artista siguió allí dos premisas: la primera, que las 1,5 toneladas necesarias para hacer la obra deberían ser obtenidas a través

---

[130] El proyecto (Expte. 1338-D-2008) derivó del Programa de Fortalecimiento de Derechos y Participación de las Mujeres Juana Azurduy, integrado por Merchán, en donde la recuperación de las personalidades femeninas de la historia nacional era pensada como política de representatividad social esencial al fortalecimiento de los derechos civiles de las mujeres; pero, una vez que el histórico de militancia de Merchán incluía también desde hace algunos años los derechos de los pueblos originarios y, más específicamente, de las mujeres indígenas, Roca le pareció la figura más adecuada a ser sustituida.

de donaciones de llaves u otros objetos personales (colgantes, aros, relojes, etc.) para promover entre la población la idea de producción colectiva. En segundo lugar, que después de finalizada sería una donación de la sociedad civil al Estado con la condición de tornarse parte del patrimonio escultórico de la ciudad, invirtiendo con eso el proceso tradicional de instauración de los monumentos, cuando el Estado suele encomendar una pieza, elegir el artista e instalarla en la ciudad.

Había, así, en la propuesta de Zerneri para el monumento al "Che" una valorización simbólica del trabajo colectivo que coincidía con la manera como Bayer venía conduciendo la lucha contraroquista, por lo menos en lo que se refiere a las estrategias de visibilización de memorias no hegemónicas que ambos empleaban. Además, Zerneri venía de una militancia previa en la ciudad de Neuquén en donde, mencionamos anteriormente, contribuyó con la agrupación H.I.J.O.S y pudo acompañar asimismo los reclamos y luchas de los años noventa de las comunidades mapuche locales. En medio a los esfuerzos de Bayer por impulsar nuevas iniciativas revisionistas, Zerneri surgió, por tanto, como un aliado fortuito y, de allí en adelante, como uno de los nombres más comprometidos en la promoción de la causa contraroquista.

Ya en las primeras reuniones, decidieron que el Monumento a la Mujer Originaria (MMO), como fue acuñado, debería homenajear a las mujeres indígenas en cuyo "vientre se originó el criollo que fue el soldado de nuestros ejércitos de la Independencia" (Bayer, 2010); y cuya figura arquetípica es, asimismo, símbolo "de la vida, de la gestación, de la naturaleza, del respeto por el medio ambiente, todos esos (…) valores femeninos" (Andrés Zerneri, 2014).

Inicialmente, la idea era construirlo de forma colectiva como fue el monumento al "Che" en Rosario y regalarlo a la ciudad de Buenos Aires con la condición de que remplazase el monumento a Roca durante los festejos del Bicentenario de la Nación programados para el año siguiente, el 2010.

Fundaron la asociación civil Movimiento, Memoria y Organización (MMO-Asoc.) para que albergar institucionalmente las actividades referentes al monumento (información y promoción de actividades, recolección y acopio de las llaves donadas, convocatoria de voluntarios, etc.), convocaron voluntarios y empezaron a divulgar la idea, primero a través de performances en el espacio público y luego también por medio de charlas y debates en escuelas, divulgación por internet[131] y montaje de puestos de acopio en diversas provincias del país.

Sin embargo, gracias a la propia envergadura de la obra pretendida —construirla con cerca de 200 mil llaves, a diferencia de las 75 mil donadas en el "Che"– no se ha completado todavía la etapa de recolección del total de cobre anhelado, y la obra sigue inconclusa. Aún así, que ella sea producida íntegramente por medio de donaciones, del trabajo solidario, en suma, del esfuerzo colectivo, es más importante para Zerneri y todos los integrantes del MMO-Asoc.[132] que el acto final de entregarla a la ciudad en una fecha específica.

Es decir, el MMO se pauta sobre una percepción de colectividad que se pone más allá del acto simbólico de construirlo con llaves; está la idea de que el monumento en sí mismo no es capaz de producir nuevos consensos sobre Roca o sobre los pueblos originarios de Argentina, siendo antes la labor de divulgación lenta y continua por

---

[131] Véanse los numerosos *spots* audiovisuales con la participación de conocidos intelectuales, actores y artistas en apoyo a la causa: *https://www.youtube.com/watch?v=AQSmQSBW3Go*

[132] Aunque Zerneri sea el principal impulsor y vocero del grupo, según la comisión de prensa del MMO-Asoc. hay actualmente entre 50 y 60 personas trabajando en el proyecto, todos ellos de manera voluntaria. El trabajo se ha organizado en diversas comisiones, entre ellas: prensa y comunicación, educación, bronce y logística, audiovisuales, relaciones institucionales, contactos con pueblos originarios y artistas plásticos —involucrando, por tanto, profesionales de formaciones muy distintas, desde antropólogos e historiadores a fotógrafos, directores de cine, periodistas, diseñadores gráficos, músicos, etc—.

todo el territorio nacional lo que cargaría en efecto ese potencial transformador. La escultura busca, así, ampliar la discusión sobre quiénes son los pueblos originarios del país, cómo viven, cuáles son sus reclamos, a la vez en que se subraya a través del acto de construírsela colectivamente (y por un grupo, vale decir, compuesto por personas mayoritariamente "blancas") que esas cuestiones les tocan a todos los argentinos, y no solo a los indígenas que se quiere representar:

> en términos comunicacionales, que en la capital de Argentina, donde se toman las decisiones de carácter nacional, esté presente la escultura más grande que se va a hacer, que recuerde a los pueblos originarios, contribuye o favorece este proceso de visibilización que ellos desean desde hace tanto tiempo (Andrés Zerneri: "Es una escultura que se da, no que se pide", entrevista a la *Revista Lindes* concedida en julio de 2011).
>
> *
>
> La escultura no es un fin, un objeto en sí mismo, sino una excusa para conocer más información que nos toca a todos. En Argentina se hablan 14 lenguas, el 56% de la población tiene un vínculo genético con los pueblos originarios, y también conviven entre 26 y 30 naciones (Andrés Zerneri: "El Monumento va a ser un regalo al Gobierno de la Ciudad, pero como condición vamos a pedirle a Macri que saque el de Roca", entrevista al colectivo Derrocando a Roca concedida el 6 de enero de 2012).
>
> *
>
> Tomamos a los pueblos originarios no solo como nuestro pasado, sino como nuestro futuro y presente, y hablamos de la vida, de la gestación, de la naturaleza, del respecto por el medio ambiente, todos esos son valores femeninos (Andrés Zerneri, "El Monumento va a ser un regalo al Gobierno de la Ciudad, pero como condición vamos a pedirle a Macri que saque el de Roca", entrevista al colectivo Derrocando a Roca concedida el 6 de enero de 2012).

Con todo esto, el proyecto retoma, cuestionándolo, el mito de la argentinidad "blanca" y homogénea al mismo tiempo en que divulga los graves problemas hoy enfrentados por los pueblos indígenas —los desalojos forzados, las muertes por desnutrición, los asesinatos en protestas y cortes de ruta, etc.— a que agrega una clave simbólica por medio de la cual esos problemas se discuten a partir de una figura femenina que se distancia intencionalmente de la iconografía histórica tradicional construida alrededor del indígena malón, o del guerrero derrotado, al mismo tiempo que trae la metáfora de la hibridez racial, del mestizaje y de la integración racial.

Pero el hecho de que el MMO se sujete a la remoción de Roca levanta otras cuestiones. Por un lado, retoma la misma lógica usada por Bayer en la Legislatura porteña que citamos anteriormente, apropiándose de los mecanismos memorialistas legales que han consolidado la imagen roquista en los años 1930 y subvirtiéndolos a favor del otro relato deseado:

> puedo contribuir en resignificar el método del homenaje que ni siquiera es de nuestro país, no? Es de la historia de la humanidad, que el hombre desde que domina el bronce lo toma como herramienta política, el bronce como subrogado del oro, tiene un montón de vicios que son negativos, pero me parece que una posibilidad es resignificar nuestra plaza escultórica, nuestro patrimonio escultórico, construyendo monumentos que no se piden, sino que se le dan. Yo ni siquiera necesito un permiso para hacer esta escultura, si dividimos este proyecto en tres etapas, solamente el último es la tarea legislativa y no vamos a pedir permiso, simplemente le vamos a regalar a la plaza escultórica de la ciudad el monumento más grande que se hizo en Argentina (Andrés Zerneri: "Es una escultura que se da, no que se pide", entrevista a la *Revista Lindes* concedida en julio de 2011).
>
> *
>
> Yo siento que sí es un cambio, porque este, a diferencia de los monumentos desde sus inicios, lo elige el pueblo, lo hace el pueblo y se lo da el estado, cosa que siempre ha sido al revés (Andrés Zerneri, "Es una escultura que se da, no que se pide", entrevista a la *Revista Lindes* concedida en julio de 2011).

Por otro lado, genera una serie de inquietudes entre las cuales Diana Lenton (2012) subrayó el problema de la propia entidad simbólica que reemplazaría físicamente el actual monumento. En primer lugar, está el riesgo de un indigenismo romántico por detrás de la posible representación de qué es la "mujer originaria"[133]. Aunque Zerneri haya realizado en los últimos años una serie de reuniones y consultas a mujeres de distintas etnias nacionales con el objetivo de entender qué elementos les gustaría ver en el monumento, la propuesta puede incurrir en una homogeneización simplificadora al intentar representar a todos los pueblos originarios de Argentina en una única figura femenina.

Asimismo Lenton (2012: 260) apunta el riesgo todavía más considerable en relación a la "ideología del mestizaje que subyace al proyecto de reemplazo del monumento a Roca por el monumento a la mujer indígena en tanto origen del argentino", que se refiere justamente al origen de ese mestizaje. Lejos de ser un proceso pacífico, el mestizaje ha sido muchas veces fruto de la violencia de género y, incluso cuando se trataba de relaciones consensuales, no por ello la situación de la pareja y del mestizo eran fáciles, una vez que esas personas vivían una serie de exclusiones y segregaciones de parte de la sociedad, principalmente en el ambiente urbano[134]:

> al no preguntarse por el origen de ese mestizaje, persiste en el ocultamiento de la violencia política y de género que acompañó a la Campaña del Desierto y que dio origen a una proporción importante de los nacimientos mixtos (Lenton, 2012: 260)

---

[133] Actualmente no se puede profundizar en esa crítica pues Zerneri todavía no ha presentado el boceto final de la escultura.
[134] Sobre ese tema, se recomienda la lectura de Rotker (1999).

Es decir, el proceso de divulgación y construcción el MMO ha generado una serie de debates bastante constructivos entre pueblos indígenas y los sectores no indígenas de la sociedad, colocando en la escena pública (tanto en las notas de *Página/12* y *La Nación*, como en escuelas, universidades y centros culturales) la disputa simbólica por los lugares, las fechas, los personajes y el propio sentido del mito originario de la "argentinidad". Empero, una vez que el monumento logre su objetivo, erigiéndose, remplazando a Roca y consagrando ese punto de vista de la historia sobre otros, ¿eso no terminaría el debate?, es decir, si el intento de remover a Roca pone en evidencia el carácter socialmente construido de las memorias, el emplazamiento definitivo del MMO ¿no ocultaría el debate previo y la arbitrariedad por detrás de la erección de cualquier monumento o memoria?

Hay asimismo el riesgo de que la propuesta del MMO, por más que se desarrolle con una idea de producción colectiva, deje de lado otras posibilidades de intervención más horizontales, puesto que la construcción del monumento se hará finalmente, por un grupo restringido de técnicos y artistas. Es decir, está la posibilidad de que la participación civil, sobre todo de los indígenas, se vea limitada solamente a una etapa de discusión, excluyéndolos de la ejecución final de la obra.

Aunque no es posible profundizar más en el análisis de la obra debido a que no está concluida, en la medida en que propone, al menos en el plano simbólico, terminar la asociación de los indígenas con la posición de "figuras ausentes" de la memoria colectiva nacional para darles forma concreta en un monumento que reemplace al de Roca, sin duda el MMO ha funcionado como disparador de nuevos cuestionamientos, impidiendo una vez más que la polémica sobre Roca y la "Conquista del Desierto" cayese en el olvido con el paso de los años.

Ese es uno de los puntos notables de la actuación de Osvaldo Bayer junto con sus diversos colaboradores: haber impedido que la discusión se enfriara después de tantos años por medio de la renovación periódica del debate con nuevas y variadas iniciativas. Por ejemplo, en 2010, ante la imposibilidad de regalar a la ciudad el Monumento a la Mujer Originaria y valiéndose de las interrogantes provocadas por los festejos del Bicentenario y la Gran Marcha de los Pueblos Originarios[135], Bayer promovió los días 22 y 23 mayo, casi concomitantemente a la entrada de la Marcha en la Capital Federal, el "primer congreso de 'Desmonumentando a Roca'" (Bayer, 2010) en la ciudad bonaerense de Junín[136].

Allí, en medio de mesas redondas, recitales y performances artísticos variados, lanzó en compañía de otros intelectuales los libros *Historia de la Crueldad en Argentina* (2010), editado por él en colaboración con la Red de Investigadores en Genocidio y Política Indígena en Argentina y *Pedagogía de la Desmemoria. Crónicas y estrategias del genocidio invisible* (2010) de Marcelo Valko, ambos sobre el gral. Roca y las políticas de sometimiento indígena comandadas por él a fines del siglo XIX. En el congreso, Bayer también divulgó las iniciativas que estaban en desarrollo en Buenos Aires (los proyectos en la Legislatura, el MMO, la recién lanzada película *Awka Liwen*), y otras acciones por

---

[135] Según la antropóloga social Mónica Lacarrieu (2012), la Marcha que entró en la ciudad de Buenos Aires el día 20 de mayo activó ciertos interrogantes de orden político como ¿por qué conmemorar el Bicentenario? y ¿a quiénes les interesa conmemorar el Bicentenario?, contrastando con la presencia "folclorizada" de los indígenas en las festividades propuestas por el Estado.

[136] La ciudad de Junín se ubica a cerca de 250km a oeste de la CABA, en las orillas del Río Salado, que durante el período colonial había enmarcado la frontera entre el poder efectivo del Virreinato del Río de la Plata y el territorio de la pampa húmeda dominado por distintos pueblos indígenas, como los tehuelche y los mapuche. En efecto, hasta hoy hay en la zona una expresiva presencia indígena, justificando la elección de Bayer por lanzar allí el referido congreso.

la "desmonumentación" de Roca[137] llevadas a cabo en otras localidades del país (véase el Cuadro 2 del Anexo), estimulando a los presentes para que se sumasen a futuros actos.

Hacia esa época, una conjunción de factores —la insistencia de Bayer sobre el tema; la ocurrencia de nuevas manifestaciones indígenas en la Capital Federal; la entrada de diversos partidos políticos en la polémica, entre los cuales la alianza del Frente para la Victoria (FpV) del gobierno kirchnerista, cada uno con propuestas propias de modificación de la iconografía roquista— amplió el debate sobre Roca y el posible destino final de los monumentos. De fines del 2010 y el 2011 se han destacado entre las nuevas iniciativas desvinculadas de la acción de Bayer:

a) El cambio de denominación de la Av. Roca para Av. Néstor Kirchner aprobados por los Consejos Deliberantes de las ciudades de Río Gallegos y de San Miguel de Tucumán a menos de 10 días de la muerte del ex presidente (ocurrida en octubre de 2010).

b) El pedido hecho por la agrupación Muchachos Peronistas junto al Consejo Deliberante de Río Gallegos en el 2011 de un proyecto de ley que promoviese la sustitución de la estatua a Roca erigida en esa ciudad en 1941 por una del presidente Néstor Kirchner, natural de esa ciudad.

Aunque ambas iniciativas se llevaron a cabo en ciudades no contempladas en ese estudio, juzgamos relevante citarlas aquí pues insinúan una apropiación instrumental

---

[137] Sobre el uso del neologismo "desmonumentar" que pasó a difundirse a partir de entonces entre los activistas y en los medios de comunicación para referirse a las propuestas de remoción de los monumentos u otras referencias urbanas a Roca, Marcelo Valko lo justificó diciendo que "cuando existen hechos que carecen de palabras adecuadas, es necesario crearlas" (Valko, 2013: 13). En su opinión, la "remoción" del monumento podría ocurrir por distintas razones -para su restauración, para una reforma urbana, es decir, por motivos apolíticos- empero la "desmonumentación" es siempre una elección política: "desmonumentar busca recuperar la memoria apropiada, la memoria usurpada, tergiversada por la amnesia, en donde los nombres de las calles y la estatuaria desempeñan un mecanismo de disciplinamiento muy sutil" (Valko, 2013: 14).

del revisionismo contraroquista con fines bastante distintos del originalmente sostenido por Bayer. Agregaron asimismo contornos nuevos y bastante diferentes a la disputa, levantando críticas importantes de parte de *La Nación* y mereciendo, por tanto, que nos detengamos en algunos puntos; sin embargo, para no romper con el análisis cronológico que nos propusimos de inicio, retomaremos esa discusión solamente al final del presente apartado.

También al interior de la esfera legislativa, pero con un sentido revisionista más cercano al propuesto por Bayer, en el 2011:

c) El diputado Ulises Forte (UCR) presentó en el Congreso Nacional un proyecto de ley proponiendo cambiar los billetes de 100 pesos con la efigie de Roca por una versión con la figura de Francisco Netri, en conmemoración del centenario de la rebelión agraria denominada el Grito de Alcorta (1912); que no prosperó.

Y, en contraste con esas iniciativas de carácter político-partidario, en octubre del 2011:

d) Una iniciativa de los estudiantes de Comunicación de la Universidad de Buenos Aires creó el proyecto de comunicación Derrocando a Roca, vinculado a la radio La Colectiva 102.5 FM:

> Bajo el lema "sigamos derribando mitos", buscamos cuestionar los medios de comunicación hegemónicos. Ahora bien, ¿debemos quedarnos únicamente en la crítica, en la pasividad que caracteriza a la teoría? Derrocando a Roca es el espacio a través del cual nos convertimos en agentes activos de la comunicación, para así crear nuestra agenda, temáticas y entrevistas, nuestra propia experiencia periodística y no "hacernos desde abajo" en un gran multimedio (página en internet de *Derrocando a Roca*, s/f).

El programa se dedica a dar voz a sectores sociales históricamente excluidos, abordando temas diversos como las villas miseria, la trata de mujeres, la violencia doméstica, el gatillo fácil, la represión policial, la situación precaria de las comunidades indígenas del país, etc., bajo la justificativa de que

> Roca es el fundador (...) de este modelo de país. Por eso, cuando algún paladín de la justicia en las redes sociales nos decía: "Déjense de joder con Roca, eso fue como hace 150 años, preocúpense por los problemas actuales", le contamos que la figura de Roca vive en el reparto desigual de la tierra, en una oligarquía terrateniente que es el principal soporte del "modelo", en la extranjerización de la tierra, en el avance de la frontera sojera, en el uso indiscriminado de agrotóxicos, y en los asesinatos de miembros de comunidades campesinas y de pueblos originarios porque no ocupan la tierra "como se debe", y estorban, y no quieren vender, y no quieren dejar su cultura y modo de vida atrás (página en internet de *Derrocando a Roca*, s/f).

El pasado roquista es interpretado, así, no solo en la clave de la aniquilación y sumisión de los pueblos indígenas argentinos, empero como el origen de un modelo de desarrollo económico que, habiéndose basado en la agroexportación, en el crédito internacional y en el favorecimiento político de la oligarquía terrateniente profundizó durante todo el siglo XX la desigualdad social, internamente, y la dependencia económica, externamente. Así, la propuesta revisionista de Bayer es tomada como punto de partida para pensar otros procesos de invisibilización social que extrapolan en mucho lo que fue la actuación política real de Roca; sin embargo, más que una interpretación anacrónica de la historia, Derrocando a Roca toma esa figura del pasado como metáfora de un Estado nacional que se construyó a través de una serie de procesos de exclusión social, los cuales, en la medida en que no han sido todavía resueltos por el Estado, merecen seguir siendo denunciados y problematizados.

Aunque optimista con esa expansión del debate más allá de las iniciativas que él venía impulsando, Bayer se ha mostrado preocupado cuando dos notas distintas de *La Nación* ("Bajen a Roca, alcen a Néstor" de Luis Alberto Romero y "La demonización de Roca y el olvido de Sarmiento", de Mariano Grondona) insinuaron que sus esfuerzos por "desmonumentar" a Roca servían sobre todo a los intereses político-partidarios del gobierno de Cristina F. de Kirchner de homenajear a Néstor Kirchner:

> El que en ese sentido bate el tambor de la oposición, el también grondoniano Luis Alberto Romero, y desde las páginas de *La Nación*, esta vez desde la primera plana, se largó en el título "Bajen a Roca, alcen a Néstor". Claro, ya es llevar un tema histórico, y meter a quienes no quieren el bronce para un genocida, en un apriete de la política actual, o hacer creer que la discusión de si Roca fue un genocida o no es meterla en la cocina de la politiquería del momento, poco antes de las elecciones (Osvaldo Bayer: "Ahora atacan los Grondona", contratapa publicada en *Página/12* el 15 de octubre de 2011)

Por ello, interpretamos las acciones encabezadas por Bayer en el 2012, las cuales pasaron a caracterizarse por el apoyo abierto a partidos políticos de izquierda, en dos sentidos: como parte de la estrategia ya expuesta de seguir insistiendo en el tema y sumando nuevos colaboradores, pero también como forma de manifestar claramente quiénes eran realmente sus aliados políticos.

Ante la falta de éxito de los proyectos de ley presentados en 2007 y 2010 en la Legislatura porteña, Osvaldo Bayer decidió en 2012 tramitar allí un nuevo pedido (véase el Cuadro 3 del Anexo), que se hizo en conjunto con una nueva campaña pública denominada *¡Chau Roca!*. Empero, a diferencia de las experiencias anteriores, en las cuales el soporte recibido de políticos se había dado individualmente, ¡Chau Roca! contó con el apoyo formal de la Central de Trabajadores de la Argentina (CTA) y, principalmente, del partido de izquierda Movimiento Socialista de los Trabajadores (MST).

Este último, a través principalmente del diputado Alejandro Bodart (quien se encargó de tramitar el nuevo proyecto de ley en la Legislatura) y de Mariano Rosas (Coordinador Nacional de la Juventud del MST) se encargó de organizar la jornada cultural que inauguró la campaña contraroquista en frente de la Legislatura. El MST realizó un intenso trabajo de divulgación que culminó en el mes de mayo en un evento callejero con música, teatro y artes plásticas, en donde una vez más Bayer presentó a los transeúntes los motivos de su persistente lucha por quitar el monumento a Roca.

La iniciativa también contó con aportes individuales bastante significativos, esta vez de Alberto Sava (Frente de Artistas del Borda) y de Félix Díaz, el *qarashé* (liderazgo) de la comunidad qom La Primavera (*Potae Napocna Navogoh*) de Formosa, quien había ganado notoriedad pública en 2010/2011 tras encabezar un acampe de más de seis meses en la Capital Federal para solicitar una audiencia -nunca lograda- con la presidenta Cristina F. de Kirchner. En términos simbólicos y políticos, el apoyo de Díaz a la campaña ha tenido, por tanto, un impacto simbólico positivo dado que los qom venían ganando espacio en los medios de comunicación justamente debido a los violentos conflictos que enfrentaban en Formosa y, también, gracias a la cada vez más evidente indiferencia del gobierno Kirchner en relación a sus demandas por derechos sociales básicos.

15 años después de las primeras clases de Bayer bajo el monumento, ¡Chau Roca! enmarcó un avance importante con respecto a la diversificación de voces que pasaron a presentarse formalmente favorables a la remoción del monumento a Roca. La entrada del MST y de la CTA en la disputa junto a Bayer —así como de la alianza partidaria del FpV con propuestas propias e independientes— demostró la relevancia política del tema hacia el término

de nuestro análisis, en el 2012; en ese sentido, el involucramiento a lo largo de todos esos años de personas con trayectorias de vida y acción social tan distintas como son Félix Díaz, Alberto Sava, Andrés Zerneri, Marcelo Valko y las fundadoras del GAC demuestra la pertinencia que el debate ha ganado más allá del círculo social original que lo venía sosteniendo.

En una charla realizada en la Facultad de Filosofía y Letras de la UBA en ocasión del lanzamiento de la campaña ¡Chau Roca! con la presencia de Bayer, Sava y Díaz, el líder qom recordó a los espectadores que los indígenas sí estaban presentes en los conflictos sociales contemporáneos, y que sí reclamaban por justicia en cuanto sujetos de derecho y ciudadanos argentinos, justificando con ello su apoyo a la iniciativa. A la que se sumó la voz de Alberto Sava, resaltando que su apoyo se refería, ante todo, a un reclamo de derechos humanos, de los cuales eran víctimas invisibles tanto los indígenas como muchos otros, entre los cuales los pacientes de los manicomios.

Se puede decir,por tanto, que el proyecto contrarroquista de Bayer ha traspuesto con el paso de los años sus cuestionamientos iniciales, expandiéndolos para una crítica más amplia de la lógica "glamorosa, acrítica, y elogiosa de la violencia" (Lenton, 2012) que caracteriza la historia oficial y la interpretación allí dada de la formación de la identidad nacional, bien como de las formas como esa violencia simbólica y física sigue reproduciéndose actualmente.

Empero, si las estrategias de "desmonumentación" descritas hasta aquí han garantizado en el plano simbólico esos consensos mínimos sobre la necesidad de revaluarse los eventos violentos del pasado nacional y sus actores, también llevaron a uno de los principales nudos problemáticos de las propuestas contrarroquistas actualmente.

Habíamos mencionado que a partir de 2010, año del fallecimiento del presidente Néstor Kirchner, también políticos vinculados al gobierno de Cristina F. Kirchner y su militancia de base formularon propuestas propias de remoción de los monumentos, bustos u otras referencias urbanas a Roca esparcidos por todo el país. En 2011, el pedido de sustitución de la estatua de Roca localizada en Río Gallegos por la recién construida en homenaje a Néstor Kirchner se presentó en continuidad con el correspondiente cambio de denominación de la avenida principal de esa ciudad de Roca por Néstor Kirchner (2010). Ésta, a su vez, lejos de ser un homenaje puntual (tratándose de la ciudad natal del recién fallecido presidente), se insertó en un conjunto más amplio de homenajes a Kirchner, como la ocurrida en San Miguel de Tucumán donde Roca había nacido. Un "giro" en el enfoque original de las propuestas contraroquistas que se profundizó al año siguiente con la divulgación y el lanzamiento oficial del nuevo billete de 100 pesos con la efigie de Eva Perón -que retomaba el proyecto de Cecilia Merchán (2008), pero modificándola a favor de una figura histórica tan emblemática como indisociable del Partido Justicialista (PJ).

Así, a la vez que reflejaron la expansión y la apropiación del cuestionamiento roquista por nuevos grupos sociales, tales iniciativas también evidenciaron su instrumentalización político-partidaria y, con ello, sus debilidades constitutivas. Habíamos comentado que los homenajes kircheristas habían originado críticas por parte Grondona y Romero, las cuales fueron publicadas en *La Nación* en el 2011; en ambas notas, los autores yuxtapusieron las propuestas de Bayer y del kirchnerismo, insinuando con ello que la intención de homenajear a Néstor Kirchner era la motivación última de todas las propuestas contraroquistas. Aunque aquí interpretamos esa opinión como parte de una construcción argumentativa más general de *La Nación* que buscaba no solamente posicionarse favorablemente a Roca, sino en franca oposición al gobierno nacional a cargo de Cristina F. Kirchner, llama la atención que la entrada, en la disputa, de las fuerzas políticas al mando del Gobierno de la Nación haya eclipsado (al menos para una parte relevante de la opinión pública) la lucha que Bayer venía promoviendo desde hace muchos años en los medios de comunicación (en *Página/12*, principalmente) y en sus intervenciones en el espacio público.

Otro riesgo asumido por la "desmonumentación" de Roca, en nuestra opinión, es la posible pérdida de su potencial contestatario cuando el proceso deseado de remoción de los monumentos llegue a su término, una preocupación que se extiende también a la virtual instauración del MMO. En ese caso, ¿cómo proceder frente a un consenso sobre los derechos indígenas logrado en el plano simbólico sin haber sido acompañado del igual desarrollo social de esas poblaciones?

Si uno de los rasgos más determinantes de las acciones aquí expuestas fue la habilidad de Bayer de sumar y diversificar la base de apoyo a las propuestas contraroquistas, es sintomático que durante los quince años analizados se hayan sumado directamente pocos activistas indígenas a esas iniciativas llevadas a cabo en la capital a pesar de la insistencia de Bayer en visitar a muchas comunidades e invitarles personalmente a que se sumaran a esas peticiones. La escasez de representantes indígenas entre los activistas puede muy bien ser fruto de la proporción reducida de habitantes originarios en la región metropolitana[138], pero de todos modos nos lleva a cuestionar hasta qué punto las acciones contramonumentales lograron abarcar efectivamente otros consensos importantes derivados del debate sobre Roca, por ejemplo, sobre la formación del indígena como sujeto de derecho y como parte constitutiva de la "argentinidad".

Porque la virtual retirada del monumento a Roca en la Capital Federal obedece sobre todo a un imperativo de orden moral, es decir, a un deseo de reparación histórica que se da en el plano simbólico del arte público, las manifestaciones encabezadas por comunidades originarias

---

[138] Según datos del Censo Nacional de 2010, entre el 2-3% de la población del Gran Buenos Aires se reconoce indígena.

en esa ciudad la tomaron como una petición marginal entre las tantas otras demandas sociales y políticas que ellas vienen sosteniendo actualmente. Por otro lado, tendemos a interpretar las acciones contra-monumentales nucleadas por Osvaldo Bayer entre 1997 y 2012 como parte de una insistente labor de contrapedagogía que se dirigió sobre todo a los sectores sociales "blancos" de la Capital Federal con el claro objetivo de desmontar los relatos hegemónicos sobre la identidad argentina y sobre la formación del Estado nacional implícitos en la estatua de Roca.

En otras palabras, el proceso de "desmonumentación" tal como se ha visto hasta aquí nunca pretendió presentarse como "vocero" de las comunidades indígenas nacionales y sus reclamos particulares; en efecto, observando los esfuerzos de Bayer y sus principales colaboradores, vemos que sus interlocutores no son los indígenas, sino todo el restante del conjunto social para quienes la "argentinidad" se ha construido históricamente a pesar de esos pueblos.

El monumento de San Carlos de Bariloche

La polémica en Bariloche se estructuró en el marco general del activismo político mapuche en la región patagónica y, más específicamente, al interior de los planteamientos simbólicos por autoafirmación indígena que vienen ganando fuerza entre militantes jóvenes mapuche en esa ciudad desde la década del 1990. A diferencia de Buenos Aires, aquí las iniciativas contrarias a la permanencia del monumento en el Centro Cívico se diluyen en medio de planteamientos generales de reconocimiento a la diferencia cultural de la población local de origen indígena. No hay en Bariloche un individuo o grupo que centralice las intervenciones al monumento como ocurrió en Capital Federal, de modo que la disputa en esa ciudad más bien adquirió un carácter más anónimo y difuso, protagonizada por la militancia joven, sobre todo los autodenominamos "mapurbe" —jóvenes mapuche urbanos[139].

En efecto, la primera intervención destacada en el monumento ocurrió el 12 de octubre de 1996 en ocasión de un recital de la Resistencia *Heavy-Punk*[140] que integraba las protestas locales por el "Día de la Raza" (Kropff, 2008). En dicha ocasión, un grupo de manifestantes pidió permiso en la intendencia para cubrir la estatua con un manto negro pintado con manchas rojas. La acción, ocurrida durante el día, contó con el consentimiento personal del intendente César Miguel (PJ), quien inclusive bajó de su despacho y dio un discurso en apoyo a los manifestantes:

---

[139] Con "mapurbe" nos referimos no a un colectivo específico o a un grupo determinado de personas, sino a una categoría autorreferencial que desde el 2001 se viene utilizando por los jóvenes mapuche que habitan tanto en ciudades chilenas como argentinas. Se trata, según Kropff (2004), de una construcción identitaria liminal entre el reconocerse indígena y el reconocerse como jóvenes urbanos, la cual se vincula directamente con las experiencias de vida atravesadas por estos jóvenes: "a pesar de la importancia de los espacios ceremoniales, [es] un proceso urbano. La reflexión que se provoca a través del uso de la categoría liminal de 'mapurbe' no pasa por la afirmación de la ruralidad de la condición indígena y de la característica desmarcada étnicamente de la población urbana (...) sino por la indagación en la posibilidad real de que un sujeto que combina ambas características pueda ser concebido" (Kropff, 2004: 5). Tomamos aquí sobretodo a Kropff (2004; 2005; 2008) y Cañuqueo & Kropff (2007) como referencia de los debates sobre la formación en Bariloche y otras ciudades rionegrinas de los núcleos de activismo joven mapuche que se autoidentifican con la categoría "mapurbe" y otras variaciones de la misma, como "mapunky" y "mapheavy".

[140] La llamada Resistencia Heavy-Punk se inserta en el activismo joven nacido durante los 90 en esa ciudad. Según Kropff (2008: 5), "funcionó a la vez como un espacio de comunalización entre los jóvenes de la periferia urbana, como una instancia de impugnación de la concepción de lo local que se condensa en la imagen de "la suiza argentina", y como instancia de articulación con demandas de otros sectores. Hacia fines de los noventa, la Resistencia organizaba recitales en espacios comunitarios de los barrios, incluyendo música punk, heavy y también folclore". Para más información sobre el tema, se recomienda también la lectura de Cañuqueo y Kropff (2007).

> uno de los recuerdos más fuertes de mi infancia es el de una anciana que agonizaba y recordaba la muerte de sus seres queridos durante la Campaña. Esa mujer era Rosario Quintuqueo y era mi abuela (*Clarín Digital*, 1996a).

Aunque no se haya alterado directamente el monumento, la intervención que se conoció como "el eclipse de Roca" despertó el malestar de algunos vecinos, quienes se alarmaron ante la posibilidad de un futuro traslado del mismo. Pocos días después, Gilberto Taddeo, conocido meteorólogo local y fundador de la Asociación Amigos de Francisco P. Moreno, retiró el manto negro y depositó una ofrenda floral a los pies del caballo como "desagravio" por la ofensa cometida. También envió en nombre de la Asociación dos cartas, una dirigida al entonces presidente Carlos Menem (1989-1999) pidiendo al gobierno que actuara para evitar "futuros desmanes y atropellos al monumento" (Clarín Digital, 1996b), y otra al Consejo Deliberante de Bariloche solicitando a los concejales que no modificaran el emplazamiento de la estatua o el nombre de la plaza, aun hoy denominada oficialmente Expedicionarios al Desierto.

En respuesta a esa iniciativa formal de la Asociación Amigos de Francisco P. Moreno, a inicios de 1997 la Comunidad Mapuche de Anekón Grande[141] realizó una campaña de firmas en conjunto con ciudadanos de Bariloche pidiendo formalmente al Consejo Deliberante la remoción del monumento y el cambio de denominación de la plaza por considerarlos una ofensa a gran parte de la población local. En aquella ocasión el pedido fue negado por la Comisión Nacional de Museos, Monumentos y Lugares Históricos bajo la justificación de que el monumento es parte

---

[141] Se trata de una importante comunidad mapuche localizada en la zona rural a leste de la provincia de Río Negro. Se encuentra en la zona de influencia de la ciudad de Bariloche y, por esa razón, se inserta en la dinámica de migraciones temporarias hacia esa ciudad; de allí deriva una extensa red de parentesco que la vincula directamente a los reclamos realizados por militantes mapuche que habitan la ciudad.

integrante del proyecto original del Centro Cívico, que ha sido oficializado en su totalidad como patrimonio histórico nacional en el año de 1987.

Tras esa polémica inicial y ante la negativa del poder público de trasladar el monumento, este se tornaría el blanco predilecto de innumerables pintadas y "escraches", los cuales son constantemente renovados hasta hoy pese a las restauraciones periódicas hechas por la municipalidad. No obstante el carácter ilegal y, por tanto, anónimo de ese tipo de acciones, en ellas el apoyo a los mapuche se hace visible por una serie de grafismos y expresiones propias a ese pueblo: entre las frases más comunes en el pedestal figuran la expresión en *mapuzugun* "*marici weu*" —consigna que se traduce por "diez veces viviremos, diez veces venceremos"–, y otras como "el pueblo mapuche vive", "Roca asesino", "genocida", "rati puto"[142]; además de grafismos específicos como son la A circulada —propia de las agrupaciones anarquistas—, la circunferencia sobrepuesta a una cruz —simplificación gráfica del *kultrun*[143]— y, finalmente, la sustitución de la letra C por la K —una marcación estética que según Kropff (2005), ha sido bastante popularizada en los fanzines de la red mapurbe[144]—.

Pero si la remoción del monumento por vía institucional parecía imposible dada la justificativa patrimonialista, a partir del 2003 fue nuevamente puesta en cuestión gracias a una nueva polémica en el Centro Cívico. En la conmemoración del 24 de marzo[145], simpatizantes de la Asociación

---

[142] Rati" en la jerga popular, significa policía.
[143] El *kultrun* es un elemento filosófico importante de la cosmogonía mapuche que suele estar representado en el timbal utilizado por ese pueblo en festividades y ritos religiosos.
[144] Según Kropff (2005: 122), "los fanzines mapuche utilizan recurrentemente elementos estilísticos que provienen de esos géneros como la letra K, que a su vez constituye un diacrítico étnico porque el grafemario que se utiliza para escribir el *mapuzugun* reemplaza la letra C por la letra K."
[145] Instituido feriado nacional a partir de 2002 como el Día Nacional de la Memoria por la Verdad y la Justicia en alusión al golpe de Estado que se produjo el 24 de marzo de 1976.

Madres de Plaza de Mayo decidieron realizar allí la pintura de sus emblemáticos pañuelos blancos, circundando con ello todo el piso de la plaza alrededor de Roca.

Como reacción, la Asociación Amigos de Francisco P. Moreno solicitó a la intendencia municipal que procediera con la limpieza del piso y quitara las pinturas; pero el pedido fue rechazado y tan solo se comprometió a realizar la restauración de la estatua, como de costumbre[146]. Sin embargo, puesto que el argumento utilizado por el poder público para mantener el monumento en su ubicación original se fundamentaba en el criterio de la no intervención en el conjunto del Centro Cívico, la pintada de los pañuelos ¿no constituiría, por su carácter permanente, una alteración ilegal del conjunto? Por ende, ¿qué memorias podrían reivindicarse como legítimas en aquel espacio?

Excediendo a los actores mapuche que a mediados de la década del 90 empezaron a cuestionar públicamente el mantenimiento de la estatua en el Centro Cívico, la polémica se reanimó, empero esa vez involucrando a un espectro más amplio de ciudadanos locales en un contexto enmarcado por la consolidación de la cultura de los derechos humanos en el país tras la elección presidencial de Néstor Kirchner (2003-2007).

A diferencia de lo que vimos, por ejemplo, en las intervenciones del GAC, orientadas a equiparar las muertes indígenas con los desaparecidos, o Roca y Videla, en Bariloche la discusión se centró en el etnocentrismo detrás del monumento en cuanto representación de la hegemonía "blanca" en una ciudad donde la grieta social entre la población mapuche y la no mapuche era cada vez más evidente.

---

[146] Decisión que terminó por llevar la polémica al Poder Judicial rionegrino, pues Gilberto Taddeo decidió denunciar al entonces intendente Alberto Icare (Partido vecinal SUR/Concertación Plural) por descuido en relación al conjunto del Centro Cívico y, en especial, al monumento a Roca. Sobre el caso, leer: *Río Negro On Line*, "Icare, sobreseído de no limpiar la estatua del general Roca", 5 de abril de 2004; y *La Nación*, "Roca: el monumento más atacado", 26 de marzo de 2006.

Así, se evidenciaba la preocupación de que el apoyo selectivo demostrado por la intendencia municipal (a cargo, vale decir, de un político aliado del kirchnerismo) a la pintura de los pañuelos blancos encubriese bajo la consigna de los derechos humanos reclamos más específicos sobre los derechos indígenas:

> El despojo de Roca no constituye un mero dato de nuestra historia, es una realidad palpable en los barrios marginales y en las desatendidas zonas rurales, realidad que demuestra la incapacidad de nosotros los "huincas" para crear una instancia sin vencidos ni vencedores, pluricultural y de participación igualitaria (Gamez, 2003:s/p).
>
> *
>
> por cuanto mientras exista su presencia en el lugar como lo es en el Centro Cívico, símbolo emblemático de esta ciudad, todo encuentro o convivencia entre las diversas culturas que habitamos en ella será solo una declamación o será ficticio. Ello es discriminatorio y atenta contra la multiculturalidad y la igualdad de derecho, expresada en la Constitución Nacional, Convenio Internacional 169/89, leyes provinciales (Quentrequeo & Meli, 2003:s/p).

Con el precedente abierto por la Campaña de Autoafirmación Mapuche *Wefkvletuyiñ*, que desde el año 2002 adquirió la forma de campaña permanente (Kropff, 2004), una serie de nuevos colectivos integrados por jóvenes mapuche y no mapuche empezaron a formalizarse en la ciudad, mezclando experimentaciones artísticas diversificadas y una militancia política enmarcada por el tema de la pertenencia a lo urbano -con la consecuente disputa por espacios donde pudieran representarse políticamente como otredad legítima:

> *Wefkvletuyiñ* se enmarca en la perspectiva que ve a la ciudad como un espacio territorial mapuche porque la emergencia misma de la distinción entre espacios rurales y urbanos proviene del proceso de ocupación del que somos víctimas. Por lo tanto, es necesario que la población mapuche urbana—que

> incluye la descendencia de todas las familias que se vieron obligadas a abandonar sus tierras—se articule y aporte al tejido social mapuche, se integre como parte del Pueblo Mapuche que es. En el caso de *Puel Mapu* (territorio mapuche hoy ocupado por el estado argentino), esta necesidad se vuelve muy evidente porque la mayoría de la gente vive hoy en día en las ciudades (Cañuqueo & Kropff, 2007: s/p).

En ese marco, si bien prosiguieron las pintadas y escraches anónimos al monumento, otras modalidades de protesta empezaron a despegarse, obedeciendo a dos estrategias: la afronta directa al monumento y también la ocupación de un espacio símbolo de la ciudad rica y con pretensiones de "europea", que contrastan con los barrios precarios del "Alto", la ciudad oculta a la mirada del turista y en donde se desarrolla el cotidiano de parte importante de la población mapuche local[147]:

> Allí se podían adquirir tierras a bajo costo que, aunque habían sido loteadas, no tenían calles, ni servicios básicos. Actualmente, la denominación "Alto" carga un estigma discursivo, tiene una carga peyorativa que se manifiesta en los discursos y en las políticas hegemónicas. Los sectores dominantes asocian la población del Alto a la marginación, al atraso, a la violencia y la delincuencia. En Bariloche, cada lugar está asignado a un determinado grupo social que se identifica, a la vez, por marcas de aspecto y de indumentaria racializadas. La

---

[147] La zona barrial conocida como "El Alto" se desarrolla al sur del ejido urbano de Bariloche, a una altura promedio de 150m superior al nivel del lago Nahuel Huapi y "del otro lado de la cadena de cerros que le da a Bariloche su espectacular vista", según la politóloga María Esperanza Casullo, quien agrega que "no tiene gas, no tiene cloacas y no tiene casi transporte público. No tiene vista al Nahuel Huapi, ni a ningún otro lago. Tiene, o tenía hasta hace poco, el desempleo más alto de la provincia de Río Negro. No tiene hospital, no tiene basurero. Tiene mucha población joven, altas tasas de delito y muchos homicidios, varios de ellos a manos policiales. Gracias al cerro que los oculta, los habitantes del Bajo no sólo no comparten la ciudad con los del Alto, sino que ni siquiera los ven. Con sólo no pasar nunca "del otro lado", es perfectamente posible hacer como que los del Alto no existen" (Casullo, 2010).

"población blanca" de los kilómetros y el centro se contraponen a "los negros" del Alto. En este contexto, no es llamativo que gran parte de la población mapuche resida en el Alto (Roncarolo, 2006: s/p).

*

Bariloche tiene espacio para los estudiantes, para los turistas, pero para la gente que vive acá no tiene lugar en lo que es el centro. No hay esculturas, no hay espacios para que los jóvenes se expresen, hay mucha violencia de parte de la policía, los jóvenes automáticamente lo les dejan bajar al centro (declaración de integrante del colectivo El Kultrunazo extraída del documental "Kultrun en Bariloche").

Una de las iniciativas más emblemáticas en ese sentido ha sido la Semana de las Libertades, organizada en los años 2008 y 2009 por el colectivo El Kultrunazo[148] con apoyo del Instituto Nacional contra la Discriminación, la Xenofobia y el Racismo (INADI-Río Negro). Con una programación cultural concebida a realizarse del 5 al 11 de octubre, la Semana, en sus dos ediciones, congregó desde charlas sobre la cosmovisión mapuche a recitales de *rock*, *punk* y *hip hop*, jornadas de trabajo comunitario, presentación de poesía, teatro y danza. Según el comunicado de prensa lanzado por el colectivo,

---

[148] El colectivo El Kultrunazo se formó por activistas de distintas ocupaciones y trayectorias sociales. En él han confluido desde militantes mapuche directamente vinculados a las comunidades rurales de Río Negro hasta jóvenes egresados, recicladores, artistas plásticos, músicos, comunicadores, etc. Por ello, el colectivo más bien se autodefinió como un espacio de articulación entre agrupaciones, comunidades mapuche y gente de distintos barrios de la ciudad. Tras la organización de los eventos en 2008 y 2009 la agrupación se disolvió poco a poco; su última actividad como colectivo se dio con la organización del "Reciclarte" en 2010, promoviendo la transformación de basura en obras artísticas. Sobre el montaje del *kultrun*, hay diversos videos en el canal del youtube. Se recomienda especialmente el corto-documental "*Kultrun en Bariloche*" de Leandro Achile, Sergio Ugalde y Santiago Acuña: *https://www.youtube.com/ watch?v=y9dV8JU2s1Y&index=11&list=PLRG_aPg38qSHGOJfYRtdP-5-daPNbTSHD*

queremos expresar las razones por la cuales no estamos dispuestos a seguir soportando, la imagen que representa la desigualdad, el egoísmo, la intolerancia a la diversidad cultural y que respalda en estos días la despótica relación con nuestro entorno natural, no queremos más Rocas que se apropien de nuestros territorios para venderlos al mejor postor o contaminarlos para la extracción de metales o alimentar la industria del turismo, o que abusen de sus *Pichi keche* (niños) (ANBariloche, 2009).

El impacto causado por la Semana, sin embargo, se debió principalmente a su *performance*-protesta inaugural: en ella un gran *kultrun* construido en metal y tela era llevado en procesión por los integrantes del colectivo y quienes se sumaran, iniciando en "El Alto" y pasando por diversas calles del centro hasta que por fin era depositado sobre el monumento a Roca, abriendo oficialmente las festividades:

El ocultamiento por siete días de la estatua "del genocida, con la imagen de un *Kultrun* es una acción pacífica para poder producir el debate sobre la identidad que portamos cada uno y cómo la queremos fortalecer, demandar espacios para crear más arte en conjunto e ir entendiendo que no existe ningún último día de libertad, sin reencontrarnos con una filosofía que nos fue negada" (ANBariloche, 2009).

La Semana de las Libertades rescataba, así, algunas formas de protesta ya bastante comunes a los habitantes de la ciudad, como han sido los festivales de la Resistencia *Heavy-Punk* de los 1990, al mismo tiempo que incluía como nuevo componente la reivindicación directa de la memoria mapuche en el Centro Cívico:

Buscamos que desde el arte, mapuche y no mapuche, se cuestionen todos los estereotipos y uno de ellos es el que cuando llega el 24 de marzo nosotros vemos que en el centro de una reivindicación están las Madres, los Hijos y después el resto de la sociedad. Entonces llega el 11 de octubre y los que estamos en el centro somos los mapuche, pero al mismo tiempo este proceso de discriminación y sometimiento lo sufrimos todos. Y las reivindicaciones mapuche también encuentran críticas en el pueblo mapuche y también encuentran alianzas fuertes con los no mapuche (Nahuelfil, 2009:s/p).

Asimismo el reemplazamiento temporario de Roca por el *kultrun* evocaba no solo el pasado violento, sino que al hacerlo a través de un evento festivo, ha visibilizado simbólicamente, tal vez como ninguna otra alegoría lograra hasta aquél momento, la presencia viva y operante de la cultura mapuche en la ciudad de Bariloche. Pese el carácter pacífico del acto —se cuidó que el monumento no sufriera daños— en los dos años en que se montó, el *kultrun* ha sido dañado por anónimos que lo han intentado deshacer, revelando los resentimientos de algunos sectores de la sociedad barilochense ante el virtual traslado de Roca y, también, frente a un sector social históricamente estigmatizado por indígena, extranjero y delincuente.

Del lado de quienes defienden la remoción, El Kultrunazo ha inspirado una oleada de acciones performativas no permanentes, ya fueran nuevos "eclipses de Roca" o iniciativas de tinte irónico como ha sido la intervención "Roca encarcelado"[149] encabezada por H.I.J.O.S/Bariloche en el año 2009. Pero fue nuevamente hacia 2010, en el marco de las contraconmemoraciones del Bicentenario y también del aniversario de 70 años del Centro Cívico, que la escalada de polémicas que envuelven al monumento recobró fuerza tras las propuestas estudiadas por la municipalidad de reforma y refuncionalización del conjunto.

Ante la acalorada oposición de la Asociación Amigos de Francisco P. Moreno a cualquier propuesta que alterase los elementos del Centro Cívico, Gonzalo de Estrada (hijo

---

[149] En esa acción, se ha montado en torno de la estatua una reja artesanal en la cual se colgaron pancartas con la frase "la impunidad es hija de la mala memoria".

del arquitecto Ernesto Estrada), en ese entonces coordinador de Obras e Inversión Pública en Parques Nacionales, defendió en tono irónico la retirada de la estatua:

> Particularmente, creo que a esta altura Roca ya no representa lo que los barilochenses queremos y fue algo decorativo, podría retirarse o podría ponerse otra persona, hoy estoy de acuerdo con que se retire y se lleve a otro lugar donde no genere tantos conflictos. Creo que hasta Roca mismo lo pediría, 'sáquenme pero no me peguen tanto' (ANBariloche, 2010).

Por esa época, también las campañas por "Desmonumentar a Roca" llegaron a San Carlos de Bariloche con el apoyo de colectivos locales. Una conjunción de factores, entre los cuales podemos nombrar: las discusiones alrededor del Bicentenario de la Independencia, la Gran Marcha de los Pueblos Originarios y el mismo esfuerzo del núcleo formado por Bayer, Valko y Zerneri/MMO-Asoc. en llevar la discusión entablada en Buenos Aires a las otras provincias del país llevó a que en esa ciudad se realizaran algunas charlas en las cuales se indagó sobre las posibilidades legales de remoción del monumento. Sin embargo, a ejemplo de las estrategias anteriores que ya habían optado por la vía legal, éstas tampoco lograron avanzar con medidas concretas para resolver en definitivo la cuestión.

Eso refleja en los hechos los beneficios limitados que las poblaciones originarias (aunque en ese caso a través de una disputa simbólica) han alcanzado a través del sistema jurídico y de la propia juridización del derecho indígena en el país; lo que ha llevado a los mapuche, principalmente los jóvenes activistas, a interpretar con el paso de los años la vía legal como una herramienta más del sistema de dominación *wigka*[150] a que han sido sometidos después de la "Conquista del Desierto"[151]:

> Es Roca, pero son más, son los milicos, el sistema jurídico, el sistema capitalista, que nos envuelve, y donde no hay lugar para nosotros. Personalmente hemos participado en conformaciones de comunidades y la lectura que hoy hago es que nosotros y todos los sectores en lucha podemos encarar una estrategia jurídica pero siempre el modelo del opresor marca cosas que nos ponen en constante tensión (Nahuelfil, 2009: s/p).

Es decir, esa tensión siempre presente en las negociaciones entre comunidades indígenas y el poder público[152] difícilmente dejaría de reflejarse en la disputa simbólica trabada alrededor de Roca. En efecto, hasta el año del 2012, gran parte de las protestas sociales que tuvieron lugar en el Centro Cívico involucraron directa o indirectamente el monumento, ya sea con la realización de nuevas pintadas

---

[150] Una subordinación, vale decir, que excede el campo simbólico y se impone como forma burocrática en el interior de las comunidades, atropellando con ello el tejido social de las mismas —aunque cumpliendo, también, un rol imprescindible a su sobrevivencia—. Petralito (2010) presenta una entrevista con Silvia Vera, autoridad de la Comunidad Mapuche Vera de San Martín de Los Andes (provincia de Neuquén) que da la dimensión social de esa tensión: "Fíjense que nosotros para ser una comunidad Mapuche reconocida legalmente la única forma que se ha encontrado es que seamos una asociación civil sin fines de lucro. Nos imponen eso, con estatuto, donde tenemos que adecuar nuestra vida comunitaria, nuestras propias normas y filosofías. El estatuto huinca no está pensado para nosotros y rompe con la forma organizativa Mapuche: se nos impone un presidente, vice, secretario, tesorero, dos revisores de cuenta. Y en la vida interna mapuche la forma organizativa es diferente: primero están nuestras autoridades filosóficas, después nuestras autoridades políticas. Hay muchas cuestiones que nos han debilitado y es en este proceso de consciencia en que estamos" (Petralito, 2010, p.320).
[151] De allí también la identificación de muchos de esos jóvenes mapuche urbanos de Bariloche con el anarco-*punk* (Kropff, 2004, 2005, 2008, 2011).
[152] Véase el acápite "El lugar de los indígenas en el espacio público democrático" del Capítulo 2.

o a través de acciones más enérgicas, como ha sido la llevada a cabo por los integrantes de la Cooperativa de Trabajo 1 de Mayo el 12 de octubre de 2012, y que aquí nos interesa recuperar.

En el marco de las protestas acordadas para el "último día de libertad", un grupo de más de 50 manifestantes tomó la plaza e intentó derribar la estatua valiéndose de sierras y cuerdas, desatando un gran tumulto con la gendarmería. Pero pese la obvia centralidad ganada por el reclamo contraroquista en ese caso, los manifestantes, en su mayoría miembros de la Cooperativa de Trabajo 1 de Mayo, habían ido al Centro Cívico aquella mañana para exigirle al entonces intendente Omar Goye (PJ) que ampliara los contratos de trabajo que la intendencia municipal había firmado con esa y con otras cooperativas locales.

Esa combinación entre reclamos laborales y algo aparentemente tan específico como la remoción del monumento solo se puede comprender si se toma en consideración la extrema marginalidad social y la segregación espacial vivenciada por los sectores pobres de la ciudad de Bariloche, entre los cuales muchos son indígenas:

> -¿En qué se relacionan el pedido de empleo con el ataque al monumento?, le preguntó este diario a una de las integrantes de la Agrupación. "En todo, completamente en todo, son cosas que van juntas", dijo la chica en un tono emocionado. "Mi madre es mapuche, mi abuela fue Machi, mi bisabuelo fue Cacique. Nuestra familia directa vivió la Campaña del Desierto, para nosotros la estatua de Roca es un insulto diario", le dice José a *Clarín* (Andrade, 2012: s/p).

La Cooperativa de Trabajo 1 de Mayo se había formalizado en 2010, después que las protestas masivas en julio de aquél año evidenciaran nacionalmente la condición precaria vivida por los habitantes del "Alto". Como otras cooperativas formadas en el mismo período, se vinculó entonces al Programa Ingreso Social con Trabajo ("Argentina Trabaja") del Ministerio de Desarrollo Social, el cual buscaba ofrecer una solución de urgencia a la crisis social mediante un convenio con el gobierno municipal. Sin embargo, el retraso en el recibimiento de los abonos y la suspensión de los planes laborales en 2012 por la supuesta falta de fondos del gobierno municipal reencendería las tensiones apenas apaciguadas en los años anteriores, llevando desde julio a una nueva jornada de protestas callejeras y cortes de ruta en los cuales los cooperativistas de la 1 de Mayo han sido participantes[153].

La tentativa de tirar la estatua al piso puede interpretarse, así, como parte de un conjunto de acciones más o menos espontáneas (en la medida que no llegaron a estructurarse en torno a una pauta política clara y unificada), que esos sectores marginados de Bariloche emprendieron como respuesta directa al sentimiento de disgregación social que se experimentaba.

Una tensión que terminó por explotar dramáticamente dos meses después, tras los saqueos a supermercados y mayoristas ocurridos el 20 de diciembre en distintos barrios, la 1 de Mayo y el monumento a Roca volverían a coincidir. Luego que el gobernador de la provincia, Alberto Weretilneck (Frente Grande), atribuyera públicamente la

---

[153] Ese programa se proponía la promoción de cooperativas de trabajo a fin de que las mismas realizaran obras públicas de infraestructura y construcción civil de baja complejidad en localidades caracterizadas por la alta vulnerabilidad social. Los destinatarios del programa eran "personas sin ingreso en el grupo familiar, ni prestaciones de pensiones, jubilaciones nacionales, ni planes del Ministerio de Trabajo, Empleo y Seguridad Social o provinciales" (MDS citado en Guimenez & Hopp, 2011), por tanto, desocupados en situación de extrema precariedad, a quienes se pagaba mensualmente un abono de 1200 pesos más la obra social y un seguro por accidente personal. En San Carlos de Bariloche, el programa se ha implementado a través de convenios específicos con la municipalidad, como han sido el Plan Calor y el Plan Veredas. Para informaciones más detalladas sobre el Programa Argentina Trabaja, se recomienda la lectura de Guimenez & Hopp (2011); sobre la trayectoria de la Cooperativa 1 de Mayo de 2010 a 2012, se recomienda a su vez la lectura de Wilgenhoff (2015).

autoría de los saqueos a esos cooperativistas, ellos decidieron tomar el Centro Cívico y reclamar una audiencia con las autoridades municipales y provinciales.

Coincidentemente, días antes se inauguraba en la ciudad la primera etapa de la muestra artística *In Situ* auspiciada por la Secretaría de Cultura de la Nación[154]; entre las instalaciones previstas estaba la obra Geometría Sagrada de Tomás Espina, la cual consistía en un puente peatonal de madera que pasaba por encima del monumento a Roca.

La obra había despertado controversias antes de haber sido instalada debido a que los sectores conservadores de la ciudad la consideraron en desarmonía con el conjunto del Centro Cívico. Asimismo, lejos de representar un simple problema estético, el puente claramente no había sido elegido para aquella ubicación al azar y, según el artista, se había diseñado como metáfora capaz de trascender la polarización alrededor de la figura histórica de Roca:

> Entendí que para salir de la dicotomía entre amor y odio que sigue alimentando esa figura debía mirar las cosas desde otra perspectiva. Para trascender ese rencor había que estar por encima de él. Me propuse entonces diseñar un puente que pase por arriba del monumento a Roca (Espina, 2012: s/p).

Sin embargo, cuando los manifestantes ocuparon la plaza, naturalmente se pusieron bajo el puente utilizando entonces su estructura para colgar carteles y armar las carpas, confiriendo al conjunto un nuevo sentido inesperado:

> la estructura posibilitó que tomaran el Centro Cívico y pudieran instalarse a resguardo del viento y la lluvia, entre otras cosas. Situación paradójica... Lo cierto es que el puente quedó en el medio de una situación social de fractura en la sociedad de Bariloche (entrevista a Tomás Espina en Pintos, 2013: s/p).

---

[154] Para más informaciones sobre la muestra: *http://www.cultura.gob.ar/noticias/inauguracion-de-la-muestra-in-situ-arte-en-el-espacio-publico-en-bariloche/*

> *
> el puente terminó siendo un puente entre El Alto, donde viven la mayoría de los marginados con el Centro Cívico. Pero el problema es que hay sectores que creen que esas personas (los marginados) no deberían existir, que habría que matarlas como Roca mató a los indios (entrevista a Tomás Espina en Lynch, 2013: s/p).

Aunque involuntariamente, el monumento del Centro Cívico evidenció, una vez más, el contraste social entre la Bariloche turística y el "Alto", reflejando en sí mismo el doble proceso de marginación social sufrido por la población indígena en esa ciudad: primero, en cuanto representación de Roca, remite directamente a la conquista militar de 1879 y, por ende, al proceso de aniquilamiento y de sumisión e incorporación forzada de los mapuche al Estado nacional argentino; segundo, en cuanto objeto, vale recordar que se vincula a las reformas urbanas de Exequiel Bustillo y Ernesto Estrada, las cuales han consolidado definitivamente la "suiza argentina" en el imaginario nacional y direccionaron la expansión del ejido urbano informal de Bariloche hacia una zona pobre, densamente poblada, desproveída de las infraestructuras básicas y oculta a la mirada turística.

De manera tal que la remoción del monumento no responde solamente a una disputa simbólica entre dos memorias que se quieren imponer como (más) verdaderas en el principal espacio público de Bariloche, sino a la necesidad simbólica, pero también política y social, de los vecinos del "Alto" reivindicaren su propia presencia, en cuanto ciudadanos, en el espacio del Centro Cívico —considerado un espacio de usufructo solamente a los sectores medios y ricos que habitan la zona turística—:

> "Nosotros no podemos hacer nada de lo que hacen los turistas, no tenemos ni plazas, por eso los pibes nuestros están alcoholizados y empastados, porque no tienen nada accesible para hacer. 'Volvé para arriba', te dicen si te ven con una

gorra o un pañuelo. Ahora, después de los saqueos, ni siquiera nos dejan entrar a los supermercados para ir al baño" contó Caty, del Barrio km 20 y añadió "la gente no baja (del Alto) por miedo, de otra manera todo Bariloche estaría acá" (ANRed, 2013).

Conclusión

La construcción de los monumentos a Roca en Buenos Aires y Bariloche obedeció a los intereses de una dirigencia política poco afecta al sistema democrático que, frente a la severa crisis económica de los años 1930, buscó simbólicamente en la imagen de Roca las referencias de un Estado fuerte y próspero. En una lógica similar, también las manifestaciones contramonumentales aquí analizadas pueden ser interpretadas, en ambas ciudades, bajo un marco común que ve a Roca como el emblema de una violencia ya no más tolerada en contra de la población indígena argentina.

Entre las representaciones de un Estado fundamentado en el "orden y progreso" (aún hegemónicas), o violento e intolerante (la cual busca todavía afirmarse ante la opinión pública), la polémica alrededor de Roca aparece así como resultado de cambios subjetivos, pero además políticos y sociales, que se han operado en Argentina durante los últimos treinta años de gobierno democrático. Las diferencias constitutivas entre los dos casos analizados puede ser interpretada, por ende, según los relatos y memorias sostenidos por las respectivas poblaciones locales y en consonancia con los espacios públicos específicos donde los monumentos cuestionados se sitúan.

En Buenos Aires algunas condiciones en especial han confluido a que la polémica allí entablada ganara amplitud nacional. Sin duda, la militancia obstinada de Osvaldo Bayer ha sido clave para que el tema se mantuviera con vida a lo largo de estos años: él ha sabido articular sólidamente los razonamientos y conquistas obtenidos por los organismos de derechos humanos con las demandas recién visibilizadas de los pueblos indígenas; asimismo, valiéndose de distintos medios de comunicación (las clases públicas, las contratapas semanales en *Página/12*, audiovisuales y publicaciones científicas), del carisma personal, de alianzas variadas (intelectuales, periodistas, militantes indígenas, políticos, artistas diversos) y, por consiguiente, estrategias de acción igualmente varias, logró que la propuesta de "desmonumentar" a Roca se tornara de a poco un emblema de la lucha social en contra de una serie de mitos y valores sostenidos por la cultura hegemónica —del crisol de razas a las políticas neoextractivistas[155], entre muchos otros—.

Si esa forma específica de actuación ha acarreado algunos problemas, como son la instrumentalización de la causa por los partidos políticos instituidos, la excesiva romantización del sujeto indígena y el personalismo exagerado de Roca, ella tuvo el mérito nada despreciable de evidenciar el carácter socialmente construido de esas memorias y, por tanto, de demostrar que ellas pueden ser "desmonumentadas" valiéndose de los mismos trámites institucionales que habían permitido su anterior consagración.

Por otro lado, el mismo hecho de que la estatua ecuestre de Buenos Aires esté en un pedestal de más de 5m de altura y protegida por rejas ha impedido intervenciones directas más continuas como las emprendidas en Bariloche. De modo que si la vía legal asumida por Osvaldo Bayer y Marcelo Valko es hoy la principal marca de las iniciativas centradas en la Capital Federal, eso se debe no sólo a la insistencia de ellos en esa estrategia, sino también a las condiciones espaciales impuestas por el propio monumento.

En Bariloche, donde la estatua ecuestre compone la plaza pública más importante de la ciudad, el proceso de cuestionamiento ha tomado una dirección distinta. Allí, la

---

[155] Tomamos principalmente las nociones de "neoextractivismo desarrollista" de Svampa (2013) y "neoextractivismo progresista" de Gudynas (2009; 2011a; 2011b): "sus estrategias extractivistas no son idénticas a las del pasado, y por lo tanto es necesario hablar de un "neoextractivismo progresista". Son prácticas donde el Estado juega papeles más activos, y en varios casos se alimentan programas de lucha contra la pobreza, pero que por otro lado siguen basándose en estilos de alto impacto social y ambiental, que una vez más termina siendo dependiente de los circuitos económicos globales" (Gudynas, 2011a: 76)

disputa alrededor del monumento se ha destacado por el fuerte componente urbano y social por detrás de los reclamos, dado que la propia espacialidad del Centro Cívico pasó a ser reivindicada por los manifestantes, quienes lo consideran el lugar fundamental de la vida cotidiana, donde el ocio, el entretenimiento y la máxima visibilización ciudadana se mezclan creando el espacio público por excelencia de esa ciudad.

El monumento a Roca remite, así, no solamente a la derrota e incorporación forzada de los indígenas por el Estado argentino, sino a la misma lógica de segregación social y urbana que, consolidada en la década del treinta con el proyecto paisajístico-arquitectónico de Bustillo y Estrada, ha ganado actualmente proporciones dramáticas como las que llevaron a los saqueos de fines de 2012. Quitar el monumento significaría, por tanto, obtener voz de decisión y ocupar físicamente un espacio que ha sido negado a la población marginada del "Alto" por más de 70 años.

En otras palabras, más que instituir un nuevo relato hegemónico sobre el pasado, aquellos que luchan hoy por la remoción del monumento del Centro Cívico buscan visibilizarse socialmente como ciudadanos dignos de disfrutar del paisaje, de la infraestructura y del eje cultural que han consagrado a Bariloche en el imaginario argentino como uno de las más importantes ejes turísticos del país. Y, lográndolo, reafirmarse también como presencia viva en la historia y como actores importantes de la producción/reproducción urbana local.

Si en Buenos Aires la subversión del sentido monumental se ha dado a través de la deconstrucción de los procesos y herramientas que han permitido la consolidación de las memorias roquistas, o sea, de la inversión de la lógica institucional que garantizaba aquel aparato de dominación simbólica, en Bariloche el conflicto subversivo se dio por medio de una lectura crítica del ejido urbano, en el que Roca pasó a representar no sólo el origen histórico de la segregación urbana, política, económica y social de la población mapuche, como también, en cuanto objeto-monumento, se ha tornado una representación del propio centro de decisión de la ciudad negada. Los manifestantes ponen en cuestión, así, la subversión de los usos de la ciudad, notada en la propia metáfora de la ciudad "del Alto" que va hacia el Centro Cívico, exigiendo participación en el ambiente que históricamente les ha sido enajenado.

Finalmente, en las dos ciudades la disputa monumental recupera la noción del espacio público como lugar legítimo de producción de la memoria y, ésa, como condición importante para la construcción de una sociedad justa —una bandera que los organismos de derechos humanos vienen sosteniendo desde la transición democrática—. Empero, actualizando ese debate a partir de lecturas distintas sobre el problema de los monumentos, tal vez el gran aporte contemporáneo de ambas propuestas de remoción haya sido el entendimiento de las herramientas institucionales y espaciales que garantizaban la dominación simbólica detrás de la imagen roquista. Así, al antecedente de construcción legítima de "otros relatos" en los espacios públicos conquistado a partir de la transición democrática, el fenómeno de la "desmonumentación" de Roca todavía en curso viene demostrando que, más que albergar nuevas historias y memorias, los espacios públicos también están abiertos a procesos igualmente legítimos de negación y deconstrucción simbólica de las estructuras de dominación socialmente dadas.

Esas iniciativas deben ser leídas, sin embargo, en los límites propios de un accionar que se lleva a cabo en el ámbito de las estructuras simbólicas de dominación. Es decir, tal como el debate es puesto hoy en los medios de comunicación, existe el riesgo de que esas acciones terminen por sobredimensionarse y, con ello, por sintetizar erróneamente todo el conjunto de necesidades y demandas no cumplidas de los pueblos indígenas bajo territorio argentino, como si la retirada de los monumentos en sí misma resolviera esas tensiones seculares.

Hemos buscado aquí recuperar la disputa alrededor de los monumentos en cuanto cuestionamiento del pensamiento dominante sobre las nociones de Estado, Nación, Progreso que tiene en Roca uno de sus emblemas favoritos. Las memorias contraroquistas se han elaborado, así, fundamentalmente como contrafaz crítica del proceso de desarrollo de la Argentina republicana, en que la numerosa población indígena nacional había sido borrada en sus identidades culturales y marginada socialmente. En ese sentido, las recientes propuestas de remoción de los monumentos deben ser entendidas no como una solución idílica a esa marginalización profunda, sino como un paso adelante en el proceso de reconocimiento del indígena como sujeto político y como ciudadano nacional. Es decir, conociendo que gran parte de esa población indígena se inserta en el medio urbano, su reconocimiento como ciudadanos se verá bastante reducido mientras se mantengan en las principales ciudades del país monumentos u otras referencias urbanas que les suenen ofensivas.

El mérito de las iniciativas aquí descritas reside, según esta interpretación de los hechos, en haber renovado nacionalmente los hechos conocidos como "Conquista del Desierto" a la vez que han posibilitado que los sujetos indígenas precariamente insertados en las franjas periurbanas se asuman a sí mismos como sujetos del proceso de decisión, aunque bastante simbólico, sobre qué debe o no ser enaltecido en espacios donde ellos también merecen estar representados.

Un balance hacia el centenario de Roca (2014)

El 19 de octubre de 2014 se cumplieron cien años de la muerte de Roca; pocos meses antes, el 8 de julio, también se conmemoró nacionalmente los 130 años de la Ley de Educación Común Nº 1420, uno de los hechos más destacados de su primer gobierno. Como era de esperarse, una nueva oleada de artículos en la prensa escrita volvió a reivindicar el progreso atribuido a sus presidencias —una consigna que también estuvo presente en las conferencias y jornadas conmemorativas ocurridas en las ciudades de Buenos Aires y San Miguel de Tucumán[156]—. Empero, fuera de ese ámbito los homenajes han sido algo más discretos. En la Capital Federal, el ministerio de Cultura de la Nación disuadió al Museo Roca de realizar un homenaje directo; el Comando de la 3ª División de Ejército optó por una festividad cerrada a los miembros de la institución, y desde la sociedad civil se presentaron sólo algunas modestas propuestas de conmemoración: la diputada Cecilia de la Torre (PRO), por ejemplo, tramitó sin éxito en la Legislatura porteña la instalación de una placa en el pedestal del monumento[157], mientras que un grupo de manifestantes denominado Ciudadanos Libres de la Patria decidió poner por su cuenta una placa alusiva al fallecimiento de Roca en la Estación Constitución.

Así, lejos de hacerse un balance crítico del roquismo, en el centenario volvieron a exponerse en los medios de comunicación las mismas opiniones contra y a favor de Roca que ya venían desarrollándose desde la década anterior, señalando que el núcleo duro de la polémica, estructurado en torno del binomio "Roca Prócer" *versus* "Roca Genocida", está llegando a su agotamiento.

En Buenos Aires, mientras que el posible desenlace de la disputa depende hoy casi exclusivamente de la construcción del Monumento a la Mujer Originaria y del virtual aval del Gobierno de la ciudad para ubicarlo en el

---

[156] En Buenos Aires el 15 de julio de 2014 se organizó la conferencia *Roca y los 130 años de la Ley 1420* y el 2 de octubre, en Tucumán, ocurrió la jornada *Homenaje a Julio A. Roca en el Centenario de su muerte*.

[157] El proyecto causó un acalorado debate, sobre todo con Alejandro Bodart (MST-Nueva Izquierda), quien tramitaba desde 2012 el proyecto de ley para la remoción del monumento. Aunque en 2014 el PRO tuviese 28 de las 60 bancas en la Legislatura, el proyecto no fue aprobado por haber sido interpretado por muchos de los diputados como una clara provocación política.

actual emplazamiento de Roca, vienen ganando fuerza en los espacios públicos nuevas manifestaciones encabezadas por organismos y comunidades indígenas. Ejemplo de ello fue el Acampe Qo.Pi.Wi.Ni, iniciado en febrero de 2015 y levantado en diciembre —el más largo ya promovido por esos grupos en el centro porteño—; nucleando representantes de las naciones indígenas Qom, Pilagá, Wichi y Nivaclé, la agrupación instaló numerosas carpas en la plazoleta del monumento al Quijote en la Av. de Mayo y 9 de Julio, el mismo lugar donde en 2010 Félix Díaz ya había realizado el primer acampe qom, debido al incumplimiento de las medidas sociales que, desde el 2010, el gobierno había prometido para las comunidades indígenas de Formosa. También en 2015 ocurrió en la Capital la Primera Marcha De Mujeres Originarias por el Buen Vivir[158], la cual se inició con las manifestantes dando la espalda al monumento a Roca y caminando hasta el Congreso de la Nación, donde presentaron un proyecto de "Ley por el Buen Vivir":

> Esta propuesta no es una propuesta de los Pueblos Originarios para los Pueblos Originarios, es de los Pueblos Originarios para la sociedad toda. Siendo profundamente concientes porque somos realmente los que pagamos altos costos, los pueblos originarios con eso que llamamos el desarrollo, la industrialización, sin poner en la balanza el costo ambiental y, por lo tanto, humano, que tienen determinadas formas de industrialización (Zárate, 2015).

En la ocasión, la activista mapuche y coordinadora general de la Marcha, Moira Millán, con la presencia de Osvaldo Bayer, Nora Cortiñas (presidenta de Madres de Plaza de Mayo-Línea Fundadora) y del Premio Nobel de

---

[158] Encabezada por la Organización Mapuche de derechos Humanos y Medio Ambiente y la Comunidad Mapuche Pillán Mahuiza, su organización se ha iniciado en octubre de 2014, cuando se realizó una convocatoria general bajo el monumento a Roca de Buenos Aires. La Marcha ha contado con representantes de las 36 naciones indígenas que integran hoy el territorio argentino.

la Paz Adolfo Pérez Esquivel recuperó a la lucha "desmonumentadora" trabada a lo largo de los últimos 15 años, confiriéndole un nuevo aliento:

> Que las mujeres originarias de esas 36 naciones seamos las que vengamos desde el corazón, desde el amor a proponer el Buen Vivir. Porque justamente las 36 naciones originarias que hemos padecido ese sistema racista hegemónico descalificador, las mujeres sobretodo, hemos padecido la violación. Violaciones sistemáticas, por ejemplo, en la Campaña del Desierto. No es casual que hoy nos constituíamos dando la espalda al genocida Julio Argentino Roca y el problema no es el monumento, hermanas y hermanos, el problema es la cantidad de funcionarios siguiendo el sendero que marcó Julio Argentino Roca y que lleva por ejemplo a nuestros hermanos de Formosa a estar más de dos meses acampando para ser recibidos. Ese es el problema. Que la ideología, que el pensamiento de Julio Argentino Roca todavía esté viviendo en las estructuras de ese Estado (Millán, 2015).

Al ponerse de espaldas a Roca, simbólicamente, esas mujeres expresaron no sólo el repudio a la violencia y a la sumisión que les significó la "Conquista del Desierto" de 1879, sino y sobre todo su deseo de superar ese pasado. Sin embargo, para ellas esa superación no se fundamenta en el olvido o en el mero reconocimiento de parte del Estado de los errores cometidos, sino en la formalización de un nuevo aparato político participativo que sea capaz de cubrir "los vacíos legales existentes en relación a los derechos específicos de las mujeres originarias y los derechos fundamentales de los pueblos indígenas" (Marcha de Mujeres Originarias, 2014).

Procesos similares están ocurriendo en Bariloche. Desde 2013, la Asociación de Ejecutivas de Empresas de Turismo (ASEET) con el apoyo de la Secretaría Municipal de Turismo viene montando para las fiestas de fin del año un pino navideño encendido de 12m de alto por sobre el monumento a Roca. La justificación es que, con ello, se regala a la ciudad un nuevo símbolo turístico[159]; empero, más allá de eso, la iniciativa denota que la estatua de Roca ya no tiene más la importancia simbólica que ha tenido en otros momentos.

Asimismo en julio de 2015 el Espacio de Articulación Mapuche logró que el Consejo Municipal aprobase por unanimidad el Proyecto de Ordenanza N° 720/14, de su autoría, por medio del cual Bariloche pasó a declararse municipio intercultural. La iniciativa garantiza, entre otros puntos, que la municipalidad arbitre los recursos económicos necesarios a la adecuación del aparato administrativo para la efectiva implementación de políticas públicas fundamentadas en el "respeto a la cosmovisión, filosofía y conocimiento ancestral mapuche y el *mapuzungun*" (Art. 2, Ordenanza N° 720/14), un avance político que puede provocar futuros trámites legales por la remoción del monumento a Roca.

Finalmente, por parte de los colectivos independientes de arte y cultura, los últimos 2 años se han caracterizado por una nueva oleada de estrategias simbólicas de ocupación del Centro Cívico, las cuales, sin perder de vista los reclamos contramonumentales, han preferido centrarse en *performances* que recuperan elementos rituales de la cultura mapuche. Es el caso del colectivo intercultural Mamül Muley, quien viene organizando en ese espacio presentaciones de danza tradicional, teatro, talleres de música, pintura y artesanía, además de una serie de intervenciones mensuales en que celebraciones tradicionales mapuche se mezclan con aquellas instituidas por el calendario argentino oficial, una estrategia que ha conferido a algunas fechas emblemáticas, como el 24 de marzo y el 11 de octubre, nuevos significados.

---

[159] Ver, entre otras noticias, "Un árbol navideño ocultó la estatua de Roca en Bariloche, que es blanco de numerosos atentados" (Diario Uno, 10 de diciembre de 2013).

Se observa, así, una renovación de la disputa contra-roquista en que la memoria oficial de la "Conquista del Desierto" pasó a ser confrontada ya no únicamente por los relatos del duelo, sino por un nuevo accionar creativo en que los mapuche buscan demostrar a los demás barilochenses que el genocidio no los ha extinguido; por el contrario, pese la sumisión y las debilidades políticas todavía presentes, ellos hacen valer la consigna tantas veces estampadas por los jóvenes en el pedestal de Roca: *marici weu*, "todavía estamos".

Es decir, aunque los monumentos permanecen hoy en sus emplazamientos originales, ellos ya no se incorporan más al paisaje como elementos dados *per se*. Asumiendo que las prácticas de dominación implican la decisión sobre qué puede ser visto y lo qué se debe aceptar en silencio (Safatle, 2015), podemos afirmar que los relatos y memorias que han sostenido a Roca como prócer por más de 100 años se encuentran fragilizados. En ese sentido, es probable que el principal logro de ambos procesos de "desmonumentación" fue haber roto, al menos en el plano simbólico, el pacto de invisibilización social del indígena que ha perdurado en la Argentina por los más de 130 años que nos separan de la "Conquista del Desierto" de 1879.

Bibliografía

Achugar, H. (2003). El lugar de la memoria, a propósito de monumentos. In E. Jelin & V. Langland (comps.). *Monumentos, memoriales y marcas territoriales*, pp. 191-216. Madrid: Siglo Veintiuno Editores.

Altabe, R., Braunstein, J. & González, J. A. (1996). Derechos Indígenas en la Argentina. Reflexiones sobre conceptos y lineamientos generales contenidos en el art. 75 inciso 17 de la Constitución Nacional. *Relaciones de la Sociedad Argentina de Antropología 21*, 77-101.

Altamirano, C. & Sarlo, B. (1997). La Argentina del Centenario. Campo intelectual, vida literaria y temas ideológicos. In C. Altamirano & B. Sarlo. *Ensayos Argentinos. De Sarmiento a la vanguardia*, pp. 161-200. Buenos Aires: Ariel.

Alvarez, E. S., Dagnino, E. & Escobar, A. (2000). (orgs.). *Cultura e política nos movimentos sociais latino-americanos: novas leituras*. Belo Horizonte: Editora UFMG.

ANBariloche (2009, 5 de octubre). Kultrunazo abrió las actividades de la "Semana de las Libertades". *ANBariloche*. Recuperado en 30 de junio de 2014, de: https://goo.gl/g8KMNL

_____. (2010, 18 de marzo). Hijo del arquitecto que ideó el Centro Cívico cree que hay que sacar a Roca. *ANBariloche*. Recuperado en 29 de octubre de 2015, de: https://goo.gl/g8KMNL

Andrade, C. (2012, 16 de octubre). Denuncian penalmente a manifestantes que intentaron tirar el monumento a Roca. *Clarín*, s/p. Recuperado en 29 de octubre de 2015, de: https://goo.gl/s8zzTn

ANRed. (2013, 7 de enero). Acampe en Bariloche: 'Nosotros necesitamos mucho más que chapa y una bolsa de comida. *ANRed*. Recuperado en 29 de octubre de 2015, de: *https://goo.gl/PWDT1L*

Ansaldi, W. (2000). La trunca transición del régimen oligárquico al régimen democrático. In J. Suriano & R. Falcón (comps.). *Nueva Historia Argentina. Tomo 6. Democracia, conflicto social y renovación de ideas (1916-1930)*, pp. 15-57. Buenos Aires: Editorial Sudamericana.

_____. (2003). Tierra en llamas. Una introducción a América Latina en los años treinta. In W. Ansaldi. (coord.). *Tierra en llamas. América Latina en los años 1930*, pp. 13-49. La Plata: Ediciones Al Margen.

Ansaldi, W. & Funes, P. (2004). Cuestión de piel. Racialismo y legitimidad política en el orden oligárquico latinoamericano. In W. Ansaldi (coord.). *Calidoscopio latinoamericano. Imágenes históricas para un debate vigente*, pp. 451-495. Buenos Aires: Ariel.

Aranda, D. (2010). *Argentina Originaria. Genocidios, saqueos y resistencias*. Buenos Aires: Lavaca Editora.

Arias, L. (2014, 17 de junio). Roca y el racismo. *Agencia Paco Urondo de Periodismo Militante*, s/p. Recuperado en 29 de octubre de 2015 de: *https://goo.gl/9S7oXg*

Assies, W. (2004, agosto). Pluralismo, autodeterminación y autonomías. In *Memorias del Cuarto Congreso de la Red Latinoamericana de Antropología Jurídica (RELAJU): Globalización y pluralismo jurídico*. Quito: FLACSO-Ecuador.

Azconegui, M. C. (2011). La construcción de sentidos en la conmemoración del Centenario de la 'conquista del desierto' en la ciudad de Neuquén. In *Tiempo de la historia y tiempo de la memoria: los usos políticos del pasado* (14p.). Neuquén: Jornadas Nacionales de Filosofía y Epistemología de la Historia.

_____. (2012). La Iglesia Católica y la APDH neuquinas frente al terrorismo de Estado. In Jorge Muñoz Villagran (coord.). *Pedagogía política en Don Jaime de Nevares*, pp.256-287. Neuquén: Universidad Nacional del Comahue.

Ballent, A. (2006). *Huellas de la política. Vivienda, ciudad y peronismo en Buenos Aires (1943-1955)*. Bernal: Universidad Nacional de Quilmes/ Buenos Aires: Prometeo Editorial.

Balmaceda, D. (2014, 21 de enero). El fantasma de Roca. *Blog de La Nación*, s/p. Recuperado en 16 de junio de 2016, de *https://goo.gl/t3BFz6*

Barthes, R. (2001). *La Torre Eiffel. Textos sobre la imagen*. Barcelona: Paidós.

Baudrillard, J. (1991). *Simulacros e simulação*. Lisboa: Relógio d'Água.

Bayer, O. (1970/ 2011). *Severino Di Giovanni, el idealista de la violencia*. Buenos Aires: Booket.

_____. (1972-1976/ 2011). *La Patagonia rebelde* (edición definitiva). Buenos Aires: Booket.

_____. (2004, 3 de julio). La Academia escribe la historia. *Página/12*, s/p. Recuperado en 29 de octubre de 2015 de: *https://goo.gl/Lqf438*

_____. (2004, 9 de mayo). La historia está para aprender. *Página/12*, s/p. Recuperado en 29 de octubre de 2015 de: *https://goo.gl/V7xHDw*

_____. (2005, 21 de mayo). El primer triunfo. *Página/12*, s/p. Recuperado en 29 de octubre de 2015, de *https://goo.gl/Q1JZpH*

_____. (2009, 21 de noviembre). Debatir la historia, en asamblea. *Página/12*. Recuperado en 16 de junio de 2016, de: *https://goo.gl/GGdgKv*

_____. (2010, 16 de mayo). Desmonumentar. *Página/12*, s/p. Recuperado en 29 de octubre de 2015, de *https://goo.gl/bwTV2v*

_____. (2011, 15 de octubre). Ahora atacan los Grondona. *Página/12*, s/p. Recuperado en 29 de octubre de 2015, de *https://goo.gl/rRq3ub*

_____. (2015, 18 de febrero). Los Roca de hoy son las grandes estancias y las empresas transnacionales [entrevista a Darío Aranda]. *ComAmbiental Periodismo Sustentable*, s/p. Recuperado en 16 de mayo de 2016 de: *https://goo.gl/nBqyoP*

_____. (coord.). (2010b). *Historia de la crueldad en Argentina (tomo 1). Julio Argentino Roca*. Buenos Aires: Ediciones del CCC.

Bracamonte, J. (2003). Secuencia para una relectura de la Cuestión India en el siglo XIX argentino. *Ciberletras Revista de Crítica Literaria y de Cultura 3*, 19p [en linea]. Recuperado en 15 de noviembre de 2015, de: *https://goo.gl/knan1y*

Briantes, M. (1982, enero). Aborígenes: la memoria perdida. *Revista El Porteño 1*(1), 11-19; 48-49.

Briones, C. (1998). *La alteridad del cuarto mundo. Una deconstrucción antropológica de la diferencia*. Buenos Aires: Ediciones del Sol.

_____. (2001). Cuestionando geografías estatales de inclusión en Argentina. La política cultural de organizaciones con filosofía y liderazgo Mapuche. In D. Sommer (ed.). *Cultural Agency in the Americas: Language, Ethnicity, Gender and Outlets of Expression*. EE.UU.: Duke University Press.

_____. (2005). Formaciones de alteridad: contextos globales, procesos nacionales y provinciales. In C. Briones (comp.). *Cartografías argentinas: políticas indígenas y formaciones provinciales de alteridad*, pp. 9-39. Buenos Aires: Editorial Antropofagia.

_____. (s/f). Cuestionando geografías estatales de inclusión en Argentina. La política cultural de organizaciones con filosofía y liderazgo Mapuche. In D.

Sommer (ed.), *Cultural agency in the Americas: language, ethnicity, gender and outlets of expression*. Durham: Duke University Press.
Briones, C., Cañuqueo, L., Kropff, L. & Leuman, M. (2007). Escenas del multiculturalismo neoliberal. Una proyección desde el Sur. In A. Grimson (comp.), *Cultura y neoliberalismo*, pp. 265-299. Buenos Aires: CLACSO.
Brysk, A. (1994, noviembre). The politics of measurement: the contested count of the disappeared in Argentina. *Human Rights Quarterly Review, 16*(4), 676-692.
Burkart, M. (2013, febrero). Avatares de la crítica y de la sátira: HUM® y la Guerra de Malvinas. *Revista Nuevo mundo mundos nuevos* [en línea]. Recuperado en 15 de junio de 2016, de: *http://nuevomundo.revues.org/64808*
Burucúa, J. J. (2009, 7 de octubre). Imágenes de la masacre y el genocidio [entrevista por Leonardo Moledo e Ignacio Jawtuschenko]. *Página/12*, s/p. Recuperado en 16 de junio de 2016, de *https://goo.gl/qernNi*
Bustillo, E. (1999). *El despertar de Bariloche: una estrategia patagónica*. Buenos Aires: Editorial Sudamericana.
Calveiro, P. (1998). *Poder y desaparición. Los campos de concentración en Argentina*. Buenos Aires: Ediciones Colihue.
Candiano, L. & Peralta, L. (2011, mayo-agosto). Escribir desde la infracción: Un recorrido sobre la literatura de David Viñas. *La revista del CCC 4*(12), s/p [en línea]. Recuperado en 15 de junio de 2016, de: *https://goo.gl/pUEhWJ*
Cañuqueo, L. y Kropff, L. (2007). MapUrbe'zine: Los cuerpos de 'la lucha' en el circuito Heavy-Punk Mapuche. *Revista E-misférica 4*(2), s/p [en línea]. Recuperado en 29 de octubre de 2015 de: *https://goo.gl/dVaDix*
Carras, R. (2009). *Pensamientos, prácticas y acciones del GAC*. Buenos Aires: Tinta Limón.

Carrasco, M. (1997). La juridización de 'lo indígena' o la conveniencia estratégica de utilizar las leyes para defenderse. *Desarrollo Agroforestal y Comunidad Campesina. Revista del Proyecto Agroforestal en Comunidades Rurales del NOA* 7(33), pp.18-25.

_____. (2000). *Los derechos de los pueblos indígenas en Argentina*. Buenos Aires: IWGIA/LHAKA HONHAT.

_____. (2002). El movimiento indígena anterior a la reforma constitucional y su organización en el Programa de Participación de Pueblos Indígenas. *Texas: University of Texas at Austin* [en línea]. Recuperado en 11 de Febrero de 2015, de *https://goo.gl/T5Kjqn*

_____. (2005). Política indigenista del estado democrático salteño entre 1986 y 2004. In C. Briones (comp.), *Cartografías Argentinas. Políticas indigenistas y formaciones provinciales de alteridad,* pp. 211-242. Buenos Aires: Geaprona.

_____. (2011, 15 de mayo). La pelea de los indígenas por la tierra es una demanda de identidad [entrevista a Claudio Martyniuk]. *Clarín*, s/p. Recuperado en 15 de junio de 2016, de: *https://goo.gl/HAUc7c*

Carrasco, M. & Briones, C. (1996). Pulmarí. La esperanza mapuche bajo acoso judicial. In M. Carrasco & C. Briones/ Documento IWGIA 18, *La tierra que nos quitaron. Reclamos indígenas en Argentina.* pp.149-181. Buenos Aires: IWGIA.

Casamiquela, R. (2007). El poblamiento de la Patagonia. *Confines Digital*, s/p. Recuperado en 29 de octubre de 2015 de: *https://goo.gl/VYyLLw*

Casullo, M. E. (2010, 23 de junio). Vivir y morir pobre en Bariloche. *Página/12*, s/p. Recuperado en 29 de octubre de 2015, de *https://goo.gl/TpgVe6*

Cattarruzza, A. (2007). *Los usos del pasado. La historia y la política argentina en discusión 1910-1945.* Buenos Aires: Sudamericana.

_____. (2012). *Historia de la Argentina 1916-1955.* Buenos Aires: Siglo Veintiuno Editores (2 ed.).

Choay, F. (2006). *A alegoria do patrimônio*. San Pablo: Editora UNESP.
Clarín Digital (1996, 13 de octubre). Taparon una estatua de Roca. *Clarín Digital*, s/p. Recuperado en 29 de octubre de 2015 de: *https://goo.gl/QixhRp*
_____. (1996, 19 de octubre). Monumento a Roca: le piden ayuda a Menem. *Clarín Digital*, s/p. Recuperado en 29 de octubre de 2015, de *https://goo.gl/6X85zB*
Coca, E. N. (2014, mayo). *La revista El Porteño y su legado periodístico. Historia de la publicación a la luz de sus protagonistas y su tiempo*. Tesina de Licenciatura. Facultad de Ciencias de la Educación y de la Comunicación Social, Universidad del Salvador, Buenos Aires.
Comisión Nacional Monumento al Tte. General Roca (1936). *Exposición de "maquettes"*. Buenos Aires: Editorial Araujo.
_____. (1941a). *Roca: monumento de la ciudad de Buenos Aires*. Buenos Aires: Editorial Araujo.
_____. (1941b). *Monumentos al General Roca. San Carlos de Bariloche (Río Negro) y Río Gallegos (Santa Cruz)*. Buenos Aires: Editorial Araujo.
Crenzel, E. (2008). Desaparición, memoria y conocimiento. In E. Crenzel, *La historia política del Nunca Más: la memoria de las desapariciones en Argentina*, pp. 27-51. Buenos Aires: Siglo Veintiuno Editores.
_____. (2010, octubre). Historia y memoria. Reflexiones desde la investigación. *Aletheia 1*(1), 1-12. Recuperado en 30 de marzo de 2016, de: *https://goo.gl/AhRkNy*
Crespo, J. J. (2004, 23 de noviembre). Roca y el mito del genocidio. *La Nación*, s/p. Recuperado en 29 de octubre de 2015 de: *https://goo.gl/TcTHdc*
_____. (locutor). (2014, 18 de octubre). Después de los próceres de la independencia, Roca es la gran figura de nuestra historia [archivo de video]. *Infobae*. Recuperado en 28 de octubre de 2015, de *https://goo.gl/RvjYWx*

Croce, M. (1996). *Contorno. Izquierda y proyecto cultural*. Buenos Aires: Ediciones Colihue.
Dagnino, E. (2004). Sociedade civil, participação e cidadania: de que estamos falando?. In D. Mato (coord.), *Políticas de ciudadanía y sociedad civil en tiempos de globalización*, pp. 95-110. Caracas: FACES, Universidad Central de Venezuela.
Dávalos, P. (2001, mayo). Los sueños de la razón producen monstruos. Los pueblos Záparas y la modernidad. *Boletín del Instituto Científico de Culturas Indígenas RIMAY* 3(26), s/p. Resumen recuperado en 15 de junio de 2016 de *https://goo.gl/P7YwSc*
_____. (2005). Movimientos Indígenas en América Latina: el derecho a la palabra. In P. Dávalos (comp.), *Pueblos indígenas, estado y democracia* (pp.17-33). Buenos Aires: CLACSO.
De Marco, M. A. (2004, 20 de junio). Julio Argentino Roca: un organizador de la Nación. *La Nación*, s/p. Recuperado en 29 de octubre de 2015 de: *https://goo.gl/E6kijo*
De Nevares, J. (1990). *La verdad nos hará libres*. Buenos Aires: Centro Nueva Tierra.
Delrío, W. (2005). *Memorias de expropiación. Sometimiento e incorporación indígena en la Patagonia (1872-1942)*. Bernal: Universidad Nacional de Quilmes.
Delrío, W., Lenton, D., Musante, M., Nagy, M., Papazián, A., Raschcovsky, G. (2007). Reflexiones sobre la dinámica genocida en la relación del Estado argentino con los pueblos originarios. In *Segundo Encuentro Internacional Análisis de las Prácticas Sociales Genocidas* (12p.). Buenos Aires: Universidad Nacional Tres de Febrero.
Di Meglio, G. (2014, 20 de octubre). Roca y la nostalgia aristocrática. *Télam Agencia Nacional de Noticias*, s/p. Recuperado en 29 de octubre de 2015 de: *https://goo.gl/Xh5ocp*

Diario Uno (2013, 10 de diciembre). *Un árbol navideño ocultó la estatua de Roca en Bariloche, que es blanco de numerosos atentados.* Recuperado el 5 de noviembre de 2015, de *https://goo.gl/QqtgVH*

Duhalde, E. L. (2013). *El Estado Terrorista argentino.* Buenos Aires: Ediciones Colihue.

Endere, M. L. (2011). Cacique Inakayal: la primera restitución de restos humanos ordenada por ley. *Revista Corpus: archivos virtuales de la alteridad americana, 1*(1), 10p. Recuperado en 28 de octubre de 2015, de *https://goo.gl/hqCLJB*

Escolar, D. (2005). El "estado del malestar". Movimientos indígenas y procesos de desincorporación en la Argentina: el caso Huarpe. In C. Briones (comp.). *Cartografías argentinas: políticas indígenas y formaciones provinciales de alteridad,* pp. 41-72. Buenos Aires: Editorial Antropofagia.

Espantoso Rodríguez, M. T., Serventi, M. C. & Galesio, M. F. (1996, septiembre). El Monumento a España de Arturo Dresco, en Buenos Aires. *Revista Estudios e Investigaciones Instituto de Teoría e Historia del Arte Julio E. Payró 6,* 82-89.

Espina, T. (2012, 23 de diciembre). Roca y camino. *Página/12 (Radar)* s/p. Recuperado en 29 de octubre de 2015, de: *https://goo.gl/dkqHFh*

Feierstein, D. (2007). *El Genocidio como práctica social: entre el nazismo y la experiencia argentina.* Buenos Aires: Fondo de Cultura Económica.

_____. (2011, septiembre-diciembre). Sobre conceptos, memorias e identidades: guerra, genocidio y/o terrorismo de Estado en Argentina. *Revista Política y Sociedad, 48*(3), 571-586.

Feijóo, B.C. (2010). *Ensayos sobre cultura y territorio.* Bernal: Universidad Nacional de Quilmes.

Foucault, M. (1991). Governmentality. In G. Burchell et al (eds.). *The Foucault effect. Studies in Governmentality.* Chicago, The university of Chicago Press.

_____. (2004/2007). *Nacimiento de la biopolítica.* Buenos Aires: Fondo de Cultura Económica.

Fraga, R. (2014, 19 de agosto). Las campañas al desierto de Roca y Rosas. *Nueva Mayoría,* s/p. Recuperado en 28 de octubre de 2015, de *https://goo.gl/wJ2zgc*

_____. (2014, 22 de septiembre). Los Roca. *La Nación,* s/p. Recuperado en 16 de junio de 2016, de: *https://goo.gl/zXHBRV*

_____. (2014, 30 de octubre). Campaña contra Roca en el nombre de lugares públicos. *Roca hoy,* s/p. Recuperado en 28 de octubre de 2015, de *https://goo.gl/CYKJb7*

Fraser, N. (2000, mayo-junio). Rethinking recognition. *New Left Review 3* (s/n), 107-120.

Fraser, N. & Honneth, A. (2003). *Redistribution or recognition?: a political-philosophical exchange.* Londres/ Nueva York: Verso.

Fundación Che Pibe. Centro de Estudios Americanos. Centro de Políticas Públicas para el Socialismo. Pañuelos en Rebeldía. Frente Popular Darío Santillán. Centro Cultural Los Querandíes. Centro Cultural Alma Fuerte. Movimiento Indígena de las Naciones Originarias. (2006, 7 de noviembre). *Jornada de Resistencia de los Pueblos Originarios en memoria de Alex Lemún* [informe]. Recuperado en 16 de mayo de 2016, de: *https://goo.gl/3xGo7H*

Funes, P. (2001). Nunca Más. Memorias de las dictaduras en América Latina. Acerca de las Comisiones de Verdad en el Cono Sur. In B. Groppo y P. Flier (comps.), *La imposibilidad del olvido. Recorridos de la memoria en Argentina, Chile y Uruguay,* pp. 43-61. La Plata: Ediciones Al Margen.

_____. (2006). *Salvar la nación. Intelectuales, cultura y política argentinas en discusión, 1910-1945.* Buenos Aires: Sudamericana.

Gamez, J. R. (2003, 17 de julio). Manchas Negras. In Kolectivo Lientur, *Polémica por General Roca en Bariloche*. Recuperado en 29 de octubre de 2015, de *https://goo.gl/L9GWnH*

Gillis, J. R. (ed.). (1994). *Commemorations: the politics of national identity*. New Jersey: Princeton University Press.

Gordon, C. (1991). Governmental rationality. In G. Burchell et al (eds.). *The Foucault effect. Studies in Governmentality*. Chicago: The University of Chicago Press.

Gorelik, A. (2004). *La grilla y el parque. Espacio público y cultura urbana en Buenos Aires, 1887-1936*. Bernal: Universidad Nacional de Quilmes.

_____. (2011, enero-julio). La memoria material: ciudad e historia. *Bol. Inst. Hist. Argent. Am. Dr. Emilio Ravignani, 33*, pp.181-187.

Gramuglio, M. T. (2013). *Nacionalismo y cosmopolitismo en la literatura argentina*. Rosario: Editorial Municipal de Rosario.

Grimson, A. (comp.). (2007). *Cultura y neoliberalismo*. Buenos Aires: CLACSO.

Grondona, M (2011, 2 de octubre). La demonización de Roca y el olvido de Sarmiento. *La Nación*, s/p. Recuperado en 29 de octubre de 2015, de *https://goo.gl/AuvPYp*

Gudynas, E. (2009). Diez tesis urgentes sobre el nuevo extractivismo. Contextos y demandas bajo el progresismo sudamericano actual. In *Mesa Redonda "Alternativas a una economía extractivista"*, pp. 187-225). Quito: CAAP/ CLAES. Recuperado en 2 de noviembre de 2015, de: *https://goo.gl/tFGy4n*

_____. (2011a). Más allá del nuevo extractivismo: transiciones sostenibles y alternativas al desarrollo. In F. Wanderley (coord.). *El desarrollo en cuestión. Reflexiones desde América Latina*, pp. 379-410. La Paz: Oxfam/ CIDES-UMSA.

_____. (2011b). El nuevo extractivismo progresista en América del Sur. Tesis sobre un viejo problema bajo nuevas expresiones. In A. Acosta et. al. *Colonialismos del siglo XXI. Negocios extractivos y defensa del territorio en América Latina*, pp. 75-92. Barcelona: Icaria Editorial.

Guimenez, S. y Hopp, M. (2011, 12-13 de mayo). Programa Ingreso Social con Trabajo "Argentina Trabaja": una mirada reflexiva desde el corazón de su implementación. *In 4º Encuentro Internacional de Trabajo Social de la Universidad de Buenos Aires*, 15p. Buenos Aires, CABA. Recuperado en 29 de octubre de 2015 de: https://goo.gl/EERqzq

Gumbrecht, H. U. (2010). *Produção de presença. O que o sentido não consegue transmitir*. Río de Janeiro: Editora Contraponto/ PUC-Rio.

Gutman, M. (1999). *Buenos Aires 1910: memoria del porvenir*. Buenos Aires: Gobierno de la Ciudad de Buenos Aires.

Gutman, M. & Hardoy, J. E. (2007). *Buenos Aires (1536-2006). Historia urbana del area metropolitana*. Buenos Aires: Ediciones Infinito.

Habermas, J. (1984). *Mudança estrutural da esfera pública: investigações quanto a uma categoria da sociedade burguesa*. Río de Janeiro : Tempo Brasileiro.

_____. (1999, abril). O espaço público, 30 anos depois. *Caderno de Filosofia e Ciências Humanas* 7(12), 7-28.

Halbwachs, M. (1950/2004). *La memoria colectiva*. Zaragoza: Prensas Universitarias de Zaragoza.

_____. *Los marcos sociales de la memoria* (1925/2004). Barcelona: Anthropos Editorial.

Hale, C. R. (2002). ¿Puede el multiculturalismo ser una amenaza? Gobernanza, derechos culturales y política de la identidad en Guatemala. *Journal of Latin American Studies* 34(3), 485-524.

_____. (2004, 27-29 de octubre). El protagonismo indígena, las políticas estatales y el nuevo racismo en la época del 'indio permitido'. In *Conferencia*

Internacional Construyendo la paz: Guatemala desde un enfoque comparado, 16p. Ciudad de Guatemala: Misión de Verificación de las Naciones Unidas en Guatemala (MINUGUA).

Halperin Donghi, T. (2009). *Una nación para el desierto argentino*. Buenos Aires: Prometeo Libros.

Hanglin, R. (2009, 22 de septiembre). La cuestión mapuche. *La Nación*, s/p. Recuperado en 16 de junio de 2016, de: *https://goo.gl/Q6Kmwo*

_____. (2014, 10 de junio). Historia mapuche. *La Nación*, s/p. Recuperado en 29 de octubre de 2015, de *https://goo.gl/r6ZthF*

_____. (2014, 16 de septiembre). ¿Quiénes son los mapuches? *La Nación*, s/p. Recuperado en 16 de junio de 2016, de: *https://goo.gl/BBn5UM*

_____. (2014, 21 de octubre). *La Nación*, s/p. Recuperado en 16 de junio de 2016, de: *https://goo.gl/2i6q4L*

_____. (2014, 27 de mayo). Roca, el grande. *La Nación*, s/p. Recuperado en 29 de octubre de 2015, de *https://goo.gl/bH4RG7*

Hiriart, E. L. (2014, 17 de abril). Roca es una excusa para otras discusiones [entrevista a Juan Ciucci]. *Agencia Paco Urondo de Periodismo Militante*, s/p. Recuperado en 28 de octubre de 2015, de: *https://goo.gl/xQrxkG*

Honneth, A. (2003). *Luta por reconhecimento: a gramática moral dos conflitos sociais*. São Paulo: Editora 34.

Huffschmid, A. (2012). Los riesgos de la memoria. Lugares y conflictos de memoria en el espacio público. In V. Durán & A. Huffschmid, A. (ed.). *Topografías conflictivas: memorias, espacios y ciudades en disputa*, pp. (369-386). Buenos Aires: Nueva Trilce.

Huyssen, A. (2002). Pretéritos presentes: medios, política, amnesia. In: A. Huyssen. *En busca del futuro perdido. Cultura y memoria en tiempos de globalización*, pp. 13-40). Mexico: Fondo de Cultura Económica/ Goethe Institut.

_____. (2004). Resistencia a la Memoria: los usos y abusos del olvido público. In *INTERCOM Sociedade Brasileira de Estudos Interdisciplinares da Comunicação, XXVII Congresso Brasileiro de Ciências da Comunicação*, pp. 1-16. Porto Alegre: PUC-RS.

Izaguirre, I. (2009). Antecedentes de prácticas genocidas en Argentina. In I. Izaguirre (comp.). *Lucha de clases, guerra civil y genocidio en Argentina, 1973-1983: antecedentes, desarrollo, complicidades*, pp.55-70. Buenos Aires: Eudeba.

Jelin, E. (2002). *Los trabajos de la memoria*. Madrid: Siglo Veintiuno Editores.

_____. (2005). Exclusión, memorias y luchas políticas. In D. Mato, *Cultura, política y sociedad: perspectivas latinoamericanas*, pp. 219-239. Buenos Aires: Clacso.

_____. (2012). Revisitando el campo de las memorias: un nuevo prólogo. In E. Jelin, *Los trabajos de la memoria*. Lima: Instituto de Estudios Peruanos.

Kropff, L. (2004, octubre). 'Mapurbe': jóvenes mapuche urbanos. *KAIROS, Revista de Temas Sociales* 8(14), 12p.

_____. (2005). Activismo mapuche en Argentina: trayectoria histórica y nuevas propuestas. In P. Dávalos (comp.), *Pueblos indígenas, estado y democracia* (pp. 103-132). Buenos Aires: CLACSO.

_____. (2008). El waj, el bombo y la palabra. Acerca de la conciencia generacional entre los jóvenes mapuche. In *IX Congreso Argentino de Antropología Social*. Posadas: Universidad Nacional de Misiones. Recuperado en 29 de octubre de 2015 de: *https://goo.gl/SWb1Ac*

La Nación (2014, 5 de enero). Militancia e ignorancia [Editorial 1]. *La Nación*, s/p. Recuperado en 29 de octubre de 2015, de *https://goo.gl/JNKoqW*

Lacarrieu, M. (2012). En busca de la Buenos Aires del Bicentenario. Procesos públicos/ políticos densos de construcción urbana entre memorias y patrimonios. In

A. Huffschmid & V. Durán (eds.)., *Topografías conflictivas: memorias, espacios y ciudades en conflicto* (pp.81-105). Buenos Aires: Nueva Trilce.
Ladeira, M. I. (2008). *O espaço geográfico guarani-mbyá: significado, constituição e uso*. San Pablo: Edusp.
Lavabre, M.C. (1998, octubre). Maurice Halbwachs et la sociologie de la mémoire. *Raison Présente 128*, 47-56.
Lefèbvre, H. (2013/1974). *La producción del espacio*. Madrid: Capitán Swing Libros.
Lenton, D. (1997, junio). Los indígenas y el Congreso de la Nación Argentina: 1880-1976. *Revista NAyA Noticias de Antropología y Arqueología 2* (14), 8p.
_____. (12 de diciembre de 2005). *De centauros a protegidos. La construccion del sujeto de la politica indigenista argentina desde los debates parlamentarios (1880-1970)*. Tesis Doctoral, Facultad de Filosofía y Letras, Universidad de Buenos Aires, Buenos Aires.
_____. (2011, julio-diciembre). Genocidio y política indigenista: debates sobre la potencia explicativa de una categoría polémica. *Revista Corpus. Archivos virtuales de la alteridad americana*, 1(2), 4p.
_____. (2012). Próceres genocidas. Una indagación en el debate público sobre la figura de Julio A. Roca y la Campaña del Desierto. In Durán, V. & Huffschmid, A. (ed.). *Topografías conflictivas: memorias, espacios y ciudades en disputa*, pp. 242-263. Buenos Aires: Nueva Trilce.
Lenton. D. y Lorenzetti, M. (2005). Neoindigenismo de necesidad y urgencia: la inclusión de los Pueblos Indígenas en la agenda del Estado neoasistencialista. In C. Briones (comp.). *Cartografías argentinas: políticas indígenas y formaciones provinciales de alteridad*, pp. 273-303. Buenos Aires: Editorial Antropofagia.
Leone Jouanny, M. (2013). Pueblos Originarios y democracia. Conformación de nuevos sujetos políticos. Argentina, 1983-2013. *Revista Observatorio Latinoamericano 12*, 302-320.

Lorenzetti, M. (2006, 25 de abril). *Resignificaciones de "lo indígena": las articulaciones de políticas de reconocimiento y políticas sociales en la Argentina*. Tesis de Licenciatura, Facultad de Filosofía y Letras de la Universidad de Buenos Aires, Buenos Aires.

Lugones, L. (1910). *Las limaduras de Hephaestos : piedras liminares*. Buenos Aires: A. Moen y Hermano Editores.

Lugones, L. & Comisión Nacional Monumento al Tte. General Roca (1938). *Roca*. Buenos Aires: Coni Imprenta y Casa Editora.

Luna, F. (1954). *Yrigoyen*. Buenos Aires: Sudamericana.

_____. (1958). *Alvear*. Buenos Aires: Sudamericana.

_____. (1978). *Ortiz*. Buenos Aires: Sudamericana.

_____. (1984). *Perón y su tiempo (tomo 1). La Argentina era una fiesta*. Buenos Aires: Sudamericana.

_____. (1985). *Perón y su tiempo (tomo 2). La comunidad organizada*. Buenos Aires: Sudamericana.

_____. (1986). *Perón y su tiempo (tomo 3). El régimen exhausto*. Buenos Aires: Sudamericana.

_____. (1989). *Soy Roca*. Buenos Aires: Sudamericana.

_____. (2003, 25 de julio). Muchos hablan de Roca como un genocida [entrevista a Río Negro OnLine]. *Río Negro On Line*, s/p. Recuperado en 16 de junio de 2016, de *https://goo.gl/tuZrbg*

Lynch, G. C. (2013, 18 de febrero). Polémica por un puente sobre la estatua de Roca em Bariloche. *Clarín, Ñ Revista de Cultura*. Recuperado en 29 de octubre de 2015, de: *https://goo.gl/WCMgez*

Mapelman, V., Papazian, A., Musante, M. (2014, 17 de junio). Los pueblos originarios sufren las consecuencias del genocidio que fue invisibilizado, ocultado o negado [entrevista a Juan Ciucci]. *Agencia Paco Urondo*, s/p. Recuperado en 28 de octubre de 2015, de *https://goo.gl/j8AHNU*

Marcha de las Mujeres Originarias (2015, 25 de octubre). Invitamos a apoyar la "1er Marcha de Mujeres Originarias". In *Marcha de Mujeres Originarias (Facebook)*. Recuperado en 15 de mayo de 2016, de: *https://goo.gl/v7q7yq*

Marcilese, J. (2011, enero-junio). Las políticas del primer peronismo en relación con las comunidades indígenas. *Revista Andes* (22), 12p.

Mases, E. (2002). *Estado y cuestión indígena. El destino final de los indios sometidos en el sur del territorio (1878-1910)*. Buenos Aires: Prometeo Editorial.

Masotta, C. (2006, enero-diciembre). Imágenes recientes de la "Conquista del Desierto". Problemas de la memoria en la impugnación de un mito de origen. *Revista Runa 26*(01), 225-245.

McGee Deutsch, S. (2005). *Las derechas. La extrema derecha en la Argentina, el Brasil y Chile, 1890-1939*. Bernal: Editorial de la Universidad Nacional de Quilmes.

Memoria Abierta. *Memorias de la ciudad. Señales del terrorismo de Estado en Buenos Aires*. Buenos Aires: Memoria Abierta/ Eudeba.

Millán, M. (Locutora). (2015). Primera Marcha de Mujeres Originarias por el Buen Vivir. *Buenos Aires: FM La Tribu*. Discurso a favor del Proyecto de Ley por el Buen Vivir realizado en el Congreso Nacional en 21 de abril de 2015. Recuperado el 5 de noviembre de 2015, de *https://goo.gl/LBrukx*

Ministerio de Educación de la Nación Argentina. Programa "Educación y Memoria". (2010). *Pensar la dictadura: terrorismo de Estado en Argentina*. Buenos Aires: Ministerio de Educación.

Mombello, L. & Nicoletti, M. A. (2005, septiembre). La figura del primer obispo de Neuquén y la construcción de la identidad colectiva local. *Asociacion de Cientistas Sociales de la Religión del Mercosur 7*(7), 49-72.

Mombello, L. (2002). Evolución de la política indigenista en Argentina en la década de los noventa. *Texas: University of Texas at Austin*. Recuperado en 13 de Agosto de 2015, de *https://goo.gl/Q8mhiH*

_____. (2003). Neuquén, la memoria peregrina. In E. Jelin & V. Langland (comps.). *Monumentos, memoriales y marcas territoriales*, pp. 149-163. Buenos Aires: Siglo Veintiuno Editores.

Motta Durán, R. A. (2014). Desmonumentar a Roca. *Tiempo e Historia: Revista de Estudiantes 2*(1), 61-91.

Moyano, A. (2015, 15 de abril). Pueblo Mapuche: "El asunto no se soluciona con bajar un par de estatuas" [entrevista a Mara R. Cuestas]. *Revista Ultimo Round*, s/p. Recuperado en 29 de septiembre de 2015 de: *https://goo.gl/B1xM36*

Nahuelfil, G. S. (2009, 6-7 de noviembre). Colectivo El Kultrunazo. *Foro Regional Patagonia "Conflictos Territoriales, Criminalización y DDHH"*, San Carlos de Bariloche. Recuperado en 29 de octubre de 2015, de: *https://goo.gl/iE1qae*

Navarro Floria, P. (2008, junio/diciembre). El proceso de construcción social de la región del Nahuel Huapi en la práctica simbólica y material de Exequiel Bustillo (1934-1944). *Revista Pilquen Sección Ciencias Sociales 10*(10), 14p.

Nicoletti, M. A. (2007, septiembre/noviembre). Los salesianos y la conquista de la Patagonia: desde Don Bosco hasta sus primeros textos escolares e historias oficiales. *Revista TEFROS 5*(2), 24p.

_____. (2008). *Indígenas y misioneros en la Patagonia. Huellas de los Salesianos en la cultura y en la religiosidad de los pueblos originarios*. Buenos Aires: Continente.

Niembro, A. (2011). El desarrollo (pendiente) de Bariloche: reflexiones a cien años de la comisión de estudios hidrológicos. *Rev. Pilquen (14)* [online], s/p. Recuperado en 29 de septiembre de 2015 de: *https://goo.gl/Ah9816*

Nora, P. (1989, primavera). Between memory and history: les lieux de mémoire. *University of California Press, 26,* pp.7-24.

_____. (dir.). (1984-1992). *Les Lieux de Mémoire* (7 vols.). Paris: Gallimard.

Novaro, M. & Palermo, V. (2003). *La dictadura militar (1976-1983). Del golpe de Estado a la restauración democrática.* Buenos Aires: Paidós.

Pañuelos en Rebeldía (2006, 7 de noviembre). *Jornada por la resistencia de los Pueblos Originarios.* Recuperado en 29 de octubre de 2015 de: *https://goo.gl/hPZcLr*

Petralito, C. (2010). Resacas contemporáneas. In C. Petralito, *Marici Weu. Exterminio del aborigen para la apropiación del territorio nacional,* pp. 305-326. Buenos Aires: Nuestra América.

Pintos, G. E. (2013, 23 de febrero). El puente que dividió la ciudad. Miradas al sur, s/p. Recuperado en 29 de octubre de 2015 de: *https://goo.gl/F7yKtT*

Quentrequeo, C. & Meli, E. (2003, 18 de julio). En furilofche (Bariloche), polémica por estatua de General Roca. *Indymedia Argentina.* Recuperado en 29 de octubre de 2015, de *https://goo.gl/1qRb7i*

Quijada, M. (1999). La ciudadanización del "indio bárbaro. Políticas oficiales y oficiosas hacia la población indígena de La Pampa y la Patagonia, 1870-1920. *Revista de Indias 59*(217), 675-704.

_____. (2000). Nación y territorio: la dimensión simbólica del espacio en la construcción nacional argentina. Siglo XIX. *Revista de Indias 60*(219), 373-394.

Quiroga, H. (1994). *El tiempo del Proceso.* Rosario: Editorial Fundación Ross.

Radovich, J. C. (2014). Política Indígena y Movimientos Étnicos: el caso Mapuche. *Revista Antropologías del Sur (1),* 133-145. Recuperado en 28 de octubre de 2015, de *https://goo.gl/GJzrjf*

Ramos, A. & Delrío, W. (2005). Trayectorias de oposición. Los mapuches y tehuelches frente a la hegemonía en Chubut. In C. Briones (comp.). *Cartografías argentinas: políticas indígenas y formaciones provinciales de alteridad*, pp. 73-108. Buenos Aires: Editorial Antropofagia.

Ramos, J. A. (2006). *Revolucion y contrarrevolucion en la Argentina. La factoría pampeana (1922-1943)*. Buenos Aires: Senado de la Nación.

_____. (2013). *Revolución y contrarrevolución en la Argentina. La bella época (1904-1922)*. Buenos Aires: Continente.

Reato, C. (2014, 17 de octubre). El mejor presidente de la historia nacional. *La Nación*, s/p. Recuperado en 29 de octubre de 2015, de *https://goo.gl/DzsSUu*

Rebelión (2006, 29 de mayo). *Osvaldo Bayer en Trenque Lauquen. Una reivindicación histórica a los pueblos originarios*. Recuperado en 29 de octubre de 2015 de: *https://goo.gl/bfkmKQ*

Ricoeur, P. (2004). *La memoria, la historia, el olvido*. Buenos Aires: Fondo de Cultura Económica.

Roca Escalante, P. (1999, octubre). David Viñas o el proceso a sí mismo. *Cuadernos hispanoamericanos 592*, 77-82.

_____. (2007). *Política y sociedad en la novelística de David Viñas*. Buenos Aires: Biblos Editorial.

Rock, D. (1997). *El radicalismo argentino*. Buenos Aires: Amorrortu Editorial.

Rodríguez, F. (2010). *Un desierto para la nación. La escritura del vacío*. Buenos Aires: Eterna Cadencia.

Rojas, R. (1909/2010). *La restauración nacionalista (comentado por Darío Pulfer)*. La Plata: UNIPE: Editorial Universitaria.

Romão da Silva, L. (2010, noviembre). *Arquitetura das aldeias guarani-mbyá da cidade de São Paulo*. Tesis de Licenciatura, Faculdade de Arquitetura e Urbanismo de la Universidade de São Paulo, San Pablo.

Romero, J. L. (1975). La línea de la democracia popular (Capítulo VIII). In J.L. Romero. *Las ideas políticas en Argentina*, pp. 205-226. Buenos Aires: Fondo de Cultura Económica.

_____. (1983). *Breve historia de la Argentina*. Buenos Aires: Editorial Huemul.

Romero, L. A. (2011, 5 de octubre). Bajen a Roca, alcen a Néstor. *La Nación*, s/p. Recuperado en 29 de octubre de 2015, de *https://goo.gl/yUNikJ*

Roncarolo, L. (2005). Jóvenes Mapuches y la Carrera Contra el Tiempo. *Razón y Palabra 10*(46), s/p. Recuperado en 29 de octubre de 2015, de *https://goo.gl/CuoPSS*

Rotker, S. (1999). *Cautivas. Olvidos y memoria en la Argentina*. Buenos Aires: Ariel.

Sábato, H. (2011). La ilusión de transparencia. Prismas 15(2), 197-200. Recuperado en 28 de octubre de 2015, de *https://goo.gl/8CGnxB*

_____. (2014, 18 de abril). Roca produce una centralización que viene de una negociación con las provincias [entrevista a Juan Ciucci y Julia Rosemberg]. *Agencia Paco Urondo*, s/p. Recuperado en 28 de octubre de 2015, de *https://goo.gl/s8Dq8N*

_____. (2014, 17 de junio). Lo que se destruye con la Campaña llamada del Desierto es el tejido social de las sociedades indígenas [entrevista a Juan Ciucci y Julia Rosemberg]. *Agencia Paco Urondo*, s/p. Recuperado en 28 de octubre de 2015, de *https://goo.gl/kJFy3j*

Safatle, V. (2015, 28 de agosto). Não quero falar sobre gênero. *Folha de São Paulo*, s/p [en línea]. Recuperado el 5 de noviembre de 2015, de *https://goo.gl/rHrFcg*

Salles de Faria, C. (2008, 12 de diciembre). *A integração precária e a resistência indígena na periferia da metrópole*. Tesis de maestría, Faculdade de Filosofia, Letras e Ciências Humanas de la Universidade de São Paulo, San Pablo.

San Sebastián, J. (1997). *Don Jaime de Nevares. Del Barrio Norte a la Patagonia*. Buenos Aires: Ediciones Don Bosco Argentina.

Sarasola, C. M. (2014, 19 de agosto). Los argentinos somos de una gran diversidad cultural, pero tenemos inconvenientes en reconocerlo [entrevista]. *Derrocando a Roca*, s/p. Recuperado en 29 de octubre de 2015 de: *https://goo.gl/oBTnKW*

Schiffino, M. B. (2011). Ricardo Rojas y la invención de la Argentina mestiza. *Rev. Pilquen, 14*, 14p. [en línea]. Recuperado en 15 de mayo de 2016, de: *https://goo.gl/igFMyk*

Schiller, H. (1999). El primer pogrom. *Página 12.* Recuperado en 27 de mayo de 2015, de: *https://goo.gl/BZvovz*

Schindel, E. (2009a). Inscribir el pasado en el presente: memoria y espacio urbano. *Política y cultura 31*, 65-87. Recuperado en 13 de agosto de 2015, de *https://goo.gl/GSNaxn*

_____. (2009b). Lugares de memoria en Buenos Aires. In P. Birle, V. Carnovale, E. Gryglewski & E. Schindel (eds.), *Memorias urbanas en diálogo: Berlín y Buenos Aires* (pp. 87-101). Santiago de Chile: Heinrich Böll Stiftung Cono Sur.

_____. (2011). ¿Hay una "moda" académica de la memoria? Problemas y desafíos en torno del campo. *Aletheia 2*(3), 1-11. Recuperado en 10 de agosto de 2015, de *https://goo.gl/CfkGXL*

Sidicaro, R. (1993). *La política mirada desde arriba. Las ideas del diario "La Nación". 1909- 1989*, Buenos Aires: Sudamericana.

Silva, H. R. (2011). Días rojos, verano negro. Enero de 1919, la semana trágica de Buenos Aires. Buenos Aires: Libros de Anarres/ Terramar Ediciones.

Svampa, M. (2003). *Entre la ruta y el barrio. La experiencia de las organizaciones piqueteras*. Buenos Aires: Ed. Biblos.

_____. (2012). Movimientos sociales, gobiernos y nuevos escenarios de conflicto en América Latina. In C. Moreira y D. Avaro (coords.), *América Latina hoy: sociedad y política*, pp. 15-67. Buenos Aires: Teseo; Universidad Autónoma de Baja California, CPES, FeyRI.

_____. (2013). "Consenso de los Commodities" y lenguajes de valoración en América Latina. *Revista Nueva Sociedad 244*, 30-46. Recuperado en 2 de noviembre de 2015, de *https://goo.gl/zXAyZC*

Taylor, C. (1999). Democratic Exclusion (and its Remedies?). In R. Bhargava, A. K. Bagchi & R. Sudarshan (eds.), *Multiculturalism, Liberalism and Democracy*, pp. 138-163. Nueva Delhi: Oxford University Press.

_____. (2000). *Argumentos filosóficos*. São Paulo: Edições Loyola.

Todorov, T. (2000). *Los abusos de la memoria*. Barcelona: Paidós.

_____. (2010). *Nosotros y los otros. Reflexión sobre la diversidad humana*. Madrid: Siglo Veintiuno Editores.

Trímboli, J. A. (2013). 1979. La larga celebración de la conquista del desierto. *Revista Corpus. Archivos virtuales de la alteridad americana, 3*(2), 12p. Recuperado en 23 de mayo 2015, de: *http://corpusarchivos.revues.org/568*

Trinchero, H. (2009). Pueblos Originarios y políticas de reconocimiento en Argentina. *Papeles de Trabajo del Centro de Estudios Interdisciplinares en Etnolingüística y Antropología Sociocultural 18*, s/p. Recuperado en 13 de Agosto de 2015, de *https://goo.gl/n62n6j*

Ulanovsky, C. (2005). *Paren las rotativas. Diarios, revistas y periodistas 1800-1969*. Barcelona: Emecé Editores/ Grupo Planeta.

Valko, M. (2010). *Pedagogía de la Desmemoria. Crónicas y estrategias del genocidio invisible*. Buenos Aires: Ediciones Madres de Plaza de Mayo.

_____. (2012, 16 de marzo). El paradigma de Roca como procer se está resquebrajando [entrevista]. *Derrocando a Roca*, s/p. Recuperado en 28 de octubre de 2015, de *https://goo.gl/unBT1i*

_____. (2013). *Desmonumentar a Roca: estatuaria oficial y dialéctica disciplinadora*. Lomas de Zamora: Sudestada.

_____. (2014, 17 de abril). Roca fue el mejor empleado que tuvo la élite en todo un siglo [entrevista a Juan Ciucci]. *Agencia Paco Urondo*, s/p. Recuperado en 28 de octubre de 2015, de *https://goo.gl/6jDKGu*

Valverde, S. (2013, octubre). De la invisibilización a la construcción como sujetos sociales: el pueblo indígena Mapuche y sus movimientos en Patagonia, Argentina. *Anuário Antropologico 2012* (I), 139-166 [en línea]. Recuperado en 20 de noviembre de 2013, de *http://aa.revues.org/414*.

Vecchioli, V. (2001). Políticas de la Memoria y formas de clasificación social. ¿Quiénes son las "víctimas del terrorismo de Estado" en la Argentina?. In B. Groppo y P. Flier (comps.), *La imposibilidad del olvido. Recorridos de la memoria en Argentina, Chile y Uruguay*, pp.83-102. La Plata: Ediciones Al Margen.

Vezub, J.E. (2011, julio-diciembre). 1879-1979: Genocidio indígena, historiografía y dictadura. *Revista Corpus. Archivos virtuales de la alteridad americana*, 1(2), 6p. Recuperado en 27 de mayo 2015, de: *https://goo.gl/8z2TxP*

Vezzetti, H. (2007). Conflictos de la memoria en la Argentina. Un estudio histórico de la memoria social. In A. Pérotin-Dumon (dir.), *Historizar el pasado vivo en América Latina*, s/p [en línea]. Recuperado en 13 de Agosto de 2015, de: *https://goo.gl/WoJZYB*

_____. (2009a). *Sobre la violencia revolucionaria. Memorias y olvidos*. Buenos Aires: Siglo Veintiuno Editores.

_____. (2009b). *Pasado y presente. Guerra, dictadura y sociedad en la Argentina*. Buenos Aires: Siglo Veintiuno Editores.

_____. (2009c). Memoriales del terrorismo de Estado en Buenos Aires: representación y política. In P. Birle, V. Carnovale, E. Gryglewski & E. Schindel (eds.), *Memorias urbanas en diálogo: Berlín y Buenos Aires*, pp.105-119. Santiago de Chile: Heinrich Böll Stiftung Cono Sur.

Viñas, D. (1982/2013). *Indios, ejercito y frontera*. Buenos Aires: Santiago Arcos Editor.

Viñuales, R.G. (2004). *Monumento conmemorativo y espacio publico en Iberoamerica*. Madrid: Cátedra.

Warner, R. (1958/1998). *El joven Cesar*. Barcelona: Edhasa.

Wilgenhoff, G. (2015, 10 de septiembre). Quiebres patagónicos. Ajuste, saqueos y fracturas políticas en Río Negro. *Razón y Revolución – Interior*, s/p. Recuperado en 29 de octubre de 2015, de: https://goo.gl/LFJsHC

Williams, R. (2000). *Marxismo y literatura*. Barcelona: Ediciones Península.

_____. (2007). Mito. In R. Williams, *Palavras-chave. Um vocabulário de cultura e sociedade*, pp. 279-281. San Pablo: Boitempo Editorial.

_____. (2011). *Cultura e materialismo*. San Pablo: Editora UNESP.

Wortman, A. (comp.). (2009). *Entre la política y la gestión de la cultura y el arte: nuevos actores en la Argentina contemporánea*. Buenos Aires: Eudeba.

Yerushalmi, Y. H. (1989). Reflexiones sobre el olvido. In Y. Yerushalmi et. al.. *Usos del olvido*, pp. 13-26. Buenos Aires: Nueva Visión.

Yourcenar, M. (1951/2003). *Memorias de Adriano*. San Pablo: Folha de São Paulo/ Publifolha.

Zárate, R. (Locutora). (2015). Primera Marcha de Mujeres Originarias por el Buen Vivir. *Buenos Aires: FM La Tribu*. Entrevista sobre el Proyecto de Ley por el Buen

Vivir concedida en el acto frente al Congreso Nacional en 21 de abril de 2015. Recuperado el 5 de noviembre de 2015, de *https://goo.gl/Ex5LSE*

Zerneri, A. (2011). Es una escultura que se da, no que se pide [entrevista a Carina Circosta]. *Revista Lindes (2)*, s/p [en línea]. Recuperado en 29 de octubre de 2015 de: *https://goo.gl/Bw7kAk*

_____. (2012, 6 de enero). El Monumento va a ser un regalo al Gobierno de la Ciudad, pero como condición vamos a pedirle a Macri que saque el de Roca [entrevista]. *Derrocando a Roca*, s/p. Recuperado en 29 de octubre de 2015 de: *https://goo.gl/78jxuS*

Zerneri, A. (2014, 30 de septiembre). Es fácil ser de derecha, son pensamientos cortitos del estilo 'Roca trajo el progreso' [entrevista]. *Derrocando a Roca*, s/p. Recuperado en 29 de octubre de 2015 de: *https://goo.gl/rXuq9v*

Anexo

Cuadro 1. Panorama de las acciones indígenas/ indigenistas (1960 - 2010)

		acciones internacionales	acciones nacionales	normativa internacional	normativa nacional
1960	68		Fundación del Centro Indígena (Buenos Aires)		
1970	70		Comisión Coordinadora de Instituciones Indígenas de la República Argentina + Confederación Indígena Neuquina (CIN)		
	71	Declaración de Barbados	Comisión Coordinadora de Organizaciones Indígenas		
	72		1° Parlamento Indígena Nacional (Neuquén)		

	73		2° Parlamento Indígena Nacional (Buenos Aires) + Federación Indígena del Chaco + Federación Indígena de Tucumán		
	74	1° Parlamento Indígena de Sud América (Paraguay)			
	75	Consejo Mundial de Pueblos Indígenas (Canadá)			
	76		Oficialización de la Confederación Mapuche de Neuquén (CMN)		
	77	Conferencia Internacional de ONG sobre la Discriminación Contra las Poblaciones Indígenas de las Américas (Ginebra) + II Declaración de Barbados + II Conferencia Mundial de Pueblos Indígenas (Suecia)			

1980	80	Congreso de Movimientos Indios (Cuzco) + Consejo Indio de América del Sur (CISA)			
	81	III Conferencia Mundial de Pueblos Indígenas (Australia)	Asociación Indígena de la República Argentina (AIRA) + Centro Kolla (CENKO)		
	84	I Congreso de Organizaciones Indígenas de la Cuenca Amazónica y oficialización de su Coordinadora (COICA)	I Jornada de la Indianidad de la Subcomisión del Indio de la Asamblea Permanente de los Derechos Humanos (APDH) + Equipo Nacional de Pastoral Aborigen (ENDEPA)		Ley Provincial N° 426 Integral del Aborigen (Formosa)
	85				Ley Nacional N° 23.302 de Asuntos Indígenas (INAI)
	86				Ley Provincial N° 6.373 (Salta) + cambio en la Constitución Provincial (Jujuy)

	87				Ley Provincial No 3.258 (Chaco)
	88				Ley Provincial N° 2.287 (Río Negro) + cambio en la Constitución Provincial (Río Negro)
	89		Consejo de Organizaciones Aborígenes de Jujuy (COAJ)	Convenio 169 – OIT + Declaración Americana sobre los Derechos de los Pueblos Indígenas – OEA (borrador)	Ley Provincial N° 2.727 (Misiones)
1990	90		Movimiento Campesino de Santiago del Estero (MOCASE) + Foro Permanente para los Derechos de los Pueblos Indígenas		
	91				Ley Provincial No 3.657 (Chubut) +cambio en la Constitución Provincial (Formosa)

92		Foro Permanente para los Derechos de los Pueblos Indígenas + Contrafestejo de los 500 años de la colonización española + Formación de la *Taiñ Kiñe Getua* (TKG)		Ley Nacional N° 24.071 (Adopción del Convenio 169 – OIT)
93				Ley Provincial N° 11.078 (Santa Fe)
94		Declaración de Octubre (ENDEPA)	Declaración de las Naciones Unidas sobre los Derechos de los Pueblos Indígenas (borrador)	Reforma Constitucional (Art. 75, inciso 17) + cambio en la Constitución Provincial (Chaco, Buenos Aires, La Pampa, Neuquén, Chubut
95				Ley Nacional No 24.544 (Constitución del Fondo para el Desarrollo de los Pueblos Indígenas de América Latina y Caribe)

	97		Foro Nacional del Programa de Participación de Pueblos Indígenas (PPI)		Ley Nacional No 24.874 (Adopción del Decenio Internacional de las Poblaciones Indígenas del Mundo – ONU) + Programa de Fortalecimiento de Instituciones y Comunidades
	98				Ley Nacional No. 24.956 (Censo Aborigen) + cambio en la Constitución Provincial (Salta)
2000	01		Campaña de Autoafirmación Mapuche		Inclusión del criterio de autoidentificación en el Censo Nacional de Población y Vivienda
	04				Encuesta Complementaria de Pueblos Indígenas + Programa Nacional de Educación Intercultural Bilingüe

06				Ley No. 26.160 (Emergencia de la Propiedad Comunitaria) + Incorporación los Pueblos Originarios en la Ley de Educación
07		Coordinadora de Organizaciones Kollas Autónomas (Qullamarka)	Declaración de las Naciones Unidas sobre los Derechos de los Pueblos Indígenas (final)	
09		Encuentro Nacional de Organizaciones de Pueblos Originarios (ENOPO)		
10		Marcha de los Pueblos Originarios + Consejo Plurinacional Indígena		Registro Nacional de Organizaciones y Pueblos Indígenas (ReNOPI)

Cuadro 2. Proyectos de Ley impulsados por Osvaldo Bayer en la Legislatura Porteña (2007-2012)

	Expte. No. 494-D	Héctor Bidonde y Sergio Molina (disidentes de Autodeterminación y Libertad – A yL)	traslado del monumento a Roca de su ubicación original en la Av. Diagonal Sur (J. A. Roca) a la Estancia La Larga y renombramiento de la plazoleta donde él se halla actualmente para "Homenaje a la Mujer Aborigen"
2010	Expte. No. 282-D	Fabio Basteiro (Proyecto Sur)	traslado del monumento a Roca de su ubicación original en la Av. Diagonal Sur (Julio. A. Roca) a la Estancia La Larga y renombramiento de la plazoleta donde él se halla actualmente para "Homenaje a la Mujer Originaria"
2012	Expte. No. 413-D	Alejandro Bodart (Proyecto Sur/ MST)	traslado del monumento a Roca de su ubicación original en la Av. Diagonal Sur (Julio. A. Roca) a la Estancia La Larga y emplazamiento del Monumento a la Mujer Originaria en la plazoleta
2012	Expte. No. 412-D	Alejandro Bodart (Proyecto Sur/ MST)	denominación Avenida de los Pueblos Originarios a la actual Av. Diagonal Sur (Julio.A. Roca)

Cuadro 3. La disputa contraroquista en los espacios públicos

	Buenos Aires	Bariloche	otras localidades
1996	exposición de la obra NECAH 1879 del fotógrafo RES en el Centro Cultural de la Recoleta	el "eclipse de Roca" inaugura el Festival de la Resistencia *Heavy-Punk* (11 de octubre) la Asoc. Amigos de Francisco P. Moreno retira el manto negro de la estatua y deposita una ofrenda floral a sus pies como desagravio	
1997	Osvaldo Bayer empieza las clases públicas bajo el monumento a Roca	campaña de firmas impulsada por la comunidad de Anekón Grande pide la remoción del monumento del Centro Cívico	
2001	oficialización del Colectivo Awka Liwen ("Rebelde Amanecer"), que pasa a acompañar las clases públicas de Osvaldo Bayer		
2002			intervención de Leonel Luna sobre *La Conquista del Desierto* de Manuel Blanes lanzamiento de la película *¿Por qué pintar un cuadro negro?* de Carlos Trilnick

2003		Asociación Madres de Plaza de Mayo de Bariloche pinta los emblemáticos pañuelos blancos en el piso del Centro Cívico y reaviva el debate sobre qué intervenciones se pueden realizar en el conjunto Asoc. Amigos de Francisco P. Moreno denuncia el intendente Alberto Icare por descuido del Centro Cívico, en especial del monumento a Roca	
2004	formación de la Comisión Antimonumento a Roca con la presentación del 1° Proyecto de Ley para la remoción del monumento se inicia la polémica epistolar entre Bayer (*Página/12*) y columnistas de *La Nación* intervención comandada por el GAC y Awka Liwen cambiando los carteles nomencladores de la Av. Julio A. Roca (Diagonal Sur) por "Pueblos Originarios"		

2005	el Círculo Militar presenta la biografía *Julio Argentino Roca, de soldado a presidente*, de Juan Carlos Coria, la cual se expuso con destaque en la Feria del Libro la Academia Nacional de Historia, en conjunto con el Museo Roca, publica *Biografía visual de Roca*.		cambio de denominación de la Av. Julio A. Roca por Mañke Cayucal en El Huelcú
2006	intervención en el monumento circundándolo de fotografías de indígenas en el mismo día de la "última Marcha de la Resistencia" organizada por la Asociación Madres de Plaza de Mayo Jornada de la Resistencia de los Pueblos Originarios con la organización del "escrache cultural" al monumento a Roca		
2007	Proyecto de Ley (Expte. N° 494 - D-07) de Héctor Bidonde y Sergio Molina para la remoción del monumento a Roca		

2008		el Colectivo El Kultrunazo organiza en octubre la Semana de las Libertades, la cual se inicia con la performance *kultrunazo*, en que un grande *kultrun* tapa la estatua de Roca por 7 días	Proyecto de Ley (Expte. 1338-D-2008) de la diputada federal Cecilia Merchán pide la sustitución de los billetes de 100 pesos con la efígie de Roca por Juana de Azurduy cambio de denominación: a)Plazoleta Conquista del Desierto por Plaza de la Memoria (Chajarí, Entre Ríos) b) calle Gral. Roca por Pueblos Originarios (Concordia, Entre Ríos) c) calle Julio A. Roca por Aimé Painé (Ingeniero Huergo, Río Negro)
2009	formación del MMO (Movimiento Memoria y Organización/ Monumento a la Mujer Originaria)	II edición de la Semana de las Libertades organizada por el Colectivo El Kultrunazo intervención anónima "Roca encarcelado"	cambios de denominación: a) Av. Julio A. Roca por Av. de Mayo (Pergamino, Buenos Aires) b) Lago Roca por Acigami (Ushuaia, Tierra del Fuego)

2010	acto en homenaje a los Pueblos Originarios de Argentina en la Legislatura Porteña	polémica por ocasión de los 70 años del Centro Cívico y la necesidad de refuncionalización del conjunto (marzo)	1° congreso de "Desmonumentar a Roca" en la ciudad bonaerense de Junín
	Proyecto de Ley (Expte. N° 282 - D-2010) de Fabio Basteiro para la remoción del monumento a Roca		lanzamiento de las películas documentales *Awka Liwen* (dirigida por Osvaldo Bayer, Mariano Aiello y Kristina Hille) y *Tierra Adentro* (Ulises de la Orden), ambas sobre la Conquista del Desierto
	Proyecto de Ley (Expte. N° 1564-D-2010) de Gabriela Alegre para cambiar la denominación del Parque Julio A. Roca para Parque Bicentenario		cambios de denominación: a) Av. Roca para Néstor Kirchner (Río Gallegos, Santa Cruz); b) Av. Roca para Néstor Kirchner (San Miguel de Tucumán, Tucumán); c) calle Conquista del Desierto por Pueblo Ranquel (Winifreda, La Pampa)
	lanzamiento del libro *Historia de la crueldad en Argentina*, organizado por Osvaldo Bayer con el apoyo de la Red de Investigadores en Genocidio y Política Indígena en Argentina		
	lanzamiento del libro *Pedagogía de la desmemoria. Crónicas y estrategias del genocidio invisible*, de Marcelo Valko		

2011	formación del grupo de comunicación Derrocando a Roca		proyecto de ley pide el remplazo del monumento a Roca en Río Gallegos por la estatua de Néstor Kirchner
			intervención urbana "arroje la primera Roca" en protesta por la placa conmemorativa del Centenario de la Conquista del Desierto presente en el Monumento a la Libertad (Posadas, Misiones)
			nuevo Proyecto de Ley (Expte. 2394-D-2011), de esa vez de Ulises Forte, propone cambiar los billetes de 100 pesos con la efigie de Roca por Francisco Netri y el "Grito de Alcorta"
			cambios de denominación: a) Escuela 503 Julio A. Roca por Arbolito (Azul, Buenos Aires); b) calle Roca por Pueblos Originarios (Rojas, Buenos Aires); c) calle Roca por Pueblos Originarios (Deán Funes, Córdoba); d) Escuela Media N°2 Julio A. Roca por Marina Vilte (Moreno, Buenos Aires); e) Escuela N°48 Julio A. Roca

				por América Latina (Tres Arroyos, Buenos Aires)
2012	lanzamiento oficial de la campaña ¡Chau Roca! en la Legislatura con el apoyo de la CTA y el MST Proyecto de Ley (Expte. N° 412 - D-2012) de Alejandro Bodart para el cambio de denominación de la Av. Julio A. Roca/ Diagonal Sur por Pueblos Originarios Proyecto de Ley (Expte. N° 413 - D-2012) de Alejandro Bodart para la remoción del monumento a Roca	lanzamiento local de la campaña ¡Chau Roca! sucesivos cortes de ruta en julio por nuevos puestos de trabajo para cooperativistas y la implementación del Plan Argentina Trabaja integrantes de la Coop. Trab. 1 de Mayo intentan derribar el monumento del Centro Cívico en el marco de las protestas del 11 de octubre saqueos a mercados y mayoristas en diciembre acampe del Centro Cívico inauguración de la obra Geometría Sagrada de Tomás Espina.	ordenanza municipal 7775/2012 autoriza el remplazo del monumento a Roca por Kirchner (Río Gallegos) presentación oficial del billete de 100 pesos con la efigie de Eva Perón (a circular en 2013) cambios de denominación: a) Escuela Antártica N°38 Julio A. Roca por Pres. Raúl Alfonsín; b) Av. Roca por Dr. Néstor Kirchner (Moreno, Buenos Aires); c) calle Julio A. Roca por Pueblos Originarios (General Pinto, Buenos Aires); d) A. Julio A. Roca por San Martín (Santa Rosa, La Pampa); e) Av. Julio A. Roca por Lonko Valentín Sayhuelque (Sierra Grande, Río Negro); f) Av. General Roca por Pueblos Originarios (Villa Nueva, Córdoba)

Este libro se terminó de imprimir en junio de 2018 en Imprenta Dorrego (Dorrego 1102, CABA).

www.ingramcontent.com/pod-product-compliance
Lightning Source LLC
Chambersburg PA
CBHW031707230426
43668CB00006B/142